U0781150

传统文化修养丛书

廿五史论纲

【民国】徐 浩◎著

林 怡◎编

上海科学技术文献出版社
Shanghai Scientific and Technological Literature Press

图书在版编目（CIP）数据

廿五史论纲 / 徐浩著；林怡编． —上海：上海科学技术文献
出版社，2018
（传统文化修养丛书）
ISBN 978-7-5439-7761-7

Ⅰ．① 廿…　Ⅱ．①徐…②林…　Ⅲ．①中国历史—古代史—
史籍　Ⅳ．① K204

中国版本图书馆 CIP 数据核字 (2018) 第 213484 号

策划编辑：张　树
责任编辑：王倍倍　杨怡君
封面设计：许　菲

廿五史论纲
NIANWU SHI LUN GANG
徐浩　著　林怡　编
出版发行：上海科学技术文献出版社
地　　址：上海市长乐路 746 号
邮政编码：200040
经　　销：全国新华书店
印　　刷：常熟市人民印刷有限公司
开　　本：889×1194　1/32
印　　张：12.25
字　　数：296 000
版　　次：2019 年 1 月第 1 版　2019 年 1 月第 1 次印刷
书　　号：ISBN 978-7-5439-7761-7
定　　价：65.00 元
http://www.sstlp.com

方　序

网罗掌故，蒐括见闻，矜援据之淹通，备词章之采择，则教授博士，类优为之；至于综兴亡之大数，验理乱之先几，黜陟奸腴，崇奖忠直，殷鉴百代，持衡片言，非深达国体、博观世变，乌能激扬于千载之下、判决于千载之前哉，甚矣治史之难也！

徐君振流，学贯中外，雅好乙部，挟毫间之月旦，定皮里之阳秋，自秦汉以还，迄明清而止，著《廿五史论纲》一书，胪世次，列盛衰，为正为闰，或分或合，诛代禅继，用舍贤奸，靡不表而出之，附以定论。盖存亡不伴，仁暴而已；成败相反，昏明而已；更张不一，诚伪而已；委任攸殊，忠佞而已。观夫元首断于上，股肱议于廷，若江海之得舟航，譬山川之出云雨，艰难以开刱，恭俭以守文，讲学行仁，劝农薄赋，垂白龙钟之老，不见干戈，左衽毡裘之民，咸奉冠带，岂运会之攸隆，抑上下之和协，诚忧勤惕厉、延休造福之所致。及乎骄侈萌芽，晏安酖毒，以莽菕为香草，指野乌为鸾皇，开迹喜事之心生，羽书四出，西祀东封之费启，财赋一空，貂珰与狐媚交荧，政府几为虚位，水旱与疾疫流行，灾异翻谓无凭，逮至诛求遍于闾阎，毒痛布于寰海，叩阁伏蒲之士，骈首婴刑，忧时念乱之辈，上书不报，或一夫採挺，城郭为灰，或倒持太阿，鼎器潜移，噬脐之悔，亦已晚焉！

顾河洛关中，古今之形势自若也；金戈铁马，战攻之利便相乘也。工矿粮食之储，国不乏用也；经世牧民之士，代不乏才也。然而乱国恒多，治国恒少，亦朝五季，作为厉阶；异族杂种，窃窥禹甸。前车不鉴，后轸方遒，岂不以淫辟相循，昏庸未悟，溃金隄于蚁穴，启篝火于狐鸣，而后率土离心，人情思乱矣。然则治史者寓褒贬于已往，证得失于将来，以扶伦纪，以遏乱萌，处经事而得其正，处权事而得其变，安危所制，划若分疆，几务未乘，洞如观火，非考古之精详，必临时而瞀乱，史论之作，乌可已哉！若乃度时势为变通，揆机宜为因革，宽猛异用，文质殊崇，与夫封建郡县，田赋兵刑，世不相沿，代不相袭，是又可错综参伍，博观其略，而夸典核、猎文词者不与焉。此徐君振流既著是书，予为撮其微旨，弁之首简，惟其详论各史之得失，义例之是非，则原书俱在，兹不赘述云。

蕲春方觉慧序于渝之慧庐

钟　序

　　自浙东永嘉之学兴，儒生治经必兼治史，盖非明于古今得失之故，不足与言经制天下也。明清以来，史学称浙东为盛，而惟江南足以抗之，若昆山顾氏，以至吾乡汪梅村先生，并能理百代之旧闻，补前史之佚阙，岂徒润色艺林，实乃裨补治道。述及末季，士趋苟简，侈为域外之谈，渐昧宪章之义，故识者每叹政之不经，由于学之无本。呜呼，此岂非东南人士之责哉！

　　宜兴徐生振流，习政治，游苏联有年，乃归而好《尚书》、《春秋》，复取太史公书以下纪传编年之史遍览之，积以岁年，成《廿五史论纲》一书。会余自嘉州返里过渝，下榻于其斋中，因出书稿以际余，并乞为序。余观其书辨史法之异同，论史才之优劣，大略与王西庄之《十七史商榷》，赵瓯北之《廿二史劄记》为近，然编次有体，条贯分明，又复制为图表，以资繙检，犹是古史之遗意，虽文字未尽修饰，其视随手缀录、钉饾成书者，则有间矣。意者史学绝而复续，国政亦将否而复泰，吾于是喜江南之犹有人也。

　　虽然，史有义有法，义寄于事，事系于法，而事则其本也，故仲尼为《春秋》曰：“吾欲托之空言，不如见之行事之深切著明也。”然则离事而言义，不可以学《春秋》；废事而论法，又乌足以治史哉！推振流著书之意，特欲使学者循以读史，习于典故，通于治乱，然后以应天下之变，不至如盲人之冥行而伥伥无所适，以此为之导耳，岂曰持此一编，遂足以尽

数千年史事之本末？然不幸而有以是心读是书者，窃惧是书之
为此酰毒，而振流且丛诟于无穷也。古人不轻著述有以也夫，
有以也夫。

　　　　　　　　　　　　丙戌立春日钟山老人钟泰序

自　序

　　廿四年冬，余始治《明史》，广搜书籍，得横云山人《明史稿》，读其首册为《史例议》，言修史义法，取舍准则，乃与《明史》参较同异，稽其得失。继得吴兴嘉业堂主人刘承幹辑印之《明史例案》四册，搜罗益广，所言虽多为《明史》而发，议例实贯通各史。因知吾国正史，纪、表、志、传，体例虽有定式，然或撰纪传，或无表志，或纪或不纪，或传或不传，因事因时而异，不为常格所囿。乃就廿五史，依其体例，排比整理，参较异同，本其书法，论其得失，随得随录，一年有余，积四五万言，并表格多种。廿六年春，周览西南各省，返京不久，而"七七"事变作，遂将藏书及历年积稿，运往故乡，存贮吾父之听秋书屋。秋有港粤之命，匆匆就道，计数月而言旋，孰知战云紧迫，首都失陷，梓里随亡。后得家报，谓于战乱之际，全家仓卒避寇江浙山中，敌伪骚扰，一夕数惊，而听秋书屋及故居老宅举为贼毁。吾父以七四高龄，忧家国之破碎，痛书稿之散失，郁郁成疾，竟至不起。呜呼！悠悠苍天，吾恨何极。兼以积年心血之书稿，一旦湮没，能不为之痛心哉！

　　廿八年春，由港而渝，以所事靡凭，三入滇黔，遍历西北，马尘车辙，宁处不遑，四五年中，聊以自适，公暇读史，而于论及廿五史者，恒随手笔录，又粗著成绩。去岁以工作清闲，翻阅史篇，乃重定篇章，排比次第，赓述前著，然或作或辍，成就不多。今春因故辞职家居，于是静其居处，严其出入，摈交绝游，一力写作，夜以继日，历七阅月而藏吾志。云为著作，实有未逮，盖借此以纪念散失藏书旧稿之痛及聊以自慰数年来人事感受之酷而已！

复有言者，不佞初习法律，四年卒业，因从事革命工作，亡命苏联，浸淫于政治经济政党与夫革命史诸课程，将二三年而归国，学无所用，转求于中国史之探讨，穷兴衰成败之理，究天人相与之际，慨然欲驰骋当世。然性刚才拙，不能随俗，学问事业，又犯务博而荒、浅尝辄止之病，居恒自责，碌碌焉年过四十，心为形役，百无一成。幸此篇之作，缘起一时之兴会，继痛藏书旧稿之散失，终以毅然弃职家居而毕其功，较之王鸣盛、钱大昕、赵翼诸前辈生当太平盛世，优游林泉，从容著述，对旧史致力之勤，涉览之博，考证之精，集毕生精力而为之，是诚不可同日语焉！如假以暇日，不为穷愁所迫，更当以平素所学，就正于有道，是岂余之志也夫，是岂余之志也夫！世多贤达，不我遐弃，进而教之，敢不承命。是为序。

乙酉初秋阳羡徐浩序于渝居聊避风雨楼

叙　例

一、本书编制分绪论、本论、结论三篇。绪论首说明中国史籍之地位、分类及其演变，次论史体及史家三体之得失，终则论纪传体史之递增，通古断代之异，私撰官修之分，并对各史体例作简明概括之叙述。本论将廿五史逐史各断，以《清史稿》附于卷末。各史首述修纂，凡为私撰，详作者之生平及编修情形，如属官修，考其纂修经过；次述各史内容，将纪传表志分论；最后则统论各史之得失。项目容有参差，叙述或有多寡，然大体则遵循此范围。惟《清史稿》以未列入正史，又系禁书，略述修撰意见，聊供参考。结论则举数家评论旧史之得失及改造见解，并附己意，以为本书之殿焉。

二、《史记》一书，功在十表。后之论者，每以作史不立表为病，读史不读表为非，故本书法此于篇末别立七表，提要钩元，使读者一览了然，不仅便于翻阅，亦可观其会通。惟关于表、志两项，后人补作者多，初稿将补表补志用朱笔悉列入表中以示区别，但因同一项目，补者多家，一一列入，不仅将表格篇幅增大数倍，排列又极参差不齐，屡运匠心，竟无善法，故仍从廿五史内各表志作表，其后人增补者，不列表中，仍附书内。

三、附录三篇，一为李详氏《正史源流急就篇》，一为陆绍明氏《史家宗旨不同论》及《史学分二十家为诸子之流派》，均采自光绪宣统年间《国粹学报》。李文不满万言，文辞深奥，言简意赅，取其可与本书相互参考，自言始撰至定稿，九阅寒暑，复经二位名家校正，可见为学之谨慎。陆文多涉论廿四史者，详各史之宗旨，并及其源流，言从精练，成一家言，录备参证。

四、逐史各断，叙述力求平均，不使有过分冗长及偏枯之弊。如《史》《汉》等史，病于材料太多，力求删简；如南北朝各书，因国祚本短，材料缺少，又无法冗长。加以时值抗战，虽在首都，而各史必要参考书之缺乏，殊难想象。虽参考书之缺乏，要亦不能粉饰作者之孤陋，对书中之错误而有所卸责，甚盼读者进而教之，以便增补。

五、廿五史卷帙浩繁，内容丰富，决非区区二十万余言所能尽其义蕴。故本书之作，务在提纲揭领，使有志读廿五史者，得一门径，由之登堂入室；其无力或无暇读廿五史者，阅之对中国浩瀚之正史有一明晰之概念。绪论、结论两篇，对中国史学通义及趋向亦有所阐发，原稿较现时增多一倍，力从删削，恐贻喧宾夺主之讥也。

六、两汉学术，首重家法，故为学必有师承，立言必有宗旨。后世言学，失在支离，尤病汗漫，强相援引，妄为比附，或则拘泥后世时势以立言，杂采欧美史学新义以议前哲之不逮，甚至以一己爱憎为抑扬冰炭之论。故本书于各史论断，立言务主矜慎，均就其义法而评其是非，阐其牴牾，引用各家成说论其得失，不敢标新立异，是丹非素，轻讥前哲，间有异议，亦自有说。

七、历史纪年，中国尚无定法。史家通用，以帝王年号纪年，但自汉孝武建元（以前无年号），以迄清末帝宣统二千余年间，而为年号者三百十有七，纷纭达于极点，纵极淹博，亦难悉记。故时贤恒于帝王年号下附注公元，藉便观览，本书亦用此法，但引用年号较多之处，又不便一一注明，故读是书者，可备齐召南《历代帝王年表》及近日坊间印行之中西年历对照表，便可了如指掌。

　　八、附注之法，颇便学者，但近世作家，恒喜于不需附注之处，强题"一""二"，以示语必有本，并显渊博，徒使阅者，翻检为劳。本书不用附注之例，因引用各书，颇多为研究史学之普通书籍，又因各书版本太多，不便注明卷页，然为示引用材料来源，均于文内叙明，藉便查阅。

　　九、本书取材，除廿五史外，将及百种，对王鸣盛、钱大昕、赵翼诸前辈之著作，引用尤多，间为行文方便计，不琐碎列举，非敢掠美，特此说明。

目　录

方序 …………………………………………………………… 1

钟序 …………………………………………………………… 3

自序 …………………………………………………………… 5

叙例 …………………………………………………………… 7

第一编　绪论 ………………………………………………… 1
　第一章　中国之史籍 ……………………………………… 3
　第二章　史体 ……………………………………………… 8
　第三章　纪传体史 ……………………………………… 14
　　一　纪传体史通称正史 ……………………………… 14
　　二　通史与断代之别 ………………………………… 17
　　三　各史体例 ………………………………………… 20

第二编　本论 ……………………………………………… 27
　第一章　《史记》 ……………………………………… 29
　　一　子长生平与《史记》著述 ……………………… 29
　　二　《史记》之体例及内容 ………………………… 30
　　三　《史记》之增补窜易 …………………………… 37
　　四　治《史记》之三派 ……………………………… 39
　　五　"究天人之际，成一家之学" …………………… 41
　第二章　《前汉书》 …………………………………… 45
　　一　班氏父子与《汉书》修撰 ……………………… 45

二　《汉书》卷帙及书名 ·············· 47

三　《汉书》创断代纪传新体 ·········· 48

四　注及治《汉书》者 ················ 54

五　《汉书》评价及《史》《汉》比较 ······ 56

第三章　《后汉书》 ···················· 60

一　范晔生平及《后汉》成书 ·········· 60

二　《后汉书》卷帙及对前人著述之删采 ·· 61

三　《后汉书》体例及内容 ············ 63

四　注《后汉书》者 ·················· 68

五　《后汉书》评论 ·················· 69

第四章　《三国志》 ···················· 72

一　陈寿及《三国志》之撰著 ·········· 72

二　《三国志》之卷帙、体例 ·········· 73

三　正伪之纷纭议论 ················· 74

四　《三国志》之因、创 ············· 76

五　裴松之注开注史新例 ············· 77

六　《三国志》得失评论 ············· 78

第五章　《晋书》 ····················· 83

一　十八家晋史及《晋书》之修撰 ······ 83

二　《晋书》卷帙、创例及内容 ········ 86

三　《晋书》之评论与改作 ············ 92

第六章　《宋书》 ····················· 95

一　《宋书》之修撰 ················· 95

二　《宋书》卷帙、内容及补撰 ········ 96

三　《宋书》得失短长 ··············· 100

第七章　《南齐书》 ···················· 103

一　《南齐书》之修撰 ··············· 103

　二　《南齐书》卷帙、内容 ……………………… 104

　三　《南齐书》得失 …………………………………… 106

第八章　《梁书》 …………………………………… 108

　一　姚氏父子与《梁书》撰修 ……………… 108

　二　《梁书》卷帙全在纪传 ………………… 109

　三　《梁书》史法得汉晋、文笔追班马 …… 112

第九章　《陈书》 …………………………………… 113

　一　《陈书》亦成于姚氏父子 ……………… 113

　二　《陈书》亦仅有纪传 …………………… 114

　三　《陈书》避讳特多 ……………………… 115

第十章　《魏书》 …………………………………… 117

　一　魏收其人及《魏书》之修撰、缺补 …… 117

　二　《魏书》卷帙与志目新创 ……………… 121

　三　《魏书》曾被目以"秽史" …………… 124

第十一章　《北齐书》 …………………………… 128

　一　李百药奉敕修撰《北齐书》 ………… 128

　二　今《北齐书》杂取《北史》等书成帙 … 129

　三　《北齐书》卷帙及其残缺不完之因 …… 132

第十二章　《周书》 ……………………………… 134

　一　令狐德棻倡议修史并主修《周书》 …… 134

　二　《周书》之卷帙、内容 ………………… 135

　三　《周书》之评论 ………………………… 136

第十三章　《南史》 ……………………………… 138

　一　李延寿踵父志修撰《南史》 ………… 138

　二　《南史》为通史，少忌讳、多牵合 …… 139

　三　《南史》以南朝四《书》删繁就简 …… 144

　四　《南史》之褒誉和痛讥 ………………… 145

第十四章 　《北史》 ·············· 147

一　北朝史以《北史》最为完备 ·········· 147

二　《北史》纪传及其特点 ············ 148

三　《北史》亦为增损四代旧史成书 ······· 153

四　《北史》评论及南北二《史》比较 ······ 155

五　《南北史合注》会通归一 ··········· 159

第十五章 　《隋书》 ·············· 161

一　《隋书》成于众手 ·············· 161

二　《隋书》以"十志"备受称道 ········· 162

三　《隋书》之得失 ··············· 165

第十六章 　《旧唐书》 ············· 167

一　《旧唐书》多本唐代实录、国史 ······· 167

二　《旧唐书》曾遭废弃而版本不同 ······· 168

三　《旧唐书》之卷帙与疏失 ··········· 170

四　《旧唐书》之评说 ·············· 175

第十七章 　《新唐书》 ············· 177

一　预修《新唐书》者多积学之士 ········ 177

二　《新唐书》体例赅备并有新创 ········ 178

三　新、旧两《唐书》之异同 ··········· 185

四　《新唐书》得失评论 ············· 191

第十八章 　《旧五代史》 ············ 194

一　《旧五代史》年余成书 ············ 194

二　今存辑本不无改窜 ·············· 196

三　《旧五代史》之卷帙、内容 ········· 198

四　《旧五代史》自有价值 ············ 204

第十九章 　《新五代史》 ············ 207

一　欧阳修私撰《新五代史》 ··········· 207

　　二　《新五代史》体例、笔法特色 ……………… 207

　　三　《新五代史》以严简著称 …………………… 218

第二十章　《宋史》 ………………………………… 222

　　一　《宋史》悉据国史旧本排次成书 …………… 222

　　二　《宋史》卷帙及创例 ………………………… 225

　　三　《宋史》缺点数端 …………………………… 231

　　四　宋史之重修 …………………………………… 239

第廿一章　《辽史》 ………………………………… 242

　　一　《辽史》取材旧著不及一年成书 …………… 242

　　二　《辽史》卷帙及新例 ………………………… 244

　　三　《辽史》疏漏及补注 ………………………… 249

第廿二章　《金史》 ………………………………… 252

　　一　《金史》撰修多取实录、旧作 …………… 252

　　二　《金史》卷帙及创例 ………………………… 254

　　三　《金史》之疏失与优长 ……………………… 257

第廿三章　《元史》 ………………………………… 262

　　一　《元史》亦是仓猝成书 ……………………… 262

　　二　《元史》起讫及卷帙内容 …………………… 265

　　三　繁冗芜杂，后人公论 ………………………… 270

第廿四章　《新元史》 ……………………………… 273

　　一　柯修《新元史》博采约取 …………………… 273

　　二　《新元史》卷帙及创例 ……………………… 276

　　三　《新元史》特色及不足 ……………………… 279

第廿五章　《明史》 ………………………………… 285

　　一　《明史》"经名人三十载用心"修成 ……… 285

　　二　《明史》卷帙与创例 ………………………… 290

　　三　《明史》较前此官修各史完善 ……………… 293

四　因《明史》而发之修史"四要八事" ………… 298

《清史稿》（附） ……………………………… 301
　　一　《清史稿》之修撰及检校 ……………… 301
　　二　《清史稿》之卷帙、内容 ……………… 302
　　三　《清史稿》不餍人望 …………………… 306
　　四　重修清史之意见 ………………………… 309

第三编　结论 …………………………………… 311
　　一　旧史之失与近人改造建议 ……………… 313
　　二　吾国史学界之新曙光 …………………… 323

附表 ……………………………………………… 327
　　一　历代统系与史书关系表 ………………… 327
　　二　廿五史修撰表 …………………………… 328
　　三　廿五史例目表 …………………………… 331
　　四　廿五史帝纪表 …………………………… 332
　　五　廿五史各表表 …………………………… 336
　　六　廿五史各志表 …………………………… 340
　　七　廿五史类传表 …………………………… 342

附录 ……………………………………………… 344
　　一　正史源流急就篇 ………………（李详）344
　　二　史家宗旨不同论 ………………（陆绍明）358
　　三　论史学分二十家为诸子之流派 …（陆绍明）364
　　四　本书主要参考书 ………………………… 369

整理后记 ………………………………………… 373

第一编 绪 论

第一章 中国之史籍

中国书籍目录，肇自刘向《别录》，刘歆《七略》；班志《艺文》，虽本《七略》，实止《六略》。《六略》中无史类，以《世本》以下诸书，附于《六艺略·春秋》之后。晋荀勖因《魏中经》更著《新簿》，总括群书，分为甲、乙、丙、丁四部，列史部于丙部中。史书之专列门类，盖始此。宋王俭别撰《七志》，以《史记》附经典；梁阮孝绪《七录》以史部厕第二，而易其名曰"纪传"。至《隋书·经籍志》始分经、史、子、集四部，《唐书·经籍志》遂以甲部为经，乙部为史，丙部为子，丁部为集，而经、史、子、集之部居，几成定论。宋明暨清，四部分类，大体悉从《唐书》。兹附历代书录分合异同表于左（下页），则史部地位之沿革变迁，亦可以见焉。

阮孝绪《七录》以前，史部未云分类，观其《序论·纪传录》云："刘、王并以众史，合于《春秋》。刘氏之世，史书甚寡，附见《春秋》，诚得其例。今众家纪传，倍于经典，犹从此志，实为繁芜。且《七略》诗赋，不从六艺诗部，盖由其书既多，所以别为一略。今依拟斯例，分出众史，序《纪传录》为内篇第二。"因别史部为十二类，曰国史，曰注历，曰旧事，曰职官，曰仪典，曰法制，曰伪史，曰杂传，曰鬼神，曰土地，曰谱状，曰簿录。类别之繁，实自此始。《隋志》因缘《七录》，其分部题目，多依《阮录》，别其类为十三，曰正史、古史、杂史、霸史、起居注、旧事、职官、仪注、刑法、杂传、地理、谱系、

历代书录分合异同表

《汉书·艺文志》	晋荀勖《中经簿》	宋王俭《七志》	梁阮孝绪《七录》	《隋书·经籍志》	《旧唐书·经籍志》
一、六艺略 六艺为九种，按即易、书、诗、礼、乐、春秋、论语、孝经、小学九种，凡《史记》故事，附入《春秋》家。 **二、诸子略** **三、诗赋略** **四、兵书略** **五、方技略** **六、术数略**	一曰甲部 记六艺及小学等书 二曰乙部 古诸子家，近世诸子家，兵书，兵家，术数。 **三曰丙部** 有《史记》旧事，皇览簿，杂事。 四曰丁部 有诗、赋、图赞、汲冢书。	**一曰经典志** 纪六艺、小学、《史记》、杂簿。 二曰诸子志 纪古今诸志。 三曰文翰志 纪诗赋。 四曰军书志 纪兵书。 五曰阴阳志 纪阴阳图纬 六曰术艺志 纪方技。 七曰图谱志 纪地域及图书。	一曰经典录 纪六艺。 **二曰纪传录** 纪史纪。 三曰子兵录 纪子书、兵书 四曰文集录 纪诗赋。 五曰技术录 纪术数。 以上皆内篇 六曰佛法录 七曰仙道录 以上外篇	一经部 **二史部** 三子部 四集部 附道经佛经	甲部经录 **乙部史录** 丙部子录 丁部集录

附注：《别录》，《七略》，今皆亡失，后儒《辑佚》，残缺不完，故本表以《汉志》为主；《中经簿》及《七志》、《七录》皆佚，上表采自《隋志》。

簿录。正史、古史，《阮录》以国史统之；杂史为《隋志》所独创；霸史即《阮录》之伪史；起居注为《阮录》之注历；旧事、职官《阮录》、《隋志》并同；仪注、刑法，《阮录》称仪典、法制；杂传与《阮录》同，但包括《阮录》之鬼神；《阮录》土地，《隋志》改为地理；《阮录》谱状，《隋志》改为谱系；簿录则《阮录》、《隋志》同。其后两《唐书·经籍志》因之，其目稍有异同。《宋史·艺文志》亦别为十三类，《明史·艺文志》减为十类，《四库全书总目》则增为十五类。兹举正史著录之目录及《四库书目》表列于后，聊资比较参考。

正史著录之目录及四库书目表

《隋志》	《两唐志》	《宋志》	《明志》	《四库书目》
正史	正史	正史	编年、正史	正史
古史	编年	编年		编年
				纪事本末
		别史		别史
杂史	杂史		杂史	杂史
霸史	伪史	霸史		载记
				诏令奏议
起居注	起居注			
旧事	故事	故事	故事	
职官	职官	职官	职官	职官
仪注 刑法	仪注 刑法	仪注 刑法	仪注 刑法	政书
杂传	杂传	传记	传记	传记
				时令
地理	地理	地理	地理	地理
谱系	谱牒	谱牒	谱牒	
簿录	目录	目录		目录
		史钞	史钞	史钞、史评

　　史籍目录，为数甚多，约而论之，可别为四：一曰正史著录之目录，二曰专家拟议之目录，三曰官家藏书之目录，四曰私家藏书之目录。《隋书》、新旧《唐书》之《经籍志》，宋、明二史之《艺文志》，此为第一类；后人所补诸正史艺文志，郑樵《通志》之《艺文略》，马端麟〔临〕《文献通考》之《经籍考》，亦可附入。刘知几首分史为六家二体，又别为十流。章学诚分史籍为十二部。梁任公初分史籍为十类，其后又创旧有史书分原料与史籍两部。此外专家学者之分目，亦不胜枚举，皆属第二类。宋

庆历间所编之《崇文总目》，明正统间所编之《文渊阁书目》，清
乾隆间所修之《四库全书总目》，属第三类。宋晁公武之《郡斋
读书志》，明高儒之《百川书志》，清徐乾学之《传是楼书目》、
孙星衍之《孙氏祠堂书目》，属第四类。

　　上表所列，寥寥数种，然以各类史目参较之，虽间有损益，
实多大同而小异，以《四库书目》之十五类为简括而适当。盖折
中诸家而成者，备款十五：曰正史，史之大纲，统乎其全。曰编
年，以时为主。曰纪事本末，以事为主。曰别史，或开《正史》
之先而为之蓝本，或续乎其后而补其阙略，第未经圣哲与国家之
审定，故不得为正史；曰"别史"者，由大宗之有别子也。曰杂
史，虽事之关系颇重，或但具一事之始末，非一代之全编；或但
述一时之见闻，只一家之私记，因事命篇，勒成一书，第可谓之
杂史。曰载记，以国分者也。曰传记，专载一人之事，或汇载众
人之事，要之皆可以资考证。曰诏令奏议，此文有关史事者。时
令、地理、职官诸类，皆有关于典章制度、山川郡国者。曰政书，
则典章制度之总汇也。曰目录者，用以辨章学术、考镜源流，古
者史官司守典籍，盖有目录以为纲纪，古目录之书，咸入史部。
曰史钞者，史之节本。曰史评者，或论体例之得失，或论事迹之
是非，亦史之一体。凡此诸类，包罗甚广，而以正史为其纲领。

　　我国史籍，浩如烟海，但以保存不善，人祸天灾，散佚甚
多，史部之属，亡者过半，试观下表，即可明瞭。

《汉书·艺文志》	一一部	四二五篇
《隋书·经籍志》	八一七部	一三二六四卷
《旧唐书·经籍志》	八八四部	一七九四六卷
《宋史·艺文志》	二一四七部	四三一〇九卷
《通志·艺文略》	二三〇一部	三七六一三卷

（图谱在外）

《文献通考·经籍考》　　一〇三六部　　二四〇九六卷

《明史·艺文志》　　　　一三一六部　　三〇〇五一卷

　　　　　　　　　　　　　　　　　　　（限于明人著作）

清《四库书目》　　　　二一七四部　　三七〇四九卷

　　　　　　　　　　　　　　　　　　　（存目合记）

　　右所著录《隋志》之一三二六四卷，至《宋志》则增为四三
一〇九卷，已增三倍之多。《明志》专载有明一代之书，已有三
〇〇五一卷，其数更属可惊。再观《隋志》之万三千余卷，今存
者不过十之一二，《明志》之三万余卷，采入《四库》者，亦不
过十之一二。其间或毁于火，或散于兵，或没于水，或供虫鼠，
或为文人学士之摈弃，或遭帝王之禁毁，销亡之速，偶一检稽，
辄足骇人听闻。而现存之《四库》未收书，及《四库》编定后续
出之书，尚无虑数万卷。若能完全保存，不使散佚，则当在数十
万卷以上，史籍之多，史料之丰，世界各国罕有其匹。即以号称
正史之二十五史而论，已有三千三百九十七卷之多，穷毕生之精
力，亦难尽读，可谓盛矣。

第二章　史　体

言古今史体之分类者，昉自刘知几《史通·六家》之论，一曰"尚书家"，记言者也；二曰"春秋家"，记事系以时日；三曰"左传家"，编年而详事；四曰"国语家"，国别为书；五曰"史记家"，纪传通史之体；六曰"汉书家"，法《史记》纪传而断代。兹列简表如下：

《史通·六家》	简　说	后史依效者
尚书家	古者左史记言，言为《尚书》。故魏王肃有言：上所言，下为史所书，故曰《尚书》。盖书之所主，本于号令，故其所载皆典、谟、训诰、誓命之文。刘氏之尚书家，即记言也。	晋孔衍作《汉尚书》、《魏尚书》，隋王劭《隋书》。
春秋家	右史记事，事为《春秋》，以事系日，以日系月。刘氏之春秋家即记事体也。	正史之本纪，朱子《通鉴纲目》，即他如实录、起居注亦仿此。
左传家	《春秋》虽记事，而委婉隐晦，寓之书法，其事非传不明。左氏论本事而作传，年月一依《春秋》。故刘氏之左传家，即编年体也。	荀悦《汉纪》，司马光《资治通鉴》之类。
国语家	其文与《左传》重出而小异，故韦昭《国语序》称为"外传"，事以国别而为书者。	《战国策》、《吴越春秋》之类。
史记家	《史记》为书，疆宇辽阔，年月遐长，分以纪传，散以书表，创后世之史体，亦通史之体裁也。	后世正史体例，均法《史记》。至仿《史记》之通史体裁者，有李延寿《南北史》、欧阳修《五代史》之类。

《史通·六家》	简　说	后史依效者
汉书家	包举一代，撰成一书，故《史记》为通史体裁，《汉书》则断代为史，此其异也。	历代正史，大抵多法"汉书家"者。

综斯六家，原其归趣，尚书等四家，其体已废，所可祖述者，惟左氏及《汉书》二家。故于《二体篇》曰："邱明传《春秋》，子长著《史记》，载笔之体，于斯备矣。后来继作，相与因循，假有更张，变其名目，区域有限，孰能踰此？盖荀悦、张璠、邱明之党，班固、华峤、子长之流也。惟此二家，各相矜尚。"知几于《六家篇》中谓"史记家"已废，而于《二体篇》中，又详论《史记》，不言《汉书》，盖所废者《史记》之通史体裁，而纪传体则未废耳。至邱明因经作传，发凡起例，年经月纬，仍法《春秋》编年详事，又自述《国语》以概括之，比事属辞，互相为用，《尚书》依事编述，实开后世纪事本末体之先河。

自汉以降，诸史作者，陈陈相因，毫无新制，仍不脱纪传、编年范围，体制一仿前人。惟宋袁枢以《通鉴》旧文，揭事为题，排比次第，详叙终始，名曰"纪事本末"，于纪传、编年两体之外，另创一体。约而论之，可得三体：一曰左氏，以事系年之编年体；二曰《史》《汉》，以事系人之纪传体；三曰袁氏，揭事为题之纪事本末体。简曰年别、人别、事别之三体。

各体之中，又小有异同。如编年一体，有仅揭大事为纲者，如鲁《春秋》及魏《竹书纪年》；有叙事详密，详目略纲者，如《左传》及《通鉴》，《通鉴》叙事，其首句为纲，以下为目；有以目附纲者，如朱子《纲目》是。纪事本末体，揭事为题，详备原委，有统贯全史为一书者，如《通鉴纪事本末》是；有记一代之事者，如《宋史纪事本末》、《元史纪事本末》；有仅记一国之事者，如《西夏纪事本末》是。若《十六国春秋》、《十国春秋》，备记各国之兴衰，虽与纪事本末之体稍殊，而其意则同。至纪传一体，范围尤广，故章实斋《文史通义·方志立三书议篇》有云："纪传之史，本衍《春秋》家学，而《通鉴》即衍本纪之文，而合其志传为一也。若夫纪事本末，其源出于《尚书》，而《尚书》中折而入于《春秋》，故亦为《春秋》之别也。马、班以下，代演《春秋》于纪传矣。《通鉴》取纪传之分，而合之以编年；纪事本末又取《通鉴》之合，而分之以事类，因事命篇，不为常例，转得《尚书》之遗法。"

　　论各体之得失者，首推刘知几氏《史通·二体篇》，论编年体曰："夫《春秋》者，系日月而为次，列岁时以相续，中国外夷，同年共世，莫不备载，其事形于目前，理尽一言，语无重出，此其所以为长也。至于贤士贞女，高才俊德，事当冲要者，必盱衡而备言；迹在沉冥者，不枉道而详说。如绛县之老，杞梁之妻，或以酬晋卿而获记，或以对齐君而见录；其有贤如柳惠，仁若颜回，终不得彰其名字，颂其言行。故论其细也，则纤芥无遗；语其粗也，则丘山是弃，此其所以为短也。"盖编年纪事，仅能撮要举凡，存其大体，省约易习；若事恒阙载，文多遗漏，势所难免。然知几以《春秋》而论编年体之得失，亦有未尽。《春秋》仅为编年体之始祖，其书为经为史，至今学者议论不一。至有组织之新编年体，除左氏外，当推荀悦之《汉纪》，故何景明序其书曰："尝观荀氏《汉纪》，其书则准诸左氏之例，而取于《史记》之一体者也。至其君臣附载，事物咸彰，天人并包，灾祥异举，治忽参稽，成败并陈，得失相明，美恶互见，即一时一人之迹，虽前后散著，而本末必备，属类比方，名义罔紊，阐幽摄显，论赞悉精，可谓托伦鉴之要，深坟索之情者矣。"此序虽为《汉纪》而发，实亦编年体之长。然其失在一事之肇于斯，惜其事之不竟于斯，事以年隔，年以事析，遭其初莫绎其终，览其终莫志其初，虽云编年系日，其体使然，亦其失也。

《史通·二体篇》，又论纪传体曰："《史记》者，纪以包举大端，传以委曲细事，表以谱列年爵，志以总括遗编，逮于天文、地理、国典、朝章，显隐必该，洪纤靡失，此其所以为长也。若乃同为一事，分在数篇，断续相离，前后屡出，于《高纪》则云语在《项传》，于《项传》则云事具《高纪》；又编次同类，不求年月，后生而擢居首帙，先辈而抑归末章，遂使汉之贾谊将楚屈原同列，鲁之曹沫与燕荆轲并篇，此其所以为短也。"知几之论，诚甚扼要。至近人论纪传体，动称之为帝王做家谱，古人作墓志铭，此不尽然。夫纪传体裁，包罗万象。纪以记大事，传以传人事；表则旁行斜上，如《史记》以表为全书纲领，年代远则用世表，近则用年表、月表，或年经国纬，或国经年纬，体例复杂；志以述风俗制度，材料丰富。恒人读史，不阅表、志，遂有家谱、墓志铭之讥。原子长以纪、表、书、世家、列传，创为全史，实兼有编年、本末之体。故纪传一体，为史之正宗，然踵之作者，不能善为规模，陈陈相因，又鲜圆神方智之术，甚至散漫蹐杂，义无指归，此则作者之失，非体例之疏也。

《文史通义·书教篇》论纪事本末体云："司马《通鉴》病纪传之分，合之以编年；袁枢《纪事本末》又病《通鉴》之合，而分之以事类。按本末之为体也，因事命篇，不为常格，非深知古今之大体，天下经纶，不能网罗隐括，无遗无滥；文省于纪传，事豁于编年，决断去取，体圆用神，斯真《尚书》之遗也。在袁初无此意，即其学亦不足以语此，书亦不尽合于所称，故历代著录诸家，次其书于杂史，自属纂录之家，便观览耳。但即其成法，沉思冥索，加以神明变化，则古史之源，隐然可见。书有作者甚浅而观者甚深，此类是也。"章氏之论，对本末一体，盛称道之，但其于袁书则尚有可议者，因其所述仅限政治，分目又涉琐碎，未极贯通之能事。盖袁氏本以抄《通鉴》为职志，所述不容出《通鉴》之外，此著书体例宜然。故闵萃祥汇刊《七种纪事本末》序文云："左氏以事系年，创编年之始例；司马变为纪传，则又以事系人，后之史家，未有能出其范围者。顾后世记载弥繁，综一年之所聚，萃一人之所为，累纸盈寸，起讫未穷；且年不一事，事不一人，端绪既繁，申引非易，学者欲求一事之本末，原始而要终，则编年者患其前后隔越，纪传者患其彼此错陈，自非博览强识，融会于中，有未易明其条例者矣。袁氏有见于此，乃作《通鉴纪事本末》，揭事为题，纪〔类〕聚而条分，首尾详备，巨细无遗，一变编年、纪传之例，而实会其通，诚纪事之别格，而史学之捷径也。"

　　综上三体，各有短长。约而论之，考一代之系统，编年为长；详一人之始末，纪传称优。若一事散漫在百年之中，纵横于数十百人之手，又非纪事不为功。虽然，纪传一体可概其全。盖本纪，则编年之体也，其异于编年者，本纪之辞略，仅择要叙述，其委曲多详于志、传，编年则合纪传体志、传之所详，又择要悉入于一年之中耳；书、志，纪事本末之体也，其不同者，志偏主典章制度之一部，纪事则并详治乱兴衰存亡之迹。近人亦有于三体之外，别立政书为一体，如杜佑《通典》、郑樵《通志》、马瑞〔端〕临《通考》等是。其旨趣在专记文物制度，亦导源于纪传体中书、志一门，难另立一体者也。总之《史通》六家，总为三体，纪传一体，又可概其余也。兹表以明之：

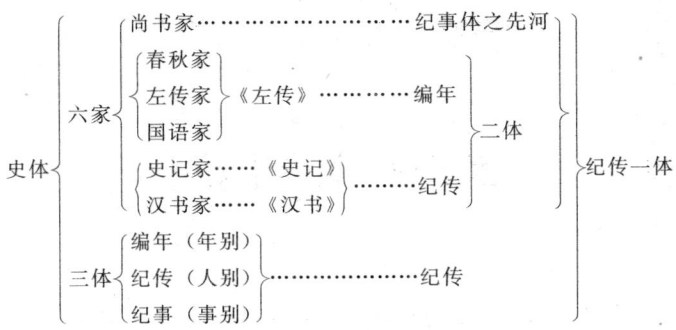

　　赵翼《二十二史劄记》有言曰："古者左史记言，右史记事，言为《尚书》，事为《春秋》，其后沿为编年、记事二体。记事者，以一篇记一事而不能统贯一代之全；编年者，又不能即一人而各见其本末。司马迁参酌古今，发凡起例，创为全史，本纪以序帝主，世家以记侯国，十表以系世事，八书以详制度，列传以志人物，然后一代君臣政事，贤否得失，总汇于一篇之中。自此例一定，历代作史，遂不能出其范围，信史家之极则也。"赵氏之论，亦同此旨。故史体虽有年别、人别、事别之分，而纪传一体，体大思精，包罗万象，信史料之仓库，书法之总合，不能徒以人别之体限之，"全史"之论，当之无愧。

第三章　纪传体史

一　纪传体史通称正史

　　纪传体史，通称正史。"正史"之名，首见《隋书·经籍志》，其序云："世有著述，皆拟班、马，以为正史。"是专以纪传体之史为正史。《明史·艺文志》并列纪传、编年，均称正史。章实斋则谓："编年之书，出于《春秋》，本正史。乃班、马之学盛，而史志著录，皆不以编年为正矣。"《四库提要》释之云："司马迁改编年为纪传，荀悦又改纪传为编年，刘知几深通史法，而《史通》分叙六家，统归二体，则编年、纪传均正史也。其不列正史，以班、马旧裁，历朝继作；编年一体，则或有或无，不能使时代相续，故姑置焉，无他义也。"此论最为精当。又正史虽以纪传为限，更严为区别："凡未经宸断者，则悉不滥登，盖正史体尊，义与经配，非悬诸令典，莫敢私增，所由与稗官野记异也。"（《四库提要·史部正史类》）故中国史籍，浩如烟海，而号称正史者，自古迄今，只二十有五。其递增之迹，可得而述：唐以前只有"三史"、"四史"之名，自是以后，叠有增加，遂有"十史"、"十三史"、"十七史"、"十八史"、"二十一史"、"二十二史"、"二十四史"、"二十五史"等名。再略述之。

　　"三史"　史之最早流布人间者，总称"三史"，《续汉书·郡国志》谓："今录中兴以来郡县改异，及《春秋》三史，会同征伐地名。"三史谓《史记》、《汉书》及《东观汉记》。《吴志·吕蒙传》注："权为蒙曰：'孤统兵以来，省三史诸兵书，大有益。'"此三史恐为《战国策》及《史》、《汉》。又《孙峻传》注："好读兵书及三史。"《晋书·傅休奕传》撰论三史故事，详断得失。隋《经籍志》有《三史略》二十九卷，吴张温撰，时《范史》未出，则所称三史者，仍指《史》、《汉》及《东观汉记》。南朝以后，所称三史，则指《范史》，如阙〔阚〕骃之《三史群言》。又《南史》"六经未尝开卷，三史几同挂壁"，以及唐所称"九经三史"，及以"三史立科"，皆指马、班、范三史也。

"四史" 马、班、范三史以外，加上陈寿《三国志》，今人通称为"四史"。唐初，前史藏之祕阁，犹未流布民间，观刘知几《史通·自叙篇》叙其少时读史，仅《左氏》、《史》、《汉》、《三国》迄皇家实录，"窥览略周"云，以刘知几对史书之渊博，亦仅及三史三国而止，下及唐之实录，不及晋与南北朝书。盖《史》、《汉》、《三国》备于晋初，其他各书，均未流布也。

"十史" 《类事类》有《十史事语》十卷，《十史事类》十二卷，李安上《十史类要》十卷。此"十史"者，即指《三国志》、晋、宋、齐、梁、陈、魏、齐、周、隋十代之史。

"十三史" 《宋史·艺文志·文史类》有吴武陵《十三代史驳议》十二卷，《目录类》有宗谏注《十三代史目》十卷，商仲茂《十三代史目》一卷，《类事类》有《十三代史选》三十卷，盖时以《史》、《汉》、《三国》及晋、宋、齐、梁、陈、魏、齐、周、隋为十三代史也。

"十七史" 四史备于晋初，晋及南北朝诸史，皆定于唐太宗、高宗之世，而书犹深藏禁内。至宋仁宗天圣二年，方出禁中所藏《隋书》，付崇文院雕版；嘉祐六年，并《梁》、《陈》等史次第校刻，其工盖至英宗方粗就，于是十三史广布民间，又加以

《南、北二史》，并改刘昫（煦）《旧唐书》为《新唐书》，改薛居正《五代史》为《五代史记》，合为十七史。故宋人恒言"十七史"，试观文文山被执，元博罗丞相问文山，自古至今帝王兴废，文山曰："一部十七史，从何说起。"《宋史·艺文志·史钞类》有周护《十七史赞》及不知作者名姓《十七史确论》一百四卷，又《类事类》王先生《十七史蒙求》十六卷，清王鸣盛《十七史商榷》，亦指此。

"十八史"　十七史之外，益以《宋史》。元曾先之撰有《十八史略》二卷，查《宋史》成于至正五年，辽、金二《史》成于至正四年，三史流布，已当元之末季，而刘昫（煦）、薛居正之书，又皆湮没无闻，故曾先之虽撰《十八史略》，而宋元人之恒言，凡史以"十七史"为备。

"十九史"　于十八史之外，加上《元史》。明初临元〔川〕梁孟寅益以元事，称《十九史略》是也。

"廿一史"　明嘉靖初，南京国子监祭酒张邦奇等请校刻史书，初欲差官购索民间古本，部议恐滋烦扰，世宗命将监中十七史旧版考对修补，仍取广东《宋史》版付监，辽、金二《史》无版者，购求善本翻刻，十一年七月成总为"廿一史"，祭酒林文俊等表进。至神宗时，北监亦刻"廿一史"，开雕于万历廿四年，成于卅四年，直至明末仅有"二十一史"之名。

"廿二史"　清乾隆初，修《明史》告成，诏刊廿二史，即收原有二十一史，加入《明史》。钱大昕有《廿二史考异》，至赵翼之《廿二史劄记》，实兼该"廿四史"。

"廿四史"　乾隆四年，修《明史》告成，又诏增《旧唐书》为二十三史，更从《永乐大典》中搜辑薛居正《旧五代史》与欧阳修《五代史记》并列，诏列入正史，合称"二十四史"。

"廿五史"　民国十年，山东胶州柯劭忞著《新元史》二百五十七卷，大总统徐世昌，令列入正史，于是有"二十五史"之名。

二　通史与断代之别

　　史既有年别、人别、事别之三体，复有通史、断代二家。二十五史中，惟《史记》为通史体裁，上溯黄帝，下迄太初。断代为史，始于班固，包举一代，以就绳墨。自汉以前，仅有会通之史，司马氏集其大成；自班氏创例，修史者多为断限，历代正史，无改斯道，惟李氏《南北史》、薛欧《五代史》，叙述包举数朝，仍属断代之体而用通法者也。

　　论通史、断代二家得失者，多矣。刘知几在《史通·六家篇》，推尊断代，其言曰："如《汉书》者，究西都之首末，穷刘氏之兴废，包举一代，撰成一书，言皆精练，事甚该密，故学者寻讨，易为其功，自尔迄今，无改斯道。"郑樵在《通志·总序》则极诋之，曰："自班固以断代为史，无复相因之义，虽有仲尼之圣，亦莫知其损益。语其同也，则纪而复纪，一帝而有数纪；传而复传，一人而有数传。天文者，千古不易之象，而世世作《天文志》。《洪范五行》者，一家之书，而世世序《五行传》。如此之类，岂胜繁文？语其异也，则前王不列于后王，后事不接于前事，郡县各为区域，而昧迁革之源，礼乐自为更张，遂成殊俗之政。如此之类，岂胜断缕？曹魏指吴、蜀为寇，北朝指东晋为僭，南谓北为索虏，北谓南为岛夷。《齐史》称梁军为义军，谋人之国，可以为义乎？《隋书》称唐兵为义兵，伐人之君，可以为义乎？房玄龄量〔董〕史册，故房彦谦擅美名；虞世南预修书，故虞荔、虞寄有佳传。甚者桀犬吠尧，吠非其主，《晋史》党晋而不有魏，凡忠于魏者目为叛臣，王凌、诸葛诞、毋邱俭之徒抱屈黄壤；《齐史》党齐而不有宋，凡忠于宋者目为逆党，袁

粲、刘秉、沈攸之之徒，含冤九原。迁法既失，固弊日深。"章
学诚则党郑樵，其《文史通义·释通篇》曰："通史之修，其便
有六：一曰免重复，二曰均类例，三曰便铨配，四曰平是非，五
曰去牴牾，六曰详邻事。其长有二：一曰具剪裁，二曰立家法。
其弊有三：一曰无短长，二曰仍原题，三曰亡标目。"此则利弊
显然。梁任公对通史、断代有更深刻之论，曰：迁、固两体之区
别，在历史观念上有绝大之意义。《史记》以社会全体为史之中
枢，故不失为国民历史；《汉书》以下则以帝室为史之中枢，自
是而史乃变为帝王家谱，一也。史如流水不可得断，治史者强分
为古代、中世、近世，犹苦无正当标准，更何况以一朝代分合？
所谓正史，正坐此弊。

　　正史有通史、断代两体，复有私撰、官修之别。古者惟史官
为能作史，私人作史，自孔子始。司马迁虽身为史官，而《史
记》一书，实为私撰。班固虽曾为兰台令史，然其著《汉书》初
非以史官资格，故当时犹以私改《史记》构罪系狱。至陈寿、范
晔则皆非史官，愤力述作。故最有名之"四史"，咸为私撰。即
沈约、萧子显、魏收之流，身为史官，奉敕编述，然其书十九皆
独立所成。自唐以后，此风一变，设立史局，招致人才，共同修
史。太宗既定天下，以右文自命，思与学者争席，自作陆机、王
羲之两《传赞》；乃命史臣别修《晋书》，同时又敕撰《梁》、
《陈》、《齐》、《周》、《隋》五书，大开史局，置员猥多，而以官
尊领其事。此风一开，历代修史，本其陈法，故房玄龄、魏徵、
刘昫、托克托、宋濂、张廷玉等，名为某史撰人，实与其书关系
绝少。故自唐以前，史书皆私撰，而成于一人之手；或父子相
传，或兄弟姐妹同作，成一家之言；纵或身兼史官，亦奋笔一
室，不暇众手。自唐以后，书皆官撰，成于众人之手，仅李延寿
《南史》、《北史》，欧阳修《五代史记》及柯劭忞《新元史》为私

撰，余则皆在设局官修之条件下而成。

官修之史，刘知几颇病之，论其弊曰：（一）著作之业，等于奉公。（二）每欲记一事，载一言，阁笔相视，含毫不断，故头白有期，汗青无日。（三）史官记注，取察监修，一国三公，适从何所？此论最精当。致修史者毫无责任心，著者心灵湮没，书亦无复精彩可言；史家之技术，史料之别裁，史书之运用，皆被牵制，虽有名手，亦难展其所长。故万斯同有言："官修之史，仓卒而成于众人之手，不暇择其材之宜与事之习，是犹招市人而与谋室中之事。"平情论之，私人著述，恒苦于文献不足，而文章严谨，成一家言；官修之书，文献有余，而失之繁芜，体例虽一，每易前后牴牾，卷帙浩繁，遂至笔削难周，优劣亦未可一概论也。

兹列表于后：

（一）纯系私撰而非史官者

《后汉（书）》　《三国志》　　《南齐书》　　《南史》

《北史》　　　　《新五代史》　《新元史》

（二）以史官职或奉敕私撰者

《史记》　　《汉书》　　　《宋书》　　《梁书》　　《陈书》

《魏书》　　《北齐书》　　《周书》

（三）史官多人协修而由私人主纂者

《新唐书》

（四）纯由史局史官修成而以官尊负名义者

《晋书》　　《隋书》　　《旧唐书》　　《旧五代史》

《宋史》　　《辽史》　　《金史》　　　《元史》　　《明史》

三　各史体例

各史体例，创自《史记》，司马迁一百三十篇，以本纪序帝王，世家记侯国，表以谱年爵，书以详制度，列传以誌人。此例一定，历代作史者，遂不能出其范围。《汉书》以下廿四史，可考而知也。然时移事异，体例增损，固亦有之，兹略述焉。

（一）本纪

释"本纪"者，《索隐》以为本其事而记之。裴松之以为"本"者系其本系，"纪"者统理众事，系之年月，名之曰本纪。刘知几《本纪篇》曰："盖纪之为体，犹《春秋》之经，系日月以成岁时，书君上以显国统。"总上数义，可约言者，（1）纪必编年，（2）帝王中心，（3）大事乃书，故曰本纪。本纪所载，除按年记录帝王行事外，并录诏诰号令，三公拜罢，宰相升黜，薨卒刑杀，外交朝贡，灾祥变异。务主简严，一涉琐事，有乖纪体，故刘知几有"本纪所书，资传乃显"，故纪则具事由，详则备志传。

司马迁不为楚义帝立纪，因政非己出。项羽宰制天下，封诸侯王，故入本纪；《汉书》改为列传，则以断代为史，当王者贵，义例使然。

《史记》有《吕后本纪》，次入帝纪，因女主临朝而立。此例始于《史记》，《汉书》因之，立《高后纪》。在后妃之前，先立《孝惠纪》，惠帝崩，再立后纪，体例截然。《高后纪》中，但纪临朝八年大事，其日常行事，别见《外戚传》，此与《史记》之毕载一篇者，例微不同。《后汉书》于帝纪外，别立《皇后纪》，此范氏因华峤《后汉书》之例，然女后临朝，用人行政，已入帝纪，何必又立后纪。《旧唐书》、《新唐书》各有《则天皇后纪》，《旧唐》法《史记》例，备载武后事于纪中；《新唐书》武后以改唐为周，故朝政则编入后纪，宫闱琐屑别载《后妃传》中，此则与《汉书》同例，似得体要。

《史记》《周本纪》、《秦本纪》自其先世为侯伯皆入之，论者谓有失裁断。《晋书》列司马懿及师、昭为帝纪，实滥觞于《周本纪》之始自后稷。刘知几曾讥《史记》矣，所谓"位终北面，一概人臣，追加大号，止入传限"。《魏书》于帝王纪之前，别立《序纪》，盖以道武之前，既不宜纪，又不宜传，故创此例。《金史》仿之，立《世纪》序金之先世，至世祖止。《新元史》亦同此例，立《序纪》，均得体要。

《宋史·度宗本纪》后附瀛国公、二王，不曰帝，而曰瀛国公、曰二王，因已著其不成为君；而犹附于纪后，则以其正统余绪，已登极建号，不得而没其实也，亦例之得者。

（二）世家

世家一体，于古有之。如《史记·卫世家赞》："余读世家言。"子长用之，以纪王侯诸国，欲抑之以异天子，必其开国成家，世代相继。《汉书》改为列传，虽爵土弗替之王侯亦入列传。然自《汉书》定例后，列代因之；《晋书》于僭伪诸国，数代相传者，不曰"世家"，而曰"载记"，因刘石、苻姚有称大号，不得以侯国例之。《新五代史》后创立世家，以纪吴、蜀诸国；《宋史》亦承其例，作《十国世家》。《辽史》于高丽、西夏变其名曰"外纪"，此则又变例矣。总之世家之有无，因乎其时，时之所无，不能有也。严格论之，世家一体，《史记》、《五代史》外，他无传焉。《宋史·十国世家》，杂厕传内，至载纪、外纪似同世家，实非其本然。

（三）表

表之所因，盖效《周谱》。史之有表，始自《史记》。其为体也，或年经而国纬，或国经而年纬；或主地，或主时，或主事。代远则用世表，代近则用年表、月表。表之于史，为用甚大，约有数端：（1）提要。纪传主于详，表则提纲揭领，一览瞭然。（2）汇总。纪传主于分，表主于合，合则汇总，便于寻检。（3）省繁。凡人与事，非要而又不可阙者，见之于表；不必列于纪传，则文省而事具。故万斯同曰："表所以通纪传之穷，其有人已入纪传而表之者，有未入而牵连表之者，表立然后纪传之文可省。读史不读表，非深于史者也。"朱鹤龄曰："表与纪传相为出入，凡大臣无积劳，亦无显过，不可胜书，而姓名爵里、存没盛衰之迹，又不可遽泯，则于表乎载之；又其功罪事实，传中有未悉备者，亦于表乎载之。使作史无表，则立传不得不多；传愈多而文愈繁，而事迹或反遗漏而不举。"刘知几初曾讥子长之创表，有"得之不为益，失之不为损"，徒为繁费之论；继又誉之曰："虽燕越万里，而径寸之内，犬牙可接；虽昭穆九代，而方寸之中，雁行有序，使读者阅文便睹，举目可详。"（《史通·外篇·杂说》）是则前所云云，亦未定之论。

自子长《史记》创表，后之作史者，或有或无。其全无表者有：

（1）《后汉书》　　（2）《三国志》　　（3）《晋书》

（4）《宋书》　　　（5）《齐书》　　　（6）《梁书》

（7）《陈书》　　　（8）《魏书》　　　（9）《北齐书》

（10）《周书》　　　（11）《南史》　　　（12）《北史》

（13）《隋书》　　　（14）《旧唐书》　　（15）《旧五代史》

其有表者：

(1)《史记》十表

(2)《汉书》八表

(3)《新唐书》三表

(4)《新五代史》有《十国世家年谱》，谱即表也。

(5)《宋史》二表

(6)《辽史》八表

(7)《金史》二表

(8)《元史》六表

(9)《新元史》七表

(10)《明史》五表

廿五史中，仅十史有表，余均阙如。蔚宗、承祚之徒，能为纪传而不敢作表、志，故自后汉三国而下迄南北朝各史皆无表。而有表之十史中，亦颇多阙略。四明万斯同氏补作《历代史表》六十卷，论者推为史之功臣。其先后各史家，对正史作补表之业者，又不下数十家，或补其未备，或补其缺略，或另创新表，容当于后列各章分详焉！

(四) 书志

马、班著史，于纪传之外，别裁书、志，用以纪国家之大政大法。大政大法，与其散见于纪传之中，孰若自为一篇，使人得见其首尾之为愈。故凡郡县之侨置、更异，官职官制之兴废，刑罚之轻重，户口之登耗，经济之盛衰，礼乐风俗之丕变，兵卫之兴革，河渠之通塞，以及车服、仪卫、日食、星变等事，类叙而罗列，首尾毕具，本末兼明。史若无志，不得谓之完史；有志而不淹博条贯，亦难称良史。故郑樵曰："昔江淹有言'修史之难，无出于志'，诚以志者，宪章之所系，非老于典故者不能为也。不比纪传，纪则以年包事，传则以事系人，儒学之士，皆能为之。惟有志难。"书、志之体，原本《世本·作篇》，史迁曰"书"，班固改称"志"。继之者，蔡邕曰"意"，华峤曰"典"，张勃曰"录"，何清盛曰"说"，其书皆不传；传者率称"志"，惟欧阳修称"考"。

子长八书，体大思精；班氏因之，广为十志，以纪朝章国典。范晔《后汉书》无志，刘昭注司马彪之书以补之。陈寿《三国志》无志，沈约《宋志》起自黄初以经之。南齐略因宋旧，北魏间立异名，晋、梁、陈、齐、周、隋之史，皆成于唐，仅晋、隋有志，而《隋志》实兼梁、陈、齐、周之事。新旧《唐、五代》三志，立目多同，惟《欧书》最略。宋、辽、金《史》同为元修，惟《辽志》极简。元稍变金，明全同宋。迹其因革之故，或缘于时政，或出于私臆，未可概论。通史则郑樵之书，列《二十略》；政书则《通典》八门，《通考》增析为廿四，率用诸史之成名；其创立者，或与典章无关（如通志之《六书》、《七音》、《校雠》、《昆虫》、《草木》等），或当属诸谱，不必尽合也。

总上各史，其无志者仅三国、梁、陈、北齐、周、《南史》、《北史》无志。《隋书》亦本无志，今志乃合梁、陈、齐、周、隋并撰者，而附《隋书》以行。《三国》虽无志，《宋志》直包三国事；《南史》、《北史》无志，因已见于南北各朝；《欧志》虽略，但《薛志》则详：是二十五史中，志本无缺也。

（五）列传

"传"者，转也。转受经旨，非以叙人物。叙人物以为传，则自子长《史记》始。又于传之中，分公卿将相为列传；又别立名目，以类相从为类传。按列传之体有四：（1）专传。史家之法，凡皇公、巨卿、大臣，勋业显著，及有关国政之大奸大恶，皆立专传，或称大传。（2）合传。合传之体，施于通史者多，如《史记》《老子韩非列传》、《屈原贾生列传》等是；其有二人行事，首尾相随，则以一传兼书，包括令尽，各史恒有此例。（3）附传。史家对于同一事迹，或共事之人，恒取其主要之一人为主，而下附载此事相关之人，一一类叙或带叙。盖人各一传，则不胜传；不为立传，则其人又有事可传，故用附传之例。亦有祖孙父子无大事可传，而又不胜没者，则以子孙附祖父，或祖父附子孙，各视其地位轻重大小以决定之。（4）类传。如《史记》之《儒林列传》、《滑稽列传》、《货殖列传》等是。传目各就一朝所有人物传之，有其人不妨增，无其人不妨缺，固不必尽拘旧名。类传名目较多，于另表详其异同附后。

自司马迁创立本纪、表、书、列传体例以来，后之作史，陈陈相因，莫能出其范围。即班、范称"书"，陈寿称"志"，李延寿南北朝称"史"，欧阳修五代称"史记"，其余均称"史"，仅小异其目。"书"之名，各史皆改称"志"，"世家"之名《晋书》改称"载记"。《史记》次序，先本纪，次表，次书，次世家，次列传，《汉书》同。《晋书·载记》、《五代·世家》，附于尾末，盖以其僭也。《新唐书》改为先志后表，宋、辽、金、元同；魏收《北魏书》改志居传后，《五代史》亦从之，类多大同小异也。

《史记》称"太史公曰"，班改称"赞"，陈寿改称"评"。范改称"论"，而又系以"赞"；论为散文，赞为四言。沈约改称"史臣曰"，唐时所修诸史均同。《五代史》直起，加以"呜呼"。其有"论"无"赞"者，《宋书》、《梁书》、《陈书》、《北魏书》、《北周书》、《隋书》、《南北史》、《新唐书》、《五代史》、宋辽金三《史》；论赞并用者，《晋书》、《南齐书》、《旧唐书》，而《南齐书》志亦有赞。宋、辽二史，本纪称赞，列传称论。惟明修《元史》，全部皆无论赞。《新元史》论赞俱称"史臣曰"。夫据事直书，善恶自见，何待再加以论赞，此刘知几之所以非之也。且史迁之论，多传外新义，或标举轶事，或征引旧闻，事无重出；后之作者，多录纪体之言，其有所异，惟加文饰，甚无谓也。

正史体例，虽不脱司马氏之范围，然因时而变其体例者，亦属恒有之事。兹录朱彝尊《史馆上总裁第一书》之论，以为此篇之殿焉！

> 历代之史，时事不同，各体例因之有异。班固书无世家，而有《后戚传》，已不同于司马氏矣。范蔚宗书无表、志，后人因取司马彪《续汉书》志以为志，又不同于班氏矣。盖体例本乎时宜，不相沿袭。故汉之光武，唐之孝明，宋之真宗，皆尝行封禅之礼，作史不必效史迁而述《封禅》之书也。德星庆云，醴泉甘泉，器车瑞马，嘉禾瑞麦，一角之兽，连理之木，九茎之芝，不绝于世，作史者不必效北魏、南齐而作《符瑞》之志也，此志之不相沿袭也。班史第《古今人表》，上及于皇初；欧阳之纪《宰相世系》，下逮于子姓；辽之《游幸》，金之《交聘》，他史无目焉，此表之不相沿袭者也。《史记》列传有《滑稽》、《日者》，《五代》有《家人》、《义儿》、《伶官》，宋有《道学》，他史无之，此传之不相沿袭者也。至若皇后一也，尊之则附于帝纪，抑之则冠于臣传；公主一也，或为之传，或为之表；释老一也，或为之志，或为之传。余如天文、五行，或分为二；职官氏族，或合为一，然史盖因时而变其例矣。

第二编 本 论

第一章 《史 记》

一 子长生平与《史记》著述

《史记》一百三十篇，汉司马迁撰。迁字子长，汉太史公司
马谈子，景帝中元五年生（公元前 145 年），汉左冯翊夏阳人
（今陕西韩城县）。年十岁则诵古文，二十而南游江淮，上会稽，
探禹穴，窥九嶷，浮于沅湘，北涉汶泗，讲业齐、鲁之都，观孔
子遗风，卿〔乡〕射邹峄，厄困鄱、薛、彭城，过梁、楚以归。
于是迁仕为郎中，奉使西征巴蜀以南，略卭筰、昆明，北又抵北
地。司马氏之先，为周室太史，汉武建元、元封之间，司马谈官
太史令。元封元年，父谈卒。其《自序》述其父之顾命，太史公
执迁手而泣曰："……余为太史而不论载，废天下之文，予甚惧
焉，尔其念哉。"迁俯首流涕曰："小子不敏，请悉论先人所次旧
闻，不敢阙。"三年，子长继谈为太史令，年三十八岁，䌷史记
石室金匮之书。太初元年四十二岁，因历法废坏，与公孙卿、壶
遂等改定历律。又子长作《太史公书》，虽受父谈遗命，然其经
始则在是年。天汉三年，四十八岁，遭李陵之祸，下狱腐刑，愤
力述作，观其《自序》云：

> 太史公遭李陵之祸，幽于缧绁，乃喟然而叹曰："是余
> 之罪也夫，是余之罪也夫，身毁不用矣！"退而深维曰："夫
> 诗书隐约者，欲遂其志之思也。昔西伯拘羑里，演《周易》；

孔子厄陈蔡，作《春秋》；屈原放逐，著《离骚》；左丘失明，厥有《国语》；孙子膑脚，而论《兵法》；不韦迁蜀，世传《吕览》；韩非囚秦，《说难》《孤愤》；《诗三百篇》，大抵圣贤发愤之所为作也。此人皆意有所郁结，不得通其道也，故述往事，思来者。"于是卒述陶唐以来，至于麟止，自黄帝始。

太始四年，五十岁，报益州刺史任安书曰："仆窃不逊，近自托于无能之辞，网罗天下放失旧闻，考之行事，稽其成败兴坏之理，凡百三十篇……草创未就，适遭此祸，惜其不成，是以就极刑而无愠色。"故《史记》之作，始自为太史令，至遭李陵之祸，已历九年；自此愤力述作，迨征和二年，又历八年，书始告成。统计子长作《史记》，前后凡历十七八寒暑；加以书成后，删订改削，盖书之成，凡二十余年也。子长卒年，绝不可考，大抵在武帝之末，或昭帝之初，若算至昭帝始元元年，为六十岁。总计子长生平，可分三期：幼年力学；中年畅游，足迹几遍天下；四十三岁后致力著述，至《史记》之成。一受父谈遗命，一因下狱以后，孤愤不能自已，愤而著述；致中年之壮游，其有助于著作也更多。

二　《史记》之体例及内容

"史记"原为古史之通称，子长于《自序》中，称《太史公书》；《汉书·艺文志》作《太史公》一百三十篇，附于春秋家，或称《太史公记》，或称《太史记》，《魏志》始名《太史公书》为《史记》。《隋书·经籍志》标立史部，首列《史记》一百三十卷，卷即篇也。自是以后，学者习用《史记》之名，不复研究始末。《史记》全书凡百三十篇，五十二万六千五百字，上自黄帝，下迄获麟，武帝元狩元年止。其记二千六百卅六年史事，成十二"本纪"，十"表"，八"书"，三十"世家"，七十"列传"。兹表列而论之如下：

（一）十二本纪

（1）《五帝本纪》　　（2）《夏本纪》　　（3）《殷本纪》

（4）《周本纪》　　　（5）《秦本纪》　　（6）《始皇本纪》

（7）《项羽本纪》　　（8）《高帝本纪》　　（9）《吕太后本纪》

（10）《孝文本纪》　（11）《孝景本纪》　（12）《今上本纪》

《史通·本纪》曰："姬自后稷至于西伯，嬴自伯翳至于庄襄，爵乃诸侯，而名隶本纪。若以西伯、庄襄以上，别作周秦世家，持殷纣以对武王，拔秦始以承周敝，使帝王传授，昭然有别，岂不然乎？必以西伯以前，其事简约，别加一目，不足成篇，则伯翳之至庄襄，其书先成一卷，而不共世家等列，辄与本纪同编，此尤可怪也。项羽僭盗而死，未得成君，求之于古，则齐无知、卫州吁之类也，安得讳其名字，呼之曰王者乎？春秋吴楚僭拟，书如列国，假使羽窃帝名，正可抑同群盗，况其名曰西楚，号止霸王者乎？霸王者，即当时诸侯，诸侯而称本纪，求名责实，再三乖谬。"

总上所论，一谓西伯、庄襄以上，宜立周秦世家，以明断限；一谓项羽不当作本纪。断限之论，尚有可说。若项羽宜传不宜纪，则当秦亡之后，汉犹未兴，项羽政由己出，汉王受封之时，不当作纪耶？且通史与断代史异，断代史当王者贵，故班固抑之列传亦是。

（二）十表

（1）《三代世表》　　　（2）《十二诸侯年表》

（3）《六国年表》　　　（4）《秦楚之际月表》

（5）《汉兴以来诸侯年表》（6）《高祖功臣侯者年表》

（7）《惠景间侯者年表》　　（8）《建元以来侯者年表》

（9）《王子侯者年表》　　　（10）《汉兴以来将相名臣年表》

《史记》以表为全书纲领，年代远则用世表，年代近则用年表、月表，或年经国纬，或国经年纬。如《三代世表》，以世系为主，所以观百世之本支；《汉兴以来诸侯年表》以地为主，故年经而国纬，所以观天下大势；《高祖功臣侯者年表》以时为主，故国经而年纬，所以睹一时之得失；《汉兴以来将相名臣年表》以大事为主，所以观君臣之职分。郑樵谓："太史公括囊一书，尽在十表。"（《通志·总序》）顾炎武谓："史无表则立传不得不多，传愈多文愈烦，而事迹或反遗漏而不举，此表之所以为要也。"梁启超谓："内中意匠特出，尤在十表。据桓谭《新论》谓其旁行斜上，仿自《周谱》。或以前曾有此体裁，亦未可知，然各表之分合间架，总出诸史公之惨淡经营。表法既立，可以文省事多，而事之脉络亦具。"（《要籍题解及其读法》）

《史记》虽有表，后人校补者亦多，如清汪越有《读史记十表》三卷，徐克范补；清王元启有《秦楚之际月表正伪》，清吴非有《楚汉帝月表》，卢文弨有《惠景间侯者年表校补》。

（三）八书

（1）《礼书》　　　（2）《乐书》　　　（3）《律书》

（4）《历书》　　　（5）《天官书》　　（6）《封禅书》

（7）《河渠书》　　（8）《平准书》

按《世本》有《作篇》，记占验、饮食、礼乐、兵农、车服、图画、器用、艺术之原，此即《史记》八书之所出。又采《礼记》、《大戴礼》、《荀子》、《贾谊新书》等书而成。有此八书，朝章国典，于焉备录。

补书志者，有清王元启《史记三书正伪》，清钱塘《史记三书释疑》三卷。三书谓《历书》、《律书》、《天官书》。清孙星衍有《补史记天官书考证》十卷，近人朱文鑫有《史记天官书恒星图考》一卷，又刘文洪有《楚汉诸侯疆域志》三卷。

（四）三十世家

（1）《吴世家》	（2）《齐太公世家》
（3）《周公世家》	（4）《燕世家》
（5）《管蔡世家》	（6）《陈杞世家》
（7）《卫世家》	（8）《宋世家》
（9）《晋世家》	（10）《楚世家》
（11）《越王勾践世家》	（12）《郑世家》
（13）《赵世家》	（14）《魏世家》
（15）《韩世家》	（16）《田敬仲完世家》
（17）《孔子世家》	（18）《陈涉世家》
（19）《外戚世家》	（20）《楚元王世家》
（21）《荆燕世家》	（22）《齐悼惠王世家》
（23）《萧相国世家》	（24）《曹相国世家》
（25）《留侯世家》	（26）《陈丞相世家》
（27）《绛侯世家》	（28）《梁孝王世家》
（29）《五宗世家》	（30）《三王世家》

《史记》列陈涉为世家，刘知几首非之云："陈涉起自群盗，称王六月而死，子孙不嗣，社稷靡闻，无世可传，无家可宅，而以世家为称，岂当然乎？"陈涉虽死无嗣，其所遣王侯将相，竟以亡秦；且迁谓高祖时，为涉置守冢，三十家以为血食，称之世家，亦又何伤？其次《孔子世家》，尤为后人聚讼。首致疑者为王安石之《读孔子世家》，云："孔子旅人也，栖衰季之世，无尺

土之柄，此列之以传宜矣，曷为世家哉！处之世家，仲尼之道，不从而大；置之列传，仲尼之道，不从而小。而迁也自乱其例，所谓多所牴牾者也。"然《孔子世家赞》云："天下君王至于贤人众矣，当时则荣，没则已焉，孔子布衣传十余世，学者宗之，自天子王侯，中国言六艺者，宗于夫子，可谓至圣矣。"此岂不以孔子继往开来，以六艺世其家，较之君王开国承家，爵土勿替之王侯，为久且远，千古以来，世家惟孔子可以当之。

（五）七十列传

其以种类为标题者凡九，《自序》一篇附列传后。

（1）《循吏》　　　（2）《儒林》　　　（3）《酷吏》

（4）《游侠》　　　（5）《佞倖》　　　（6）《滑稽》

（7）《日者》　　　（8）《龟策》　　　（9）《货殖》

（10）《自序》

此外列传六十篇。尚有六篇专记外裔事者有：

（1）《匈奴》　　　（2）《南越》　　　（3）《东越》

（4）《朝鲜》　　　（5）《西南夷》　　（6）《大宛》

其余各传，因冗长不录

列传之失，刘知几颇评之。《史通·二体篇》首讥其"编次同类，不求年月，遂使汉之贾谊将楚屈原同列，鲁之曹沫与燕荆轲并编"。但顾炎武《日知录》谓："古人作史，取其事之相属，不论年月。"章实斋《文史通义·释通》谓："楚之屈原，将汉之贾生同传，周之太史，偕韩之公子同科，古人正有深意。相附而彰，义有独断，末学肤受，岂得从而妄议。"

《史通·编次篇》谓："龟策异物，不类肖形，而辄与黔首同科，俱谓之传，不其怪乎？且龟策所记，全为志体，向若与《八书》齐列，而定以'书'名，庶几物得其朋，同声相应者矣。"

若就现《龟策列传》所载，仅取太卜古龟之杂说而论，则所讥诚是。但子长原书，定为传业龟策之人，非叙述龟与策。惜原书已亡，无由证验；今所存者为褚少孙所补，存而不论。《史通·人物篇》又论以夷齐为列传首之非，而不收功业显赫名存于史之皋陶、伊尹、傅悦、仲山甫之流为列传之始。夫史家之职，在阐幽显微，皋陶之流，辉耀经子，无待缕述；首传夷齐，正欲澈〔激〕扬仁义，以励末俗，函有深意。《史通·杂说编》谓："史公述《儒林》，则不取游夏之文学；著《循吏》，则不言冉有之政事；至于《货殖传》，则独以子贡居首。掩恶扬善，既忘此义；成人之美，不其阙如？"夫游夏、冉有、子贡之徒，已载诸《仲尼弟子列传》，按事不赘出之例，何待多述？至传《货殖》，迁自谓不害于教，不妨百姓，取与以时而息财富，庸何伤焉？

梁任公《中国历史研究法补编》中，亦颇誉之，其言曰：

> 一个人的性格兴趣，及其作事的步骤，皆与全部历史有关，太史公作《史记》最看重这点……《史记》每一编列传，必代表其某一方面的重要人物。如《孔子世家》、《孟荀列传》、《仲尼弟子列传》代表学术思想界最重要的人物，《苏秦张仪列传》代表造成战国局面的游说之士，《田单乐毅列传》代表有名将帅，四公子《平原、孟尝、信陵、春申列传》代表那时新贵族势力，《货殖列传》代表当时经济变化，《游侠列传》、《刺客列传》代表当时社会一种特别风尚。每篇都有深意，大都从全社会着眼，用人物来做一种现象的反影，并不是专替一个人作起居注。

又子长于列传之体纵合变化，不可方物。如同一合传，《廉颇蔺相如传》、《管晏列传》，则两人平等叙述，无主从轻重之分。又如《孟荀列传》，其下附传有田骈、慎到、环渊、按〔接〕子、墨子、淳于髡、公孙龙等一二十人，此则仅以一二伟大人物为主而附出其余。又如《仲尼弟子列传》收七十子之徒简略叙述，亦无主从。

《史记》自魏晋以降，并无改补。至唐，司马贞欲改定纪传、世家篇目，并为之注，其《索隐》卷末有《补序》一篇，自述其补之由，又逐段论其改删升降之意。王鸣盛《十七史商榷》论其改补皆非云：

"《补序》大旨谓五帝之前当补太皥、庖牺氏、女娲氏、炎帝、神农氏，并于其前又追补天皇、地皇、人皇，总称《三皇本纪》。又欲将《秦本纪》、《项羽本纪》皆降为世家。又谓惠帝事不当没之而入《吕后纪》中，故依班氏分为二纪。又欲补曹叔、振铎、许男、邾子、张耳、吴芮诸世家。又欲将列传中，吴王濞升入世家，与楚元王同为一篇；淮南、衡山升入世家，与齐悼王同为一篇。又欲将《陈涉世家》降为列传。又谓外戚不当入世家，其意盖亦欲降入列传。又谓子产、叔向不宜入循吏传，欲于管、晏后补吴延陵、郑子产、晋叔向、卫史鱼等传。又欲分老子与尹喜、庄周为一篇，韩非列入《商君传》。末又欲抽鲁连、田单为一传，邹阳与枚乘、贾生为一传，屈原与宋玉等自为一传。又谓司马相如、汲、郑传不宜在西夷之下，《大宛传》宜在朝鲜之下，不宜在《酷吏》《游侠》之间。贞所改补如此，后乃自悔其穿凿，俱仍旧贯，而聊附其说于此。惟《三皇本纪》一篇，赞于传末，然述赞犹于李广之下、卫青之前，抽出匈奴入于南越之前。愚谓贞之改补，诚不知而作，皆非是。至其分萧相国、曹相国、吕侯、绛侯、五宗、三王世家各为一篇，作六篇，按今本固为六篇，而贞言此，则不可解，意者此即所谓八十卷之分卷耶？但子长于留侯下，又有陈平，方继以绛侯，而贞所举留侯下即绛侯，则又不可解。贞所移易编次，有非是者，有似是而不必者，如老、韩同传，正以老子清虚不有其身，故无情，则必入于深刻，故使同传，今乃谓其教迹全乖而欲移之，真强作解事。李广、卫青事迹，与匈奴相出入，故以匈奴参错于二人之间，今移之亦非。司马相如次西南夷下者，亦因相如实欲通西南夷者，移之则非其本意。其余皆多事而无谓，不必也。惟惠帝年十六即位，在位七年，年二十三而崩。《史记》将惠帝亦入《吕后本纪》，此则似不如《汉书》别立《惠帝纪》为妥。然此惟《汉书》断代为史，立体必应如是；若《史记》本自疏阔，周七百八年只一纪，汉每帝一纪，已自详近略远，惠帝无纪，亦复何害。"

《四库提要・史记索隐》云："……欲更其次第，其言皆有条理。至谓司马迁述赞不安而别为之，则未喻言外之旨；终以《三皇本纪》，自为之注，亦未合阙疑传信之意也。"

三 《史记》之增补窜易

《史记》一书，据后人考证，有颇多"增补""窜易"之处，因班固《汉书・司马迁传》称其"十篇书阙，有录无书"，张宴〔晏〕注则谓："迁没之后，亡《景纪》、《武纪》、《礼书》、《乐书》、《兵书》、《汉兴以来将相年表》、《日者列传》、《三王世家》、《龟策列传》、《傅靳列传》。元成之间，褚先生补缺，作《武帝纪》、《三王世家》、《龟策日者传》，言辞鄙陋，未〔非〕迁本意也。"刘知几《史通》以为"十篇未成，有录而已"。王鸣盛《十七史商榷》以为"《汉书》所谓有录无书，今惟《武纪》灼然全亡，《三王世家》、《日者》、《龟策传》未成之笔，但可云阙，不可云亡。其余皆不见所亡何文。"赵翼《廿二史劄记》称："按史公《自叙》，十二本纪，八书，三十世家，七十列传，共百三十篇，五十二万六千五百字，是史公已订成全书。其十篇之缺，乃后人遗失，非史公未及成，而有待于后人补之也。"今考上列诸家之说，证明《史记》原已成书，其后十篇有亡失者，业经褚少孙补入。补之中亦有分别，如《景纪》、《傅靳列传》、《汉兴以来将相年表》三篇，体例大致与原书合。《景纪》《索隐》云以班书补之，今检其文，与班书绝不同。若《律书》、《三王世家》、《日者》《龟策》两传，虽所补未必合，而体例与原书尚无大出入者。张晏谓亡《兵书》，《兵书》即《律书》，亦有所补。全不相干者，如《武纪》、《礼书》、《乐书》三篇，《武纪》取《封禅书》，《礼书》、《乐书》抄《荀子》、《载记》。更考褚少孙所补者，尚不仅此十篇，如《外戚世家》、《田仁传》、《张苍申屠嘉传》以上诸条，今《史记》内均有"褚先生曰"，是为少孙所补，显然可见。又《三代世表》、《建元以来侯者年表》，亦有褚先生之辞。其有后人窜入者，如《田儋传赞》，忽言蒯通辩士，著书八十一篇，项羽欲封之而不受，此事与儋无涉；《司马相如传》引扬雄语，雄乃哀平、王莽时人，史迁何由预引其语？凡此，多为后人窜入。故凡篇中有涉及麟止后事者，大抵皆为后人附益者。总上所言，《史记》一书，有散佚者，有残缺者，且有窜易者，后人论之多矣。崔适《史记探源》一书，勇于疑古，所言虽可参考，然未必如斯之盛也。

近人梁任公《读史记》，亦本崔适《史记探源》精神，详辨《史记》篇目真伪，分为五等：

（1）全篇原缺，后人续补者，以《汉书》本传明言"十篇缺，有录无书"。班固所不及见者，后人哪由得见，应认全伪。（十篇篇目已详上述，不录）

（2）明著补续之文，及补续痕迹易见者，今武英殿版，皆改为低一格，以示识别。如《三代世表》（篇末自"张夫子问，褚先生曰"以下），《张丞相传》（篇末自"孝武丞相"以下），《田叔烈传》（篇末自"褚先生曰"以下），《平津侯主父列传》（篇末自"太皇太后诏"以下，又自"班固称曰"以下），《滑稽列传》（自"褚先生曰"以下）。

（3）全篇可疑者，今本《史记》中多有与《汉书》略同，而玩其文义，乃似《史记》割裂《汉书》，非《汉书》删取《史记》者，如《孝武本纪》、《律书》、《历书》、《天官书》、《封禅书》、《河渠书》、《平准书》、《张丞相列传》、《南越尉列传》、《循吏列传》、《汲郑列传》、《酷吏列传》、《大宛列传》。

（4）元狩或太初以后之汉事，为后人续补，窜入各篇正文者。此类在年表、世家、列传中甚多，不复枚举。

（5）各篇正文为刘歆故意窜乱者。此类辨别甚难，举要点数端如下：凡言终始五德者，如《五帝本纪》、《秦始皇本纪》、《十二诸侯年表》、《孟荀列传》等篇；凡言十二分野者，《十二诸侯年表》、《齐/宋/郑世家》、《张苍列传》等篇；凡言《古文尚书》及所述书序如《夏/殷/周本纪》、《齐/鲁/卫/宋世家》；凡记汉初古文传授者《儒林列传》、《张苍列传》等篇。

上列五条亦录之，聊备参考，似未足为定论也。

四 治《史记》之三派

自汉以来，治《史记》者，代有名家，约而论之，可分三派：一为注释原书之注释派；一为仿照原书体例而续作者之仿著派；一为重其内容批评原书者之评论派。三派成绩，互相辉映，再分述之：

注释派之要者，有裴骃《史记集解》八十卷。骃以晋徐广所撰《史记音义》粗有发明，但恨省略，仅记诸本异同，于义少有解释，乃采九经诸史，而为《集解》，其所引之书，多先儒旧说，为后世所失传者。唐司马贞采徐广、裴骃及各家旧注，为《索隐》三十卷，兼重音义，更作赞述，亦有发明。唐张守节撰《史记正义》三十卷，自谓集一生精力为之，故能通裴骃之训辞，折司马贞之同异，最为详备；题曰《正义》，殆欲与《五经正义》并传，为《史记》注释派之功臣。其后宋王应麟、元萧贡、明柯维熊，虽有注释，大部不精。有清一朝，释者踵起，而尤以钱大昕、梁玉绳、王念孙三家为最。钱作《史记考异》，持论精核，多所发明。梁作《史记志疑》，所说颇多钱氏未及者，足补其阙。王念孙更研究《集解》《索隐》《正义》三家训释，参考经史诸子及群书所引，以厘正伪脱，其与钱、梁所说同者，概从刊削，尚存四百六十余条于《读书杂志》。上三家者，可与裴骃、司马贞、张守节后先辉映，均司马氏之功臣也。

仿著派分为二系，一系为通史纪传体。自子长综古今为书，至梁武帝敕群臣撰《通史》六百二十卷，上自太初，下终齐室；元魏济阴王晖业著《科录》二百七十卷，其断限亦起自上古，终于宋年，惟《科录》取其行事尤相似者，共为一科，其体小异。二书俱不传。郑樵《通志》，又准梁武《通史》而为之，皆此派也。一为断代纪传体，创自班固，历代因之，迄无变更，自《史记》以外，二十四史除《南北史》、《五代史》其体稍异外，皆其俦也。《清史稿》亦仿此体。

评论派有三支：一支以刘知几、郑樵、章实斋等为主，纯从史法史学研究。刘说详《史通》，郑说详《通志·总序、艺文略、校雠略》，章说详《文史通义》。一支以吕祖谦、曾巩等为主，论史迹而兼谈史法者。一支以刘辰、王世贞、归有光等为主，专评文辞者，如归以五色评点《史记》是。

五 "究天人之际，成一家之学"

《史记》一书，取材甚富，采访甚周。其取材，先据《左氏》、《国语》、《世本》、《战国策》、《楚汉春秋》及诸子百家之书，金匮石室之藏，六艺方技之书，而后折中经传，驰骋古今，错综隐括，各使成一国一家之事。而尤注意于所见所闻之实地采访，其所闻有闻之人者，如《项羽本纪》："吾闻之周生。"《赵世家》："吾闻冯王孙曰：'赵王迁，其母，倡也。'"有闻之多人者，如《魏世家》："吾适故大梁之墟，墟中人曰。"《淮阴侯列传》："吾如淮阴，淮阴人为余言。"其所见有见之于书者，或前代之书，或当代金匮石室之藏，或先上太史公之天下计书；有见其地者，史公足迹遍天下，考其所历踪迹，全汉版图之广，未至者仅河西、岭南、朝鲜诸郡；有见其人者，如《李将军列传》："余睹李将军，悛悛如鄙人。"或未见而得之图像，如《留侯世家》："至见其图，状貌如妇人好女。"有见其事者，如汉建封禅，塞宣房，征西南夷，史公皆得亲从事，故言之尤详。

其作史宗旨，自言继《春秋》而论次其文，盖鉴于夫子既没，诸子百家争鸣，各效《论语》以空言著书，至于历代实迹，无所统系，乃发奋勒成一书，欲以究天人之际，通古今之变，成一家之言。书分五体，本纪纪年，世家传代，表以正历，书以类事，传以著人。后之史家，不能易其法，学者不能舍其书。郑渔仲誉为"六经之后，惟有此作"，近人梁任公于《读史记》详之曰：

> 《史记》以十二本纪、十表、八书、三十世家、七十列传组织而成。其本纪及世家之一部分，为编年体，用以定时间的关系。其列传则人的记载，贯澈其人物为历史主体之精

神。其书则自然界现象与社会制度之记述，与人的史相调剂。内中意匠特出，尤在十表。据桓谭《新论》谓其旁行斜上，并效《周谱》，或以前尝有此体制，亦未可知。然各表之分合，总出诸史公惨淡经营。表法既立，可以文省事多，而事之脉络亦具。《史记》以此四部分组成全书，互相调和，互保联络，遂成一部谨严博大之著作。后世作断代史者，虽或于表、志门目间有增减，而大体组织不能越其范围，可见史公创作力之雄伟，能笼罩千古也。

故班固《汉书·司马迁传赞》曰："自刘向、扬雄博极群书，皆称迁有良史之材，服其善序事理，辩而不华，质而不俚，其文直，其事核，不虚美，不隐恶，故谓之实录。"至其文章之美，尤属众口一词，论者多矣！观明人王世贞言曰："太史公之文有数端焉！帝王纪，以己释《尚书》者也，又多引图纬子家言，其文衍而虚。春秋诸世家，以己损益诸史者也，其文畅而杂。《仪》、《秦》、《鞅》、《睢》诸传，以己损益战国者也，其文宏而肆。《刘》、《项》、《纪》、《信》、《越》诸传，志所闻也，其文宏而壮。《河渠》、《平准》诸书，志所见也，其文核而详，婉而多讽。《刺客》、《游侠》、《货殖》诸传，发所寓也，其文清严而工笃，磊落而多感慨。故迁史之文，或由本以之末，或探末以续颠，或繇条而约言，或一传而数事，或既述其事而又发其义，或意隐于此而事见于彼，变化离合，不可名物，龙腾凤跃，不可疆锁。"

又《史记》不仅以文字博采见长，其对于天下大势，攻守险要，兵事得失，亦了如指掌。故顾亭林《日知录》云：

　　秦楚之际，兵所出入之途，曲折变化，惟太史公序之如指掌。以山川郡国不易明，故曰东、曰西、曰南、曰北，而

形势瞭然。以关塞江河为一方界限，故于项羽则曰"梁乃以
八千人渡江而西"，曰"羽乃悉引兵渡河"，曰"羽收诸侯兵
共三十余万，行略地至河南"，曰"羽渡淮"，曰"羽遂引东
欲渡乌江"；于高帝则曰"去成皋玉门北渡河"，曰"引兵渡
河，复取成皋"。盖自古书兵事地形之详，未有过此者。太
史公胸中，故有一天下大势，非后代书生之所能几也。

论《史记》之失者，班彪谓其论议浅而不笃，论学术则崇黄
老而薄五经，序货殖则轻仁义而羞贫穷，道游侠则贱守节而贵俗
功，此其大敝丧道，所以遇极刑之咎也。班固承父《序论》，则
谓其是非颇谬，于圣人论大道，则先黄老而后六经，序游侠则退
处士而进奸雄，述货殖则崇势利而差贫贱，此其所蔽也。凡此议
论，均不足为《史记》病。盖史公感当世之所失，愤其身之所
遭，发之于书，有所激而为此言耳。

章实斋论《史记》之失，在作表而不立图，其言曰："史部
要义，本纪为经，而诸体为纬，有文辞者曰书曰传，无文字者曰
表曰图，虚实相资，详略互见，庶几可以无遗憾矣！昔司马氏创
定百三十篇，但知本《周谱》而作表，不知溯夏鼎而为图，遂使
古人之世次年月，可以推求，则前世之形势名象，无能踪迹。此
则学《春秋》而得其谱历之义，未知溯《易象》而得其图书之通
也。夫列传之需表而整齐，犹书、志之待图而明显也。先儒尝谓
表阙而列传不得不烦，殊不知其图阙而表、志不得不冗也。呜
呼！马、班以来，二千年矣，曾无创其例者，此则穷源竟委，深
为百三十篇惜矣！"又云："史不立表，而世次年月，犹可补缀于
文辞；史不立图，而形状名象，必不可旁求于文字。此耳治目治
之所以不同，而图之要义，所以更甚于表也。"（《永清县志·舆
地图序例》）此论最为精当。

《史记》发凡起例，固为后世所宗，然其主要特征，可约言

者，第一，《史记》以前所有史书，或限于国别地方记载，如《国语》、《国策》；或以时期为主，如《春秋》、《左传》；或为一事有关文书，如《尚书》。《史记》则冶为一炉，纵贯上下数千年，横及各国各阶层，举凡人类全体之活动，靡不备载，并明示历史之因果脉络。第二，将传记分为本纪、世家、列传三种，在本纪中则秦昭襄王、庄襄王、楚项羽与周汉并列，在世家中，管、蔡、田完、孔丘、陈涉与周公、太公并列，在列传中，老庄、儒林、刺客、医生、游侠、日者、龟策、货殖与名公巨卿并列，一扫封建上下等级。第三，反过去重视政治之记载，而叙述社会中各种现象，在事有八书，在人有一技之长可传者，均为作传。第四，反《春秋》时代内其国而外诸夏、内诸夏而外夷狄之狭小眼光，为匈奴等民族作列传。第五，在体裁上不采《春秋》之编年体，以人、国为纲目，再益以书、表，创为全史。最后，史公《史记》非徒事实纪录之史，其主旨在"究天人之际，通古今之变，成一家之言"，盖欲完成其史学系统，奠定历史哲学基础。夫子不以空言说经，史公亦有"载之空言，不如见诸行事深切著明"之论，藉史实而成一家之学，较周秦诸子实高出一筹。后之史家，只知模仿其体例而修正史，以昧于"究天人之际，成一家之学"之义矣。

第二章 《前汉书》

一 班氏父子与《汉书》修撰

　　《前汉书》一百二十卷，汉班固续其父彪之志而作。固字孟坚，扶风安陵人（今陕西咸阳县）。九岁能属文，诵诗赋。及长，遂博贯载籍，九流百家之言，无不穷究。班氏在汉，世代名臣，兼为儒宗，家学渊源。先时《史记》所书，年止汉武，太初以后，阙而不录。其后向、歆父子及诸好事者，若冯商、扬雄等，相次撰续，迄于哀、平间，然言多鄙俗，不足以踵继前史。又因歆、雄褒美伪新，误后惑众，彪乃采前史遗事，旁贯异闻，作《后传》六十五篇。其子固以其父所撰未尽一家，乃斟酌前史，潜精研思，继其父业。其事未毕，会有人上书明帝，告固私改作国史者，有诏系京兆狱，并悉录家书封上。固弟超诣阙自陈，得召见，言固续父作，不敢改易旧书，帝意乃解，召诣校书郎、兰台令史，志力述作。自永平初始受诏，至章帝建初中始成，先后凡廿余载，后以母丧去官。和帝永元三年（公元89年），大将军窦宪出征匈奴，以固为中护军，与参议。永元四年，宪以专横伏诛，固亦株连，卒于洛阳狱。书颇散乱，莫能综理，其八表及《天文志》等犹未克成。其妹昭（曹大家），博学能文，和帝诏昭就东观藏书阁，踵而成之。《汉书》始出，多未能通者，又撰高才郎马融等十人，从大家受读。综计《汉书》，前后凡历三人之手，费时三四十年，考订可谓密矣。固生于光武建武八年，卒和帝永元四年（32—92 年），年六十一岁。上距司马迁之死百数十年矣。固为班彪长子，弟超，妹昭，皆有名。论者谓《班书》八表及《天文志》，是待诏东观马续所作，此说刘知几主之，其《史通·正史篇》云：

> 固后坐窦氏事，卒于洛阳狱，书颇散乱，莫能综理。其妹曹大家，博学能属文，奉诏校叙。又选高才郎马融等十人，从大家受读。其八表、《天文志》犹未克成，多是待诏马续所作。

《后汉书·列女传·曹世叔妻（班昭）传》云：

> 兄固著《汉书》，其八表及《天文志》，未及竟而卒。和帝诏昭就东观藏书阁，踵而成之……时《汉书》始出，多未能通者，同郡马融伏于阁下，从昭受读。后又诏融兄续，继昭成之。

袁宏《后汉纪》云：

> 马融兄续，博览古今。同郡班固著《汉书》，缺其八表及《天文志》，有录无书，续尽踵而成之。

以上各说，均谓八表及《天文志》未成，由昭及马续继作。至谁续何篇，又均未言明，惟司马彪《续汉书·天文志》谓孝明帝使班固叙《汉书》，而马续述《天文志》，是则马续所作者，又仅《天文》一志，但考《后汉书·班固本传》云：

> 固自永平中始受诏，潜精积思二十余年，至建初中乃成。当世甚重其书，学者莫不讽诵焉。

建初为章帝年号，建初凡九年，建初后有元和四年，章和二年，章帝后为和帝。班固之死，在和帝永元四年，上距其书之成约为十四五年。学者既已讽诵其书，当非未完成之作，亦不虞散失。是则知几之论，亦未可尽信。意者班氏八表及《天文志》已粗具规模，或为未定之稿，后因坐窦氏事而卒，未及最后审定，故和帝诏昭成之，盖审定订正其书。至后又令融兄续继昭成之者，因续有文名，又博观群籍，善《九章算术》，使其参校异同以成定本也。又汉儒说经，最重家法，读史亦然，此所以诏马融等从昭受读也。

二 《汉书》卷帙及书名

《汉书》起自高祖，终于孝平帝王莽之诛，十有二世，二百卅年。综其行事，旁贯五经，上下通贯，撰十二帝纪、八表、十志、七十列传，计八十余万言，凡百篇。《隋书·经籍志》称《汉书》一百十五卷，《通志·艺文略》及《四库总目》均称《汉书》一百二十卷，因颜师古集注时，鉴于卷帙繁重，析为子卷，计：

本纪中 《高帝纪》分上下两卷，多一子卷。

表中 《王子侯表》、《百官公卿表》各分上下二卷，多二子卷。

志中 《律书》《历志》两卷，《食货志》、《郊祀志》、《地理志》各分上下二卷，《五行志》分五子卷，即《五行志》上、《五行志》中之上、中之下、下之上、下之下，计多八卷。

列传中 《司马相如列传》分上下两传，严、朱、吾丘、主父、徐、严、终、王、贾列传分上下两卷，《扬雄列传》分上下两卷，《西域列传》分上下二卷，《外戚列传》分上下两卷，《王莽列传》分上中下三卷，共计多九卷。

合一百二十卷，即今之通行本是。至《汉书》之名，由班固所自定，观其《叙传》云：“缀辑所闻，以述《汉书》”，加以“前”字者，则以别于“后”也。

三　《汉书》创断代纪传新体

《汉书》体例，全仿马迁。刘知几有言曰：“昔虞、夏之典，商、周之诰，孔氏所撰，皆谓之‘书’。夫以‘书’为名，亦稽〔稽〕古之伟称，寻其创造，皆准子长，但不为《世家》、改《书》曰《志》而已。”今将其内容列表如下：

（一）帝纪十二

《高帝纪》	《惠帝纪》	《高后纪》	《文帝纪》
《景帝纪》	《武帝纪》	《昭帝纪》	《宣帝纪》
《元帝纪》	《成帝纪》	《哀帝纪》	《平帝纪》

《汉书》为断代之史，班固创此新体，后世正史，陈陈相因，无由改作。《史通·六家篇》谓《尚书》等四家，其体久废，仅有《左氏》及《汉书》二家。所谓“史记家”之废，废通古之体裁，改为断代耳。作史之体例，班固因袭子长，仅改世家为列传，余则一仍旧贯。惟《史记》称“本纪”，《汉书》名“纪”。内容方面，《史记》于《高祖本纪》后，继以《吕后本纪》，《汉书》于《吕后纪》之前立《惠帝纪》。因孝惠在位七年，虽政出母后，但名号尚存，揆之《春秋》义法，不能不书，立《惠帝纪》，体例精善。《史记》立《项羽本纪》、《陈涉世家》，《汉书》统改为列传，此断代为史之一定义例。项羽虽宰制天下，莫敢不听命，但在汉朝视之，则形同僭伪，立之本纪非其伦。王莽称帝十余年，若在《史记》，亦必为立纪，《汉书》仍称列传，但用莽

年纪元。章实斋谓纪之与传，古人所以分别经纬，初非区别崇卑；是以迁史中有无年之纪，刘子元首以为讥；班书自序，称十二纪，为春秋考纪，意可知矣。（《文史通义·永清县志恩泽传叙例》）用以纪年，便于系事，故其体例在纪传之间。断代以本纪为主，体制使然。

（二）表八

《异姓诸侯王表》　　《诸侯王表》　　《王子侯表》
《高惠高后孝文功臣表》　《景武昭宣元成哀功臣表》
《外戚恩泽侯表》　　《百官公卿表》　《古今人表》

《史记》十表，班固因之，创立八表。除因断限关系外，新创者有《外戚恩泽侯表》及《古今人表》。其《古今人表》所包亿载，旁贯百家，分之以三科，定之以九等，始自上上，终于下下。书以"汉"为名，表则综古今，不知限断。刘知几《史通·表历篇》颇病其失，对于进退人物，漫无标准，强为等差。如述燕太子丹之宾客，高渐离居首，列为四等；荆轲亚之，列为五等；秦舞阳列为六等，是非瞀乱，善恶纷挐〔拏〕。故郑渔仲则谓："《史记》一书，功在十表，犹衣裳之有冠冕，水木之有本源。班固不能旁通，却以古今人物，强立差等。"然钱大昕氏颇誉之，其跋《汉书古今人表》云："此表为后人诟病久矣，予犹爱其表章正学，有功名教，识见实非寻常所能及。观其列孔子于上圣，颜、闵、子思、孟、荀于大贤，孔氏弟子列上等者卅余人，而老、墨、庄、列诸家，降居中等。孔氏谱系，具列表中，俨然以统绪属之。其叙次九等，祖述仲尼之言，《论语》二十篇中人物，悉著于表，而他书则有去取。后儒尊信《论语》，其端实启于此，而千余年来，鲜有阐其微者，遗文俱在，可覆按也。古贤具此特色，故能卓然为史家之宗。徒以文章雄跨百代推之，犹浅之为丈夫矣。"平心论之，藉《古今人表》以研究汉代事迹，固无用处；然以极小篇幅，将古来多少人物，详列无遗，极便观览，若援引其例作种种人表，尤便学者。又《百官公卿表》，章实斋在《文史通义·永清县志职官表序例》中亦颇称道之，其言曰："《班史》《百官》之表，卷帙无多，而所载详及九卿；唐、宋《宰辅》之表，卷帙倍增，而所载止尽于丞弼。非为古书事简，而后史例繁也，盖以班分类附之法，不行于年经事纬之中，宜其进退失据，难于执简而驭繁也。按《班史》表列三十四官格，一十四级，或以沿革并著首篇（相国、丞相、奉常、太常之类），或以官联共居一格（大行令、大鸿胪同格，左冯翊、京兆尹同格之类），篇幅简而易省，事类从而易明，大能使流览者按简而无复遗逸也。"

补《汉书》之表者，有清夏燮《校汉书八表》，清梁玉绳有《八表考》九卷，蔡云《校补》一卷，翟云升又有《校古今人表》，万斯同有《汉将相大臣年表》。

（三）志十

《律历志》　　　《礼乐志》　　　《刑法志》　　　《食货志》

《郊祀志》　　　《天文志》　　　《五行志》　　　《地理志》

《沟洫志》　　　《艺文志》

《班书》"十志"，犹《史记》之"八书"也。孟坚并《史记》之《礼书》、《乐书》为《礼乐志》，《律》、《历》两《书》为《律历志》，改《天官书》为《天文志》，《封禅书》为《郊祀志》，称《河渠书》为《沟洫志》，《平准书》为《食货志》，名非物是，小异大同。必寻本讨源，其归一揆，且取材多准前书，增其未备。其新增者，有《刑法志》、《五行志》、《地理志》、《艺文志》四种。《律历志》多本刘歆。《礼乐志》采贾谊、董仲舒、王吉、刘向四人论奏为多，详乐而略礼，论乐之文甚详，几三倍于礼，然乐亦仅详载郊庙歌诗，又收《乐记》之文全部采入，颇多空论。《食货志》上卷言食，下卷言货，下卷自武帝以前，皆取《平准》原文。《郊祀志》武帝以前，取《封禅书》文。《沟洫志》大半取《河渠书》原文。《天文志》本《天官书》，所志无汉事。《五行志》引《尚书·洪范》及欧阳、大小夏侯之说，又多采董仲舒、向歆父子之论。《地理志》肇述沿革，末陈边塞，先列郡国，后言户口，篇首收《禹贡》全书采入。《刑法志》撮举《周礼》井田、军赋大略，西汉郡国兵制亦附，犹《史记·律书》中言兵事也。《艺文》一志，用以辨章学术，考镜源流，内容取刘歆《七略》删而为六。

至论书、志之失，刘知几《史通》以《天文》、《艺文》、《五行》三志为非，其论云：

> 夫两曜百星，丽于玄象，非如九州万国，废置无恒。故海田可变，而景纬无易，古之天犹今之天也，今之天即古之天也。必欲刊之国史，施于何代不可也？但《史记》包括所及，区域绵长，古书有天官，读者竟忘其误椎而为论，未见其宜；班固因循，复以天文作志，志无汉事而隶入《汉书》，寻篇考限，睹其乖越者矣。"（《史通·书志》）

> 伏羲以降，文籍始备，逮于战国，其书五车，传之无穷，是曰不朽。夫古之所志，我有何力？而班汉定其流别，编为《艺文志》，论其妄载，事等上篇。（《史通·书志》）

> 班氏著志，牴牾者多在于《五行》，芜累尤甚。今辄条其错谬，定为四科，一曰引书失宜，二曰叙事乖理，三曰释灾多滥，四曰古学不精。"（《史通·汉书五行志错误》）

郑樵、章实斋论《地理志》之失云：

地理之家，在于封圻，而封圻之要，在于山川。《禹贡·九州》，皆以山川定其经界。九州有时而易，山川千古不易，是古《禹贡》之国，至今可别。班固《地理》，主于郡国，无所底止，虽有其书，不如无也。后之史，正以郡国并迁，方隅颠错，皆司马迁无《地理书》，班固为之创始，致此一家，俱成谬举。（《通志·总序》）

班固《地理》无图（《地理志》自班固始，故专责之），虽有好学深思之士，读史而不见其图，未免冥行而摛埴矣。"（《文史通义·永清县志·舆地图序》）

王鸣盛《十七史商榷》对各志颇有评论，于《地理志》辩证尤精详，因锁（琐）碎冗长不录，原书均可参考。但其论《刑法志》有"三非"云：

《刑法志》"大刑用甲兵，其次用斧钺"云云，语出《鲁语》。班氏据此，故以战守之兵，与墨劓等刑，合为一志。毕竟刑平时所用，兵征讨所用，二者不可合。班氏虽有此作，后世诸史无从之者，一非也。于次宜先刑后兵，今先兵后刑，二非也。汉家虽不制礼，而未尝无兵法，一代之制，岂无足述？今先之以考古，继之以议论，其下但云高祖定天下，踵秦而置材官于郡国，京师有南北军之屯，至武帝平百粤，内增七校，外有楼船，皆岁时讲肄。叙汉事，只此数语，毋乃太简，三非也。惟其撮举《周礼》井田、军赋大略最为简明，说《周礼》者罕能及。

又王鸣盛对志次排列，亦有意见，其言云：

志之次：一《律历》，二《乐礼》，三《刑法》，四《食货》，五《郊祀》，六《天文》，七《五行》，八《地理》，九《沟洫》，十《艺文》，窃以为先后颠倒，叙次错杂，殊属无

理。愚见当改为一《天文》，二《五行》，三《律历》，四
《地理》，五《沟洫》，六《食货》，七《礼乐》，八《郊祀》，
九《刑法》，十《艺文》，如此方顺。改《河渠》为《沟洫》，
名实不相应，亦非。故后世无从者。

补《汉书》之志者，清王元启有《律历志正伪》二卷，日本
伊势捎春挥有《律志解》，清刘元赟有《食货志注》一卷。补
《地理志》者尤多，清刘文洪有《楚汉疆域志》三卷，汪迈孙有
《地理志校本》二卷，清杨守敬有《地理志补校》二卷，清王绍
兰有《地理志校注》二卷，清吕调阳有《汉书地理志详释》，清
钱坫有《新斠注汉书地理志》十六卷，清吴卓信有《地理志补
注》一百卷，清全祖望《地理志稽疑》六卷，汪士锋有《汉志释
地略》及《汉志志疑》，洪欧煊有《汉志水道疏证》五卷，陈澧
有《地理志水道图说》七卷。一补再补，一注再注，雷同者亦不
免。补《艺文志》者亦多，宋王应麟有《汉艺文志考证》十卷，
清姚振宗有《艺文志条理》八卷、《拾补》六卷，刘元赟有《艺
文志注》一卷，孙德让有《艺文志举例》。此外宋钱父子有《补
汉兵志》五卷。

（四）列传七十

自《陈胜项籍列传》至《叙传》，共计七十。其中汇传有：

《儒林传》　　《循吏传》　　《酷吏传》　　《货殖传》

《游侠传》　　《佞倖传》　　《外戚传》

记四夷之传有：

《匈奴传》　　《西南夷、南粤王、闽粤王、朝鲜传》

《西域传》

《汉书》改"世家"为"列传"，虽爵土无替之王侯，一概称
传，史家颇为称之。于传之中，仍本《史记》之法，以公卿将相

为列传。以类相从之传，《汉书》较《史记》省《刺客》、《滑稽》、《日者》、《龟策》四传，而增《西域传》，盖无其人不妨缺，有其人不妨增。至《四裔传》，则又随各朝之报聘、交兵、通贡者而载之，不能尽同。列传之以种类为标题者，取各人行状之相似，统归一类，其性质事重于人。论者谓孟坚不应为货殖立传，传中所载范蠡、子贡、白圭诸人，多为周、秦时人，讥为失于限断。其实因事立名之类传，着重在事，往往元元本本，称引古昔，以为造端；妄人不察，编入目录，至有"失限断"之讥。又如夏侯胜既有专传，又见《儒林》；张放已附张汤，又见《佞幸》，亦不能讥为重复。又若陈余、张耳合体成编，陈胜、吴广相参并录，则因事相首尾，行可伦比，包括令尽。又因事迹较少，名行可崇，寄在他篇，为其标冠，若商山四皓，事列王阳之首。又有一姓有传，多附出余亲，或以先世冠篇，或以子孙断后，其事迹有特书者，分入他部。故博陆去病，昆弟非复一篇；外戚元后，妇姑分为二录。故刘知几有"传之为体，大抵相同，而述者多方，有时而异"之论也。

四　注及治《汉书》者

注《汉书》者，颇不乏人。刘知几《史通·正史篇》曰："《汉书》始自汉末，迄乎陈世，为其注解者，凡二十五家，至于专门受业，遂与五经相亚。"降及有唐，颜师古承太子承乾之命，总先儒注解，服虔、应劭以下二十余人，删繁补略，裁以己见，成一家言，世号为"班氏忠臣"。后王鸣盛《十七史商榷》"汉书叙例条"云："……注《汉书》者，师古以前凡五种，一服虔，二应劭，三晋灼，四臣瓒，五蔡谟。师古据此五种，折中而润色之，又叙例胪列诸家姓名爵里出处，凡三十人。大约晋灼于服、

应劭，添入伏俨、刘德、郑氏、李斐、李奇、邓展、文颖、张
揖、苏林、张晏、如淳、孟康、项昭、韦昭十四家；臣瓚于晋所
采外，添入刘宝一家；师古则于五种外，又添荀悦《汉记》并崔
浩《汉记音义》并郭朴注《司马相如传》三家。叙例云："储君
上哲之姿，守器之重。以孟坚述作宏赡，服、应、苏、晋尚多疏
紊，蔡氏纂集，尤为牴牾，顾召幽仄，俾竭刍荛。"说者谓师古
注《汉书》，多根据其叔游秦所撰《汉书决疑》一书。此书凡十
二卷，为学者所称，师古所注《汉书》竟全未提及，因此有攘窃
之讥。其实父子世业，叔侄相续，学成家言，正不足病。与师古
同时精《汉书》学者，有敬播、刘伯庄、刘讷言、秦景通兄弟等
多家。试观赵翼《陔馀丛考》云："古人著述，往往有创者不得
名，而集之者反出其上，遂因以擅名者……《北史》萧该，撰
《汉书音义》，又有包恺亦精《汉书》，学者以萧、包二家为宗。
《新唐书·姚班传》祖察撰《汉书训慕〔纂〕》，后之注《汉书》
者，往往窃其文为己论。班乃著《绍训》以发明之。是唐以前注
《汉书》者已多，并不止游秦也。师古时有刘伯庄、刘讷言及秦
景通兄弟，皆名家。景通晋陵人，与弟暐俱精《汉书》，时号大
秦君、小秦君，学《汉书》者，非其所授，以为无法。此又师古
同时之精《汉书》者也。"注《汉书》者，代不乏人，今见于
《隋书·经籍志》，有应劭《集解》，服虔《音训》，韦昭《音义》，
晋灼《集注》，姚察《训纂》等十八种；见于《唐书·艺文志》
者，刘宝《驳议》，颜游秦《决疑》，僧务静《正义》，李善《辨
惑》，颜胤《古今集议》三十余种；见于《宋史·艺文志》者，
有余靖《刊误》，三刘（刘攽、刘敞、刘奉世）《标注》等十余
种。元明以降，间有作者。今惟唐颜师古为准，其余十九散亡。

　　清代学者，研习《汉书》亦勤。其总两《汉书》，如钱大昭
《汉书辨疑》二十二卷，《后汉书辨疑》十一卷，《续汉书辨疑》

九卷；沈钦韩《汉书疏证》三十六卷，《后汉书疏证》二十卷；
周寿昌《汉书注校补》五十六卷，《后汉书注补正》八卷。此外
分释一篇或数篇者，尤不胜枚举。王先谦撷其精英，成《汉书补
注》一百二十卷。近人论其书，为以先谦受业周寿昌门下，得其
指授，究心班书，用力三十余年，抄集百余万言，取精用宏，致
思最勤，而《地理志》尤为卓绝，亦颜注以后之巨著也。

总之治《汉书》者，魏晋六朝为盛，至唐而极，宋元以降，
其流寖微矣。

五　《汉书》评价及《史》《汉》比较

论者谓班固《汉书》自高祖至武帝以前，纪、传、表多用迁
书；其后昭、宣、元、成、哀、平、王莽七朝，又多取材于贾
逵、刘歆；太初以后，其父成之；八表、《天文》，其妹及马续补
之。前后又历四人之手，固所自为者极少，又有窃据父书之谤。
然韦贤、翟方进、元后三传，俱称"司徒掾班彪曰"，固亦显以
示后人，未尝抹杀。盖子承父作，传其家学，讥以攘窃，未免不
伦。又固用迁书，原文及所引《战国策》、《过秦论》及《陆贾新
语》之文，均未说明引用某人，此则古人著述，往往如此。且史
本以叙述为能事，史文又不能凭虚而别构，其要在序事理，损繁
冗，均详略，贵折衷。网罗散失，保存文献，不嫌抄袭，重在删
述。故班取《史记》，仍节去其《日者》、《仓公》等传，以为其
事烦芜，不足编次，是则剪裁之功，至关重要。

晋人张辅曰："世人称司马迁、班固之才优劣，多以班为胜。
余以为史迁叙三千年事，五十万言，班固叙二百年事，八十万
言，烦省不敌，固之不如迁必矣。"此以言辞之多寡，定二人之
高下。然一审内容，《史记》自周以前，事迹殊略，战国以后，

较有可观，其详备者惟汉兴七十余年耳。加以迁主叙事，经术之文，干济之策，收入者少，故其文简。固则于文字有关于学术、政务，均一一载之。如《贾谊传》录《治安策》，《晁错传》载《教太子疏》、《言兵事疏》、《募民徙〔徙〕塞下疏》，《贤良策》一道，《路温舒传》载其《尚德缓刑疏》，《贾山传》载其《至言》，《邹阳传》载其《讽谏吴王濞邪谋书》，《枚乘传》载其《谏吴王谋逆》一书，《韩安国》传载其《王恢论伐匈奴事》，《公孙弘传》载其《贤良策》。凡此各文，或关经国大计，或关边疆治安，或涉用人之道，或见政治主张，均为《史记》所不载。《汉书》虽多用《史记》原文，然移换损益之处，颇具剪裁，或另取新材，增益不足，或取赞入传，再为叙述。又有《史记》无传，《汉书》增立者，如《吴芮传》、《赵隐王如意传》、《赵共王恢传》、《燕灵王建传》、《景帝子十三王传》、《苏武传》等。又《河间献王传》叙其好古爱儒，所积书与汉朝等；《鲁共王传》叙其好治宫室，坏孔子宅，广其宫，因得壁中古书，此《史记》皆不载。又《史记》张骞附《卫青传》后，李陵附《李广传》后，《汉书》皆为立传。又如《韩信传》、《楚元王传》、《萧何传》、《王陵传》、《淮南王传》、《李广传》、《卫青传》、《公孙弘传》等，皆多增事实，而《楚元王传》长至两篇，将其后代子孙刘向、刘歆之事，一并叙述。总上所言，以烦省定优劣，似非确论。

钱大昕《潜研堂文集·跋汉书》曰："《汉书》刊《史记》之文，以从整齐。后代史家之例，皆由此出。《史记》，一家之书；《汉书》，一代之史。班氏父子，虽采旧闻，别刌新意，青出于蓝，固有之矣。然犹有未尽者，如《石奋传》不当以'万石'为题，《夏侯婴传》岂宜以'滕'标目？荆王贾、燕王泽之篇首，不必称'刘'；韩王信之传端，当去'王'字。万石君两龚之号，已载诸篇中，而复系之篇首，非例也。传冯奉世而远述冯亭，传

扬雄而溯追伯侨，若《司马迁传》首不举姓名而叙谱系，全取自
序之文，又非例也。《史记》以数人合为一传，一篇之中，首尾
相应；《汉书》则人各为篇，略以时代事类相从，与史公合传之
例，固有别矣，然多承用旧文，不加刊削。史公作《陈平世家》，
附见王陵事，今陈、王各为一篇，而叙陈平事于王陵之后；史公
作《张苍列传》，附见周昌、赵尧、任敖诸人，今张、周、赵、
任各为一篇，而叙张苍事于任敖之后，在张、陈之传则阙而不
完，在王、任之传则赘而无当；以及窦田、卫霍诸篇，多沿斯
失，于是史公错综变化之文，皆龃龉而不相入矣。大抵《史记》
之文，其袭左氏者必不如左氏；《汉书》之文，其袭《史记》者
必不如《史记》。古人所以词必己出，未有学说雷同，而能成一
家之言也。"所称各点颇精当，此则于剪裁取舍之间未尽注意。
故《史通·因习篇》亦论之曰："班氏既分裂《史记》，定名《汉
书》，至述高祖为公、王之时，皆不除'沛''汉'字，凡有异方
款降者，以'归汉'为文，肇自班书，首为此失……又《史记·
陈涉世家》称其子孙至今血食，《汉书》复有《涉传》，乃具载迁
文。案迁之言今，实孝武之世也；固之言今，当孝明之世也。事
出百年，语同一理，即如是，岂陈氏苗裔，祚流东京者乎？斯必
不然。"

　　固之为书，观其《叙传》云："虽尧舜之盛，必有典谟之篇，
然后扬名于后世，冠德于百王。"此其述作之旨，在发扬本朝之
功德。又其《叙传赞》云："凡《汉书》叙帝王，列官司，建侯
王，准天地，统阴阳，阐元极，步三光，分州域，物土疆，穷人
理，该万方，纬六经，缀道纲，总百氏，赞百章，函雅故，通古
今，正文字，惟学林。"颜师古注曰："凡此，总说帝记（纪）、
表、志、列传，传有天、地、鬼、神、人事、政治、道德、术
艺、文章，泛而言之，尽在《汉书》耳！"是则《汉书》所包广

矣！取材宏矣！后之史家论《汉书》者，郑渔仲极诋之，以为变通古为断代，失会通之旨；又讥其为浮华之士，专事剽窃。刘知几右班氏，谓包举一代，撰成一书，言皆精练，事甚该密，然论其失亦多。章实斋论班氏体方用智，班书守绳墨者也。范晔称固博贯载籍，九流百家之言，无不穷究；惜其迷于世纷，至论固之书则谓："若固之叙事，不激（激）诡，不抑抗，赡而不秽，详而有体，使读之者亹亹而不厌，信者其能成名也。"（《后汉书·班固传赞》）又《汉书评林》虞舜治曰："孟坚所掇拾以成一代之书者，不过历朝之诏令，诸臣之奏疏尔，非子长网罗数千年之事，纵横数十家之籍比。然其游扬成一家言，举其章之尤著者，若东方朔之诙谐，疏广之高洁，丙魏之持国，霍光之托孤，陈遵之游侠，赵光国之屯田，苏武之奉使，甘陈之攘夷，言人人殊，各底其极。真如《咸英》《韶护〔濩〕》之奏，听之者心融；青黄黼黻之彩，观之者目骇。"推崇可谓至矣，诚不愧一代良史。然傅玄之论班固，谓其论国体则饰主阙而折忠臣，叙世教则贵取容而贱直节，述时务则谨辞章而略事实，亦其失也。

第三章　《后汉书》

一　范晔生平及《后汉》成书

《后汉书》九十卷，宋范晔撰。范字蔚宗，顺阳人（今河南淅川县），车骑将军泰少子也。少好学，博涉经史，善属文，能隶书，晓音律。初为彭城王义康冠军参军，嗣为尚书吏部郎，后因忤义康，左迁宣城太守。不得志，乃广集学徒，穷览旧籍，删众家《后汉书》，成一家之作。累迁太子左卫将军，掌禁旅，参机密。后因彭城王义康被黜事，与鲁国孔熙先谋，欲倾宋室，事发伏诛，年仅四十八；其四子一弟，亦同死于市。

蔚宗之诛，为千古不白之冤。王鸣盛《十七史商榷》，首先疑之，谓蔚宗仕宋显贵，于文帝君臣之际，乐游应诏，豫陪赓歌，且掌禁旅、预机密，深加委任，可谓嘉遇；忽欲操戈相向，非丧心病狂，何乃有此。至其与妄人孔熙先往还，确是失着。熙先以文帝弟义康，出镇豫章，欲弑帝，迎义康立之。此真妄想之事，必不能成，下愚亦知，蔚宗乃与共谋乎？且当义康执政，蔚宗以饮食细过，为所黜逐，怨义康必甚。至熙先说诱蔚宗，以国家不与为婚姻，当日江左门户，高于蔚宗者多，岂皆联姻帝室，而独以此为怨，亦非情理。蔚宗始则执意不回，终乃默然不答，其不从显然；反谓其谋逆之意遂定，非诬之耶？蔚宗言于上，以义康奸衅已彰，将成乱阶，反谓其欲探时旨，此皆求其故而不得，从而为之词者。迄熙先主谋反，称为蔚宗等；徐湛之告状，亦首载贼臣范蔚宗，真不可解。初被收，不肯款服，自辨云："今宗室磐石，蕃岳张峙，设使窃发侥幸，方镇便来讨伐，几何而不诛夷？且臣位任过重，一阶两级，自然必至，如何以灭族易此？"又云："久欲上闻，逆谋未著，又冀其事消弭，故推迁至今。"然则蔚宗最多是知情不举，乃竟以为首乱之人，何哉？蔚宗性轻躁不谨，平日恃才傲物，又因荣宠，妒忌憎疾者多，因此挟嫌，造事诬蠛。《宋书》尤载其自辨之状词，《南史》并此而删之，竟成不白之冤。直至清代，兰甫陈澧于其所著《东塾集·申范篇》，力辨其冤，证明为群小诬陷，并无参加叛逆事。沈约《宋书·范传》多操浮言，挟言争名，故为曲笔耳！

《范书》现仅存纪传，但非不作志，未成而诛，死后为谢俨取其稿蜡以覆车，故仅存纪传，事见李贤《后汉书》第十卷下《公主传》注，洪迈《容斋四笔》第一卷，及陈振孙《书录解题》四卷。今之志三十卷，系取诸司马彪《志》三十卷补成之。彪字绍统，晋高阳王睦之长子，少笃学不倦，博览群籍，武帝泰始中为秘书郎，转丞。以汉氏中兴，迄于建安，时无良史，"乃讨论众书，缀其所闻，起于世祖，终于孝献，编年二百，录世十二，通综上下，旁贯庶事，为纪、志、传凡八十篇，号曰《续汉书》。惠帝末年卒，年六十余"（《晋书·彪传》）。全书除志三十卷外，纪、传仅五十卷，未免太略。梁刘昭用范纪、传，合以彪之志，遂成今之《后汉书》。

二 《后汉书》卷帙及对前人著述之删采

《后汉》之名，范所自命，如范晔《狱中与甥侄书》云："既造《后汉》，转得统绪。"　"书"字亦为范氏自加。书凡九十篇，帝纪十，列传八十。《隋书·经籍志》载《范书》九十七卷。新旧《唐志》则云九十二卷，又载章怀太子贤注《后汉书》一百卷。《宋书·艺文志》则云九十卷，惟《宋志》卷数，与今本合。考隋、唐《志》所载，或多五卷，或多十卷，当由就纪卷之繁重者分出子传，或分或合，故卷数不同，《宋志》复取分者合之。实则此书历代相承，纪、传俱在，并无缺失。

　　《范书》仅有纪、传而无表、志；志卅卷，则取诸晋司马彪《续汉书》。司马彪《续汉书》八十卷，《隋志》著录，《唐书》亦同。《宋志》只载刘昭补注《后汉志》三十卷，彪书不见著录，是书早已失传，而仅存志，观刘昭《自序》云："遒借旧志，注以补之，分为三十卷，以合《范史》。"据此，《范史》与《司马志》之合并，当自昭始；而此志之单行本，大约在六朝隋唐已通行，取而合之，实始于范。宋真宗乾兴元年，孙奭始奏请合刻，其奏云："伏见晋、宋《书》等，例各有志，独兹后汉，有所未全。其《后汉志》卅卷，欲望圣慈许令校勘雕印。"自是以后，雕刻《后汉书》者，皆奉以为式。后汉著述，在范前者，据隋、唐《志》著称，无虑数十家，兹择要列表明之：

书　名	著　者	存　亡	备　考
《东观汉记》	汉刘珍等	亡	《隋志》载一百四十三卷，今有清代辑本二十四卷。
《后汉书》	吴谢承	亡	《隋志》载一百三十卷，今有辑本。
《后汉纪》	晋薛莹	亡	《隋志》载一百卷，今有辑本。
《续汉书》	晋司马彪	亡五十三卷	《隋志》载八十三卷，今唯志三十卷，因附范书得存。
《后汉书》	晋华峤	亡	书凡九十七卷，荀勖、和峤、张华等，咸以峤文质事核，有迁固之规。书亡，有辑本。

续表

书 名	著 者	存 亡	备 考
《后汉书》	晋谢忱	亡	《隋志》著录一百二十二卷，今有辑本。
《后汉南记》	晋张莹	亡	《隋志》著录五十五卷。
《后汉书》	晋袁松山	亡	《隋志》著录百卷，今有辑本。
《后汉记》	晋袁宏	存	书凡三十卷，据《自序》云："暇日掇会《汉记》、谢承书、司马彪书、华峤书、谢忱书、《汉山阳公记》、《汉灵献起居注》、《汉名臣奏》及《诸郡耆旧先贤传》凡数百卷，前史缺略，多不次叙……始见张璠所撰书，其言汉末之事差详，故复采而益之。"
《后汉记》	晋张璠	亡	《隋志》载三十卷。
《后汉书》	刘文广	亡	新、旧《唐志》著录五十八卷。
《后汉尚书》	孔衍	亡	新、旧《唐志》著录六卷。
《后汉春秋》	孔衍	亡	新、旧《唐志》著录六卷。
《后汉尚书》	张温	亡	新、旧《唐志》著录十四卷。

右列各书，今除袁宏《后汉书》尚存外，余均亡失。惟蔚宗作《后汉书》时，前列各书，尚多存在，范乃进退各家，删为《后汉书》，以为一家之作。其删烦采择之迹，如华峤书易《外戚》为《后纪》，范书因之，章怀注中有多处注明为峤之辞。后汉成书既多，材料丰富，取舍抑扬之间，范氏独出匠心，此所以成一家之作。

三 《后汉书》体例及内容

《范书》仅有帝纪十，列传八十八，志采自晋司马彪《续汉书》，梁刬今（令）刘昭取注为三十卷，合共一百三十卷。兹将内容表列如下：

（一）**帝纪**十，共十二卷，计：

（1）《光武帝纪》（上下卷）　（2）《明帝纪》

（3）《章帝纪》　　　　　　　（4）《和帝纪》（殇帝附）

（5）《安帝纪》　　　　　　　（6）《顺帝纪》（冲帝质帝附）

（7）《桓帝纪》　　　　　　　（8）《灵帝纪》

（9）《献帝纪》　　　　　　　（10）《皇后纪》（上下卷）

东汉帝系，传世十三。《光武纪》、《皇后纪》各分上下二卷，合共十二卷。《后汉书》只撰九帝纪，以殇帝即位时，生仅百余日，在位一年，无事迹，附入《和帝纪》；冲、质二帝，在位各一年，其事迹附入《顺帝纪》；少帝在位仅半年，被董卓废为弘农王，其事迹附入《灵帝纪》。但安帝崩后，阎后立北乡侯即位，在位八月薨，例应立纪，而《范书》无之，史家论其失。九帝纪之外，殿以《皇后纪》一篇。是后有纪，昉自班、马之《吕后纪》。华峤著《后汉书》以皇后配天作合，前史作《外戚传》以继篇末，为非其义，故易曰《皇后纪》，以次帝纪。范氏因之，亦作《皇后纪》。论者谓有未合。其实东汉诸帝多不永年，外立者安、质、桓、灵、北乡侯五帝，临朝者窦、邓、阎、梁、窦、何六后，幼主在位，政由后出，例以《史》《汉》列吕后为本纪，诚宜称纪。不过范氏分《皇后纪》为上下二卷，将临朝称制之六后及其他各后，混合为纪，此则与义例未合；如仅记六后，则似无可议之处矣。

（二）**列传**八十，计八十八卷。汇传凡十一：

（1）《党锢》　　（2）《循吏》　　（3）《酷吏》

（4）《宦者》　　（5）《儒林》　　（6）《文苑》

（7）《独行》　　（8）《方术》　　（9）《逸民》

（10）《列女》　　（11）《四夷》

例目引袭前史者有《循吏》、《酷吏》、《儒林》三传，其创制者有《党锢》、《宦者》、《文苑》、《独行》、《方术》、《逸民》、《列女》六传。《党锢》传之立，桓、灵之间，主荒政谬，国命委于奄寺，士子羞与为伍，故处士横议，匹夫抗愤，激（激）扬声名，共相标榜，朝政日非，清议益峻，党祸愈烈，党人之名益高，时有三君、八俊、八顾、八厨、八及之称，天下皆以名列党中为荣，党禁之酷，史无前例，故立此传。东汉尚名节，蔚成风气，特立卓行之士特多，故创《独行》、《逸民》二传，借以表彰幽隐。《文苑》、《方术》、《列女》诸传，范氏始创，诸史因之。东汉文风极盛，词采壮丽；方术又擅一技之长，义难隐没；闺门为风教所系，备书简策，此三传之所由立也。论者以多分门类讥范氏，人之贤愚善恶，断难以二字之品题概括其余，盖史以详事，事明而是非自见。言虽成理，如其人本可不传，而又有一技一行足录者，正赖此类传以显耳。《宦者列传》，原法《史记·佞幸传》，但该传不立宦者；东汉宦寺之祸极烈，方其盛时，宫府内外，悉受指挥，挟持人主，国亦随之而亡。《儒林》补前书所未备，于辩章学术，考镜源流，教化兴衰，尤三致意焉。

《范书》列传书法，除前述类传外，多不以时代之先后以叙述，法《史记》之以类相从之例。试观赵翼《二十二史劄记》中述云：

> 卓茂本在灵台图像内，乃与鲁恭、魏霸、刘宽等同卷，以其皆以治行著也。郭伋、杜诗、孔奋、张堪、廉范皆国初人，王堂、苏章皆安帝时人，羊续、贾琮、陆康皆桓、灵时人，而同为一卷，亦以其治行卓著也。张纯国初人，郑康成汉末人，而亦同卷，以其深于经学也。张宗、法雄国初人，度尚、杨璇汉末人，而亦同卷，以其皆为郡守，能诗赋也；王充国初人，王符、仲长统汉末人，而亦同卷，以其皆著

书，恬于荣利也。邓彪、张禹、徐防、胡广等同卷，以其皆和光取容，人品相似也；袁安、张辅、韩陵、周荣、郭躬、陈宠等同卷，以其皆明于法律，决狱平允也。班超、梁谨同卷，以其立功绝域也。杨终、李法、翟酺、应奉同卷，以其文学也。杜根、刘陶、李云同卷，以其皆仗节能直谏也。樊宏、樊谦、樊准、阴识、阴兴、阴就同卷，以其皆外戚，而有功续可纪，故不入外戚，而仍列一卷也。苏竟、杨厚、郎𫖮、襄楷同卷，以其皆明于天文，能以规切时政也。周燮、黄宪、徐迟、姜肱、申屠蟠同卷，以其皆高士也。

（三）志八，计三十卷

　　（1）《律历》　　　　（2）《礼仪》　　　　（3）《祭祀》
　　（4）《天文》　　　　（5）《五行》　　　　（6）《郡国》
　　（7）《百官》　　　　（8）《舆服》

蔚宗是否为《后汉书》作志有二说：一为欲立十志，以拟《汉书》，会以罪被诛，十志未成而殁。或谓蔚宗所撰十志，皆托谢俨所撰，垂毕，遇晔败，悉蜡以覆车。宋文帝令丹阳尹徐湛之就俨寻求，已不复得。王鸣盛则主后说，前已言之。惟志迄未流传，故梁人刘昭取司马彪《续汉书》之《八志》三十卷，以补其缺。司马彪《志》详述制度，刘昭注尤谙悉累朝掌故，荟萃群说，为之折中，能承六朝诸儒群经义疏之学，而通之于史，以求其于实用，亦可见其学之条贯。诸志多因《史》《汉》，仅变班氏《郊祀志》为《祭祀志》，改《地理志》为《郡国志》，其新创者有《舆服志》、《百官志》。故《十七史商榷》云："梁刘昭注晋司马彪绍统《续汉书志自序》云：'司马《续汉书》，总为八志，《律历》之篇，仍乎洪、邕所构，车服之本，即依董、蔡所立，《仪祀》得于往制，《百官》就乎故簿，并藉据前修，以成一家。

范志全缺，序例所论，颇褒其美，迺借前志，注以补之，分为三十卷，以合范史。'此序汲古阁毛氏不载，遂令读者茫昧。宛平孙氏、安溪李氏，皆以《司马志》为《范书》矣。'洪'者，刘洪也；'邕'者，蔡邕也。'董'者，董巴也；'蔡'即邕也。据此序，则知《范史》有《序例》，今刻亦无。京房论律，以气候为主，其说受之焦赣，此《易》学与律历之微言，必出于孔门七十子之徒，乃不见于前志，而司马氏特详著之，盖蔡邕所取也。《礼仪志》注引谢承《后汉书》曰：'太傅胡广，博综旧议，立汉制度，蔡邕因以为志，谯周后改为《礼仪志》。'《祭祀志》注云：谢忱书曰：'蔡邕引中兴以来所修者为《祭祀志》，此志即邕之意也。'《天文志》云：'明帝使班固叙《汉书》而马续述《天文志》，今绍《汉书》作《天文志》，起王莽，迄献帝。'注云：'蔡邕撰建武已后星验著明，以续前志，谯周接继其下者。'考马续字季则，马援之从孙，严之子，融之兄也，附见《后汉书・援传》末。《五行志》云：'五行传说及其占应，《汉书・五行志》详矣。故泰山太守应劭，给事中董巴，散骑常侍谯周，并撰建武以来灾异，今合之以续前志。'《百官志》云：'故新汲令王隆作《小学汉学官篇》，诸文偶说，较略不究；惟班固《百官公卿表》差有条贯，然皆孝武奢广之事。世祖节约之志，宜为常宪，故依其官簿，以为《百官志》。'"

又按：彪据隋、唐《经籍志》魏博士董巴撰《大汉舆服志》一卷，因其目而撰《舆服志》。又因班氏《百官公卿表》而志百官。溯班氏此表，实承《史记・将相大臣年表》之例以立，自彪改为志，后世史家因之，失初意矣。

补《后汉书》之志者，卢文弨有《续汉书志注补》，徐绍桢有《后汉书朔闰考》。补《郡国志》者，有清黄大华《郡国沿革考》，近人周明泰有《后汉县邑省并表》，钱大昭有《后汉郡国令长考》，丁锡同补。补《后汉书·艺文志》者，钱大昭有《补续汉书艺文志》一卷，清侯康有《补后汉书艺文志》四卷，清姚振宗有《补后汉书艺文志》四卷，清顾怀玉亦有《补后汉书艺文志》十卷。近人曾朴有《补后汉书艺文志》一卷，并《考》十卷。

史之无表，始自《后汉书》，自蔚宗作俑，继起者因之，十七史自《史》《汉》外，惟《新唐书》有表，余盖阙如。四明万氏斯同悉为补撰，成《历代史表》五十九卷，其关于《后汉》者，有《诸王世表》、《外戚侯表》、《外戚恩泽侯表》、《灵台功臣侯表》、《宦者侯表》、《将相名臣年表》、《九卿年表》。先于万氏补《后汉书》表者，有宋熊方撰《补后汉书年表》十卷，凡《同姓诸侯王表》二卷，《异姓诸侯表》四卷，《百官表》四卷。清人钱大昭亦撰《后汉书补表》八卷，大抵为削熊氏之瑕疵，而补其未备。清诸以敦又有《校补》五卷，《补遗》一卷。此外，清黄大华有《后汉中兴功臣世系表》、《东汉皇子世系表》，清华湛恩有《后汉三公年表》、《补皇子年表》，清陈恕有《后汉公卿年表》。

四　注《后汉书》者

注《后汉书》者，原本多家，梁刘昭集后汉异同，注范蔚宗书，世称博悉。考昭注《范书》纪传及《司马氏志》，今世所行，纪十二卷，志三十卷，传八十八传，即其本也。今通行之《章注》，即本其书而注《后汉》，但自《章注》行而诸家皆佚。章怀太子名贤，为唐高宗之子，其注《汉书》，参用裴骃、裴松之之体，于音义则省其异同，于事实则去其骈拇，征引之广博，训释之简当，为史注之善者。刘颁〔攽〕《刊误》讥其末数卷援引多

误，当以分曹授简，各有疏密，又急于成书，无暇覆检耳。据
《新唐书》章怀本传载，与章怀共任为《后汉》注者，有张大安、
刘讷言、格希元、许叔牙、成元一、史藏诸、周宁贤等。惟章怀
太子仅注纪传，于志仍用昭注，说者谓注纪传易、注志难，特避
难趋易。今昭注志颇有可观，因而推论其纪传注亦佳。章怀何必
改作，致《刘注》佚？或谓有意存掩美之意。唐初诸皇子好以著
述争名，此一例也。但刘知几《史通》则讥《昭注》云："……
而刘昭采其所捐，以为补注，言尽非要，事皆不急。譬人有吐果
之核，弃药之滓，愚者重加捃拾，洁以登荐，持之为工，多见其
无识也。"王鸣盛《十七史商榷》则非其论，又从而解释之。惜
《昭注》已佚，无由参验。按：刘昭字宣卿，平原高唐人，为剡
令，卒官，今《梁书》、《南史》均列于《文学传》内。

　　清人注《后汉书》者亦有多家，如惠栋之《后汉补注》二十
四卷。近人王先谦有《后汉书集解》一百二十卷，王氏自谓：
"近儒致力《后汉》者，莫勤于惠栋，其于惠氏《后汉补注》服
膺有年，而憾与章怀《注》别行，无人为之合并，爰推阐其遗文
奥义，取而备载之，又外征古说，请益同人，而成《集解》一
篇。"是则以惠书为主，而复少有增益者，虽少新义，然以此书
为最备。

五　《后汉书》评论

　　评论《后汉书》得失者，多矣。赵翼谓其书：（一）编次卷
帙，各以类相从。列传法《史记》，不以时代先后分别编次，而
各就其人之生平以类相从。（二）法班氏之多附载有关政论材料，
及词采壮丽之文章，如《崔寔传》载其《政论》，《桓谭传》载其
《陈时政》一疏，《王符传》载其《潜夫论》中五篇，《仲长统传》

载其《乐志论》及《昌言》中二篇,《张衡传》载其《客问》一篇、《上疏陈事》一篇、《请禁图谶》一篇,《蔡邕传》载其《释诲》一篇,条陈《所宜行者》七事,此皆有关于时政。至《班固传》载其《两都赋》、《明堂壁雍诗》及《典引篇》,《杜笃传》载其《论都赋》,《刘梁传》载其《和同论》,《边让传》载其《章华赋》,皆以文学优赡,词采壮丽。(三)附载遗事人名,取舍之间,颇见允当。如《郎𫖮传》载占验七事,《郭大傅》载遗事九条,此又略仿《史记》扁鹊等传体。《儒林传》五经各先载《班书》所记源流,而后以东汉习经者著为传,尤见各有师法。《卓茂传》叙当时与茂同不仕莽者孔休等五人,《来历传》叙同谏废太子郑安世等十七人,凡同事者用类叙法,以一人立传而表著其余,洵称简该。(四)叙事详简得宜,而无复见叠出之弊。《吴汉传》叙其破公孙述之功,《述传》不复详载;《耿弇传》叙其破降张步之功,则《步传》亦不复详载。刘虞以十万攻公孙瓒事,见《虞传》,则《瓒传》不复载;袁绍尽诛宦官二千余人,无少长皆死,事见《何进传》,则《绍传》不复载。此可见悉心核计,以避繁复。(五)立论持平,褒贬允当。如论和熹后终身称制之非,而后崩后,则朝政日乱,以见后之能理国;论隗嚣谓其晚节失计,不肯臣汉,而能得人死力,则亦必有过人者;论李通虽为光武佐命,而其初信谶记之言起兵,致其父及家族皆为王莽所诛,亦不可为智。(《廿二史劄记》)赵氏虽称其类叙编次有法,但对郑康成、贾逵不列入《儒林传》,北乡侯不为立纪,又讥其非。凡此所论,均极中肯。又范氏此书,自视甚高,观其自序中云:

　　既造后汉,转得统绪,详观古今著述及评论,殆少可意者。班氏再〔最〕有高名,既任情无例,不可甲乙辨,后赞于理近无所得,唯志可推耳!博瞻〔赡〕不可及之,整理未必愧也。吾杂传论,皆有精意深旨。既有裁味,故约其词句。至于《循吏》以下，及《六夷》诸序论，笔势放纵，实天下之奇作，其中合者，往往不减《过秦论》。尝共比方班氏所作，非但不愧之而已。欲编作诸志，前汉所有者悉令备，事虽不必多，且使见文得尽，又欲因事就卷内发论，以正一代得失，意复未果。赞是吾文之杰思，殆无一字虚设，奇变不穷，同合异体，乃自不知所以称之。此书行故，应有赏音者，纪传例为举其大略耳。诸细意甚多，自古体大而思精，未有此也。

刘知几亦推称此书，谓《范书》简而且周，疏而不漏。王鸣盛谓其书："贵德义，抑势利；进处士，黜奸雄。论儒学则深美康成，褒党锢则推崇李、杜。宰相无多述，而特著逸民；公卿不足采，而特尊独行。"然论者亦有非之，如《后汉书补注》论其袭旧史而未加深考；《日知录》举其传文矛盾，《二十二史考异》叙其文字之繁复，《十七史商榷》又举其叙事无根各点。此外如载王乔、左慈诡谲无稽之事于列传，既失之诬；赞词佻达纤巧，亦失作史之体。更以窦武、何进之诛宦寺为违天理，责张骞、班超之通西域而遗佛书，抑谢夷吾、李郃于《方术》，枉董宣于《酷吏》，崇蔡文姬于《列女》，志缺《艺文》，赞为赘语，亦为论史者诟病。纵小疵不免，仍不失为良史也。

第四章　《三国志》

一　陈寿及《三国志》之撰著

　　《三国志》六十五卷，晋陈寿撰。寿字承祚，巴西安汉（今四川南充县）人。少好学，师事同郡谯周，仕蜀为观阁令史。时宦者黄皓弄权，大臣多屈附之，寿独不屈，由是沉滞。蜀平人晋，举孝廉，除佐著作郎，出补阳平令，撰蜀相诸葛亮集奏之，除著作郎，领本郡中正，终御史治书。惠帝元康七年（297 年）病卒，年六十五。撰《三国志》、《古国志》、《益都耆旧录〔传〕》。其《三国志》一书，尤为时人所推重。《晋书》本传云："撰魏、蜀、吴《三国志》，凡六十五篇，时人称其善叙事，有良史之才。夏侯湛时著《魏书》，见寿所作，便毁己书而罢。张华深善之，谓寿曰：当以晋书相付耳。其为时所重如此。"寿卒后，梁州大中正、尚书郎范頵等上表曰："故治书郎御史陈寿作《三国志》，辞多劝戒，明乎得失，有益风化，虽文艳不若相如，而质直过之。愿垂采录。"于是诏下河南尹、洛阳令就家写其书。可见寿没后，其书乃入于官，原亦系私撰之史。《华阳国志·后贤传》亦记其成书经过，谓："吴平后，寿乃鸠合三国史，著魏、蜀、吴《三国志》六十五篇，号《三国志》。"故《三国志》之名，当为寿所自定。至成书年代，史无明文，刘知几《史通》云："至晋受命，海内大同，著作陈寿，乃集三国史撰为国志。"

是此书当撰在晋平吴以后。按：平吴在武帝太康元年（280 年），是知寿撰《三国志》当在太康中也。

二 《三国志》之卷帙、体例

《三国志》六十五卷，《魏志》三十卷，《蜀志》十五卷，《吴志》二十卷，其中魏四纪，二十六列传；蜀十五列传；吴二十列卷（传）。魏四纪如下：

（1）武帝（操）纪

（2）文帝（丕）纪

（3）明帝（叡）纪

（4）齐王（芳）高贵乡公（髦）陈留王奂纪

张氏照考证曰："《三国志》既无本纪之称，并无列传之目，今考证悉遵寿原书，例不书纪传等字云。"按：《三国志》今纲目，于曹魏诸帝下，虽不注"纪"字，而第六卷目，明注"列传"字，至篇中分别纪、传甚明，未知张氏何据。

论者谓寿撰《魏纪》，不托始于魏文，而托始于曹操，实不及《魏书·叙纪》之得体。操虽功绩日高，权势已极，然位只人臣，严格论之，不能称"纪"也。

董卓之死，在献帝初平三年，操未秉政，三国未分，各家撰《汉书》者均为立传；寿撰《魏志》，立于传首，有失断限。说者谓首传董卓，明祸首也。

传以种类为标题者，仅有《方技传》，传华佗则叙其治一证即效一证，传管辂则叙其占一事即验一事。独于《朱建平传》，总叙其所相者若干人，而又总叙各人之征验如后，此又作传之变体也。

　　《三国志》虽名"志"，实无一志，信乎江淹有言"作史之难，无出于志者"也。补志者，洪亮吉有《三国疆域志》二卷，近人余兆丰有《三国志疆域校补》不分卷一册；钱大昭有《补三国艺文志》四卷，侯康《三国艺文志》四卷；近人陶元珍有《补三国食货志》不分卷一册。

　　《三国志》无表，万季野氏《历代史表》中，有关三国者即：（1）《汉季方镇年表》，（2）《大事年表》，（3）《魏将相大臣年表》，（4）《魏国将相大臣年表》，（5）《魏方镇年表》，（6）《汉将相大臣年表》，（7）《吴将相大臣年表》，（8）《三国诸王世表》。此外补表者多家，黄大华有《三国三公宰辅表》三卷，洪饴孙有《三国职官表》三卷；清谢钟英有《三国大事年表》，又有《三国疆域表》及《三国疆域志疑》；清吴增植有《三国郡县表》，附考证，杨守敬又有补正。周嘉猷有《三国纪年表》一卷，近人周明泰有《三国世系表》一卷，又陶元珍有《补遗》一卷；吴廷燮有《汉季方镇年表》、《魏方镇年表》、《蜀方镇年表》、《吴方镇年表》。

三　正伪之纷纭议论

　　夫以魏为纪，是以正统与魏，蜀汉及吴仅立传，又改汉曰"蜀"。后之史家，对此问题，议论纷纭。晋人习凿齿作《汉晋春秋》，起光武，终于晋愍帝，于三国之时，尊蜀为正统，其著论云："若以魏有代王之德则不足，有靖乱之功则孙、刘鼎立共王，秦政犹不见叙于帝王，况暂制数州之众哉！"其后朱子作《纲目》，帝蜀伪魏，自此以后，多是凿齿而非寿。司马温公作《通鉴》，则又以魏为正统，于《通鉴·魏纪》中最有精辟之论，其言曰：

（上略）窃以为苟不能使九州合为一统，皆有天子之名而无其实者也。虽华夷仁暴，大小强弱，或时不同，要皆与古之列国无异。岂得独尊奖一国谓之正统，而其余皆为僭伪哉？若以自上相授受者为正耶，则陈氏何所受？拓拔氏何所受？若以居中夏者为正耶，则刘石、慕容、符姚、赫连所得之土，皆五帝三皇之旧都也。若以有道德者为正耶，则蕞尔之国，必有令主，三代三季，岂无僻王？是以正闰之论，自古及今，未有能通其义，确然使人不可移夺者也。臣今所述，正欲叙国家之兴衰，著生民之休戚，使观者自择其善恶得失，以为劝戒。非若《春秋》立褒贬之法，拨乱世反诸正也。正闰之际，非所敢知，但据其功业之实而言之，周、秦、汉、晋、隋、唐，皆尝混壹九州，传祚于后。子孙虽微弱播迁，犹承祖宗之业，有绍复之望，四方与之争衡者，皆其故臣也，故全用天子之制以临之。其余地醜德齐，莫能相壹，名号不异，本非君臣者，皆以列国之制处之。彼此均敌，无所抑扬，庶几不诬事实，近于至公。然天下离析之际，不可无岁时月日以识事之先后。据汉传于魏，而晋受之；晋传于宋，以至于陈，而隋取之；唐传于梁，以至于周，而大宋承之。故不得不取魏、宋、齐、梁、陈、后梁、后唐、后晋、后汉、后周年号，以纪诸国之事。非尊此而卑彼，有正闰之辨也。昭烈之于汉，虽云中山靖王之后，而族属疏远，不能记其世数名位，亦犹宋高祖称楚元王后，南唐烈祖称吴王恪后，是非难辨，故不敢以光武及晋元帝为比，使得绍汉之遗统也。

观此，则史家聚讼纷纭，正伪之论，毫不足辩。原寿之所以帝魏者，因寿为晋臣。晋承魏祚，伪魏是伪晋也。故《四库书目》称：

寿则身为晋武之臣，而晋武承魏之统，伪魏是伪晋矣，其能行于当代哉？此犹宋太祖篡立近于魏，而北汉、南唐迹近于蜀，故北宋诸儒皆有所避而不伪魏。高宗以后，偏安于左，近于蜀，而中原魏地，全入于金，故南宋诸儒乃纷纷起而帝蜀。此皆论当其世，未可以一格绳也。

论者谓陈寿虽以魏为正统，但《三国志》书法则似取法《国语》。三国并列，并无尊卑之别，曰《魏志》、《蜀志》、《吴志》；若真有帝魏之意，而以僭伪视吴、蜀，则当以《魏志》名全书，而以蜀、吴二国仿《晋书》之例，各撰"载记"，不当以《三国志》名书矣。且书中称谓，显示分别，魏帝称帝，后称皇后；蜀则称先主、后主，称后而不书名；《吴志》惟孙权称帝，复犹书其名，余均称名，妻称夫人。蜀、吴二国，显示区别，是著者之用意处。盖蜀绍汉后，不臣于曹，亦未尝屈于曹氏，较之江东奉表称臣，不可同年而语。又《蜀志》传数，虽仅魏之半，而记蜀事特详。如群臣称述谶纬及登坛告天地之文，魏、吴皆不书，特表于蜀；立后、立太子、诸王之策，魏、吴皆不书，而特著于蜀；太傅许靖，丞相诸葛亮，车骑将军张飞，骠骑将军马超之策文，皆一一书于本传，亦隐然寓帝蜀之旨焉，寿之用心深矣。

四　《三国志》之因、创

寿著《三国志》，皆有所因。先是，魏、吴二国，均尝修史。魏黄初中，始命尚书卫觊、缪袭草创纪传，又命侍中韦诞、应璩、王沈、阮籍、孙该、傅玄等复共撰定，其后王沈独就其业，勒成《魏书》四十四卷。吴大帝之季年，始命丁孚、项竣撰《吴书》，至少帝时更敕韦曜、周昭、薛莹、梁广、华覈等访求往事，相与记述，而曜、莹独终其书，定为五十五卷。陈寿常谓蜀汉无史职，记注无闻。然王崇于蜀为东观郎，入晋后私修《蜀书》，其书早亡，不著录于《隋志》。《史通·正史篇》谓鱼豢私撰《魏略》，其书在王沈《魏书》之前，今尚存有辑本。此外，现今隋、唐《志》所著录三国史书，以魏为多，吴次之，蜀最少。近〔迨？〕寿修三国史时，集合此等官私著作，勒成《国志》六十五篇，虽属创作，仍有所因也。

五 裴松之注开注史新例

廿五史中，《三国志》最为简洁。宋文帝病其简略，命裴松之作注。松之鸠集传记，增广异闻，凡寿所不载，而事宜存录者，罔不收入。或同说一事，而词有乖杂；或出事本异，疑不能判者，并皆抄纳，析以己意，解其是非。书成奏上，上览而喜之。其表云谓：

> 臣前被诏，使采三国异同，以注陈寿《国志》。寿书铨叙可观，事多审正，诚游览之苑囿，近世之嘉史；然失在于略，时有所脱漏。臣奉旨寻译，务在周悉，上搜旧闻，傍摭遗逸。按三国虽历年不远，而事关汉晋，首尾所涉，出入百载，注纪纷错，每多舛互。其寿所不载，事宜存录者，则罔不毕取以补其缺。或同说一事，而词有乖离；或出事本异，疑不能判，并皆抄纳，以备异闻。若乃化〔纰〕缪显然，言不附理，即随违矫正，以惩其妄。其时事当否，及寿之小失，颇以愚意有所辩论。

由上表而论，松之作注之大意，可括而为四：一曰补阙，二曰备异，三曰惩妄，四曰辩论。清《四库提要》更本此而析为六类：一曰引诸家之论以辩是非，一曰参诸家之说以核伪异，一曰传所有之事详其委屈，一曰传所无之事补其阙佚，一曰传所有之人详其生平，一曰传所无之人附以同类。考裴注根据之材料，据赵翼《廿二史劄记》及钱大昕《廿二史考异》列举所引书名，凡百四十余种，可见其采辑之博。但刘知几讥其"喜聚异同，不加刊定，恣其攻难，坐长烦芜。观其成书表献，自比蜜蜂兼采，但甘苦不分，难以味同萍实。"不免失之过甚。盖刘氏之世，旧典尚存，参较方便，故深病裴注之烦。下逮今兹，典籍散失，六朝旧籍，今所不传者，反可于裴注中得见鳞爪，窥其崖略，考证之家，有所取材。松注此志，较原书多出三倍，此种方法，谓为集注史之大成也可，谓为补史亦可，实开注史家之新例。

六　《三国志》得失评论

论《三国志》之失者，除帝魏及改汉为蜀，前已列论，丕〔不〕足深辩外。尚有：（1）因索米不成，不为丁仪、丁廙二人立传；（2）因私憾之故，讥诸葛亮。此二事载《晋书·寿传》中，其言曰：

> 或曰丁仪、丁廙有名于魏，寿向其子索千斛米，不与，竟不为立传。寿父为马谡参军，谡为诸葛亮诛，寿父亦坐髡，寿尝为亮传，谓"将略非所长，无应敌之才"，议者以此少之。

索米一说，北周柳虬、唐刘元济、刘知几皆信之。近清朱彝尊、杭世骏、王鸣盛力辩其诬。王氏于《十七史商榷》曰："寿于魏文士，惟为王粲、卫觊五人立传。粲取其兴造制度，觊取其多识典故，若徐幹、陈琳、阮瑀、应瑒、刘桢，仅于《粲传》附之。今《粲传》附书云：'沛国丁仪、丁廙，弘农杨修、河内荀伟〔纬〕等，亦有文采。'又于《刘廙传》附见云：'与丁仪共论刑体。'如此亦足矣，何当更立专传乎？但寿岂特不为立传而已，于《陈思王传》云：'植既以才见异，而丁仪、丁廙、杨修等为之羽翼。'于《卫臻传》云：'太祖久不立太子，亦奇贵临菑侯，丁仪等为之羽翼。'是夺嫡之罪，仪、廙为大。又毛玠、徐奕、何夔、桓阶之流，皆鲠臣硕辅，仪等交构其恶，疏斥之，然则二人盖巧佞之尤，安得立佳传。"至谓亮"将略非所长"，亮之不可及处，原不必以用兵见长，观其于亮传后评曰："亮之为治也，开诚心，布公道，善无微而不赏，恶无纤而不贬，终于邦域之内，感畏而爱之，刑政虽峻而无怨者，以其用心平而劝戒明也。"其颂孔明，可谓独见其大矣。又廖立传谓，亮废立为民，及亮卒，立泣曰：吾终为左衽矣！李平传亦谓平为亮所废，及亮卒，平遂发病死。平尝冀亮在，当自补复，策后人不能故也。又寿入晋后，为诸葛亮撰集，表上之，推许甚至，本传特附其目录，并上书表，创史家未有之例，尊亮极矣。《晋书》好引杂说，故多芜秽，故乞米及其父坐髡，亦杂采入传，原其上冠"或云"，则证明作者亦未能确定其事也。

《三国志》书法，与前史不同者，即创为回护之法。夫据事直书，善恶不隐，斯为良史。自回护之法兴，历代修国史者，皆奉以为法式，迄莫能改。寿修《三国志》于晋时，故于魏晋革易之处，不得不多所回护。既欲为晋回护，不得不先为魏回护。如《魏纪》书天子以公领冀州牧，为丞相，为魏公，为魏王之类，一似皆出于汉帝之酬庸让德，而非曹氏攘之者。此例一定，则齐王芳之进司马懿为丞相，高贵乡公之加司马师黄钺，封司马昭为晋公、加九锡、位相国，陈留王封昭为晋王、建天子旌旗，以及禅位于司马炎等事，自可一例叙述。后此，凡两朝革易之际，进爵封国，赐剑履，加九锡，以及禅位，有诏有策，竟成一定书法。以后宋、齐、梁、陈诸书，悉奉为成式，直以为作史之法，固应如是。然一考其实，试观蔚宗《后汉书·献帝纪》载"曹操自领冀州牧"，"曹操自立为丞相"，"曹操自立为魏公，加九锡"，"曹操自进号为魏王"，与《三国志·魏纪》比较，可见其回护之甚。又如司马师之废齐王芳，《魏纪》反载为太后之令，极言齐王无道不孝，以见其当废，其实齐王之废，全出于师，而太后不知；高贵乡公之被弑于司马昭，《魏志》但载"高贵乡公卒，年二十"，绝不见被弑之迹，反载太后之令，言高贵乡公之当诛，曲笔可谓盛矣。《春秋》有为尊者讳之义，然于弑君弑父之事，则大书以正之，词正义严，毫不假借。故回护之例，不仅使是非失实，亦有乖史法。

又其书法，亦有违戾之处。杭世骏《诸史然疑》云："陈寿仕晋，则当为司马氏讳，宣王、景王、文王不敢称名是也。武帝亲践大祚，于孙叔然，则称字以讳之。在高贵乡公纪，乃书'使使持节行中护军中垒将军司马炎，北迎常道乡公璜嗣明帝后。在《陈留王纪》咸熙元年八月庚寅，乃书'命中抚军司马炎副贰相国事'，以同鲁公拜后之义；九月戊午，乃书'以中抚军司马炎为抚军大将军'；十月丙午，乃书'命抚军大将军新昌乡侯炎为晋世子'。二年八月壬辰，乃书'晋太子炎绍封袭位'。按：寿以元康七年病，武帝庙号已定，寿悉不讳，何也？或曰寿进《三国志》，在武帝时，则书中当称'今上'。今寿书书法违戾若此，是其疏也。又裴松之称史为晋讳，改'韦昭'为'韦曜'。按：《魏志》胡昭、董昭，《吴志》张昭，皆仍旧名，奚独韦昭乃改称'曜'？意是魏仍王、鱼诸人旧文，吴以华覈、韦昭国史，韦在归命侯时，吴书未为立传，寿特草创故也。"

誉《三国志》者，刘勰论之曰："魏代之雄，纪传互出，《阳秋》、《魏略》之属，纪表《吴录》之类，或澈（激）抗难征，或疏阔寡要，惟陈寿三志，文质辨论，荀、张比之于迁、固，非妄誉也。"《晋书》陈寿本传论曰："邱明既殁，班马迭兴，奋鸿笔于西京，骋直词于东观，自斯以降，可以继明先典者，陈寿得之，江汉英灵，信有之矣。"又称："寿作《三国志》，善叙事，有良史之才。"赵翼亦称其剪裁斟酌处，亦自有下笔不苟者，参订他书，而后知其矜慎。如袁宏《汉纪》曹操薨，子丕袭位，有汉帝命嗣丞相魏王一诏，《寿志》无之；献帝传禅代时，有李伏、刘廙、许芝等劝进表十一道，丕下令固辞，亦十余道，《寿志》亦尽删之；惟存九锡文一篇，禅位策一通而已。故寿书比宋、齐、梁、陈诸书，较为简净。又如董卓之乱，曹操尚未辅政，故《魏纪》内不能详叙，而其事又不可不记，则于卓传内详之，此叙事善于位置。又如甄后之死，本纪虽不言其暴亡，而《后传》中则明言因失宠出怨言而赐死，是讳之于纪，而载之于传也。于《明帝纪》书皇太后崩，《郭后传》亦但云崩于许昌，绝不见其被害之迹，盖甄之赐死是实事，故传书之；郭之逼杀自讹传，故传不书，亦足见记事之详慎也。而于"崩于许昌"四字，略见其不在宫闱，此又作史之微意也。又如孙策出行，为许贡客所射中，创而死。《江表传》、《志林》、《搜神记》，皆以为策杀道士于吉之报；寿作《策传》，以为妖妄，削而不书，亦见其有识，不惑于异说。再亦有以一人立传，而以同类之人详于附传者，如《仓慈传》后，历叙吴瓘、任燠、颜斐、令狐邵、孔义等，以其皆良吏而类叙之。蜀杨戏有《季汉辅臣赞》，并载于《献传》后，其中有寿所未立传者，则于各人下注其历官行事，以省人人立传之烦。《吴志·陆凯传》增其谏孙皓二十事一疏，本得之传闻者，故云："予从荆扬来，得此疏，问之吴人，多云不闻凯有此，且其文切直，恐非皓所肯受也。或以为凯藏之箧笥，未敢上，及病笃，皓遣董朝来视疾，因以付之。虚实难明，然以其指摘皓事，足为后戒，故列于凯传之后"云，是其编纂亦多详慎。上述略举数端，亦可见叙事书法之善。晁公武《郡斋读书志》称《寿书》高简有法；王鸣盛亦称班、马而后，应推寿作为佳史，千载以来，无异议者。且其行文雅洁，清微淡远，妙造自然，非后之史家所能及也。

第五章 《晋 书》

一 十八家晋史及《晋书》之修撰

《晋书》一百三十卷，唐房玄龄等奉敕撰。太宗贞观十八年（西历 644 年），因何法盛等十八家所修《晋史》未善，命房玄龄、褚遂良、许敬宗重撰《晋书》。又命李淳风修《天文》、《律历》、《五行》三志，敬播等考正类例，太宗自撰《宣》、《武》、《陆机》、《王羲之》四论，故曰"制旨"，又总题曰"御撰"。修《晋书》之人数，论者不一，《旧唐书·房玄龄传》云：谓奏取许敬宗、来济、陆元仕、刘子翼、令狐德棻〔棻〕、李义府、薛元超、上官仪等八人，但《旧唐书·令狐德棻传》云：当时同修者一十八人，并推德棻为首。又据《旧唐书·艺文志》载，太宗命房玄龄修《晋书》，与其事者，有褚遂良、许敬宗、令狐德棻、李淳风、敬播、赵宏志等廿人。清王鸣盛《十七史商榷》据《房传》定为八人，而以《旧唐书》"一十"二字为衍文。独《新唐书·艺文志》载预修《晋书》者，有房玄龄、褚遂良、许敬宗、来济、陆元仕、刘子翼、令狐德棻、李义府、薛元超、上官仪、崔行功、李淳风、韦邱驭、刘行之、阳仁卿、李延寿、张文恭、敬播、李安期、李怀俨、赵宏志等二十一人。《直斋书录解题》谓："《唐艺文志》修《晋书》者有房玄龄等二十人，其凡例则发于敬播。"合共为二十一人，当以此说为是。

撰《晋书》者，家数甚多，太宗敕撰《晋书》时，已有十八家流行。今据《晋书》，《隋》、《唐》二《志》可参考者，无虑数十家，兹择要列表于后：

书　名	卷　数	著　者	存亡	备　注
《晋书》	《隋志》九十三《唐志》八十九	晋　王隐	亡	隐熟悉西晋旧事，元帝太兴初，召隐为著作郎，令撰《晋史》，后以谤免黜，依庚〔庾〕亮于武昌，亮供其纸笔，书成，年七十余。
《晋书》	《隋志》四十四《唐志》五十八	晋　虞预	亡	
《晋书》	《隋志》十四《唐志》十四	晋　朱凤	亡	
《晋书》	三十卷	晋　谢沈	亡	见《晋书》本传。
《晋中兴书》	《隋志》七十八《唐志》八十	晋　何法盛	亡	据《南史》郄绍本传谓：法盛窃郄之稿本而撰《中兴书》。
《晋书》	《隋志》三十二《唐志》三十五	宋　谢灵运	亡	据灵运本传：奉敕撰《晋书》，粗立条理，书竟不就。
《晋书》	隋、唐《志》一百一十	齐　臧荣绪	亡	据《南齐书·高逸传》、《南史·隐逸传》，臧荣绪括东西晋为一书，纪志传凡一百一十卷。司徒褚渊尝谓其"蓬庐守志，漏湿自〔是〕安，灌蔬终老，撰《晋史》十帙，赞论虽无逸才，亦足弥纶一代"。
《晋书》	《隋志》百又二《唐志》九十	梁　萧子云	亡	据《梁书》本传一百十卷。
《晋书》	七卷	梁　郑忠	亡	
《晋史华》	三十卷	梁　萧子颉	亡	
《晋书》	一百十卷	梁　沈约	亡	沈约以晋一代无全书，宋泰始中，蔡兴中奏约撰述，凡二十年，成书一百十卷，详约本传。然《隋志》著录时，此书已亡。
《东晋新书》	七卷	梁　庾铣	亡	以上为纪传体。

书　名	卷　数	著　者	存亡	备　注
《晋纪》	四卷	晋 陆机	亡	
《晋纪》	二十三卷	晋 干宝	亡	《晋书》本传作二十卷，自宣帝迄愍帝，称良史。
《晋纪》	十	晋 曹嘉之	亡	
《汉晋春秋》	《隋志》四十七《唐志》五十四	晋 习凿齿	亡	起汉光武，终晋愍帝。《隋志》作《汉晋春秋》。
《晋纪》	十篇	晋 邓粲	亡	
《晋阳秋》	三十二	晋 孙盛	亡	盛作《晋阳秋》，词直理正，桓温见之，谓其子曰："枋头诚为失利，何至于尊公所说。若此史遂行，自是关君门户事。"其子惧祸，乃私改之。而盛所著已有二本，以其一寄慕容隽，后孝武博求异闻，又得之，与中国本多不同。
《晋纪》	二十三	宋 刘谦之	亡	
《晋纪》	十	宋 王诏之	亡	
《晋纪》	四十五	宋 徐广	亡	奉敕撰国史，义熙十二年，勒成《晋纪》四十六卷，表上之。事见《晋书》八十二卷，又见《南史》三十三卷。
《续晋阳秋》	二十	宋 檀道鸾	亡	
《续晋纪》	五	宋 郭李廉	亡	

　　除上列各书外，尚有华峤《魏晋纪传》，傅畅作《晋诸公叙赞》二十二卷、《公卿故事》九卷，荀绰《晋后书》十五篇，来暂《晋书》帝纪、十志，荀伯子《晋史》，张缅《晋钞》三十卷等。在唐初修史时，书均俱在，今书虽不存，但俱见各本传。至右表所列者，凡二十三家，谢沈《晋书》，不见《隋志》，盖已不传；郑忠、沈约之《晋书》，庾铣之《东晋新书》，皆亡于唐前，故《隋志》注"亡"字以明之。唐初可考者，应为十九家。然所谓《晋史》十八家者，或以习氏之书主汉斥魏，与各书异议，废

而不用；或以习书上包后汉三国，不专纪晋事，故未列入。再，
各书起迄，亦有不同：陆机《晋纪》仅及宣、景、文三世；干、
习二氏均纪至愍帝；王隐、虞预、朱凤、谢沈东晋初人，故所书
只及西晋；何法盛始为东晋撰史，故曰《晋中兴书》。邓粲所记，
仅限元、明二帝；徐广所记，亦限于东晋。其他于孙、王、檀、
郭诸氏，或详东晋，或纪两朝，史所未详。谢灵运撰于晋亡之
后，本传谓"粗立条理，书竟不就"。其能包罗两朝史实，以成
完书者，仅臧荣绪、萧子云、沈约三氏。沈约书最先亡，萧书
《隋志》著录时，仅存十一卷。惟臧书一百十卷，纪录志传俱备，
故为唐初修《晋书》时唯一蓝本，再参酌群书，兼综互订而成。
至诏修《晋书》之时，对十八家之评语云：

> 十有八家，虽存记注，才非良史，书非实录。荣绪繁而
> 寡要，行恩（谢沈）劳而少功，叔宁（虞预）味同画饼，子
> 云学埋涸流，处叔（王隐）不预于中兴，法盛莫通乎创业，
> 泊〔洎〕乎干、陆、曹、邓略纪帝王，鸾、盛、广、松才编
> 载祀〔记〕，其文既野，其事罕有。

上所论列，虽未必悉当，亦可略见一般。刘知几《史通》有
《新晋书》及《皇朝新撰晋史》之目，此即指贞观敕撰之《晋
书》，所以别于原有各史，亦犹后之新旧《两唐书》、新旧两《五
代史》。然大抵安史乱后，旧集散亡，臧氏《旧晋书》亦失传，
唯贞观《晋书》独存，后世遂亦不知有《新晋书》之名矣。

二　《晋书》卷帙、创例及内容

《晋书》今本一百三十卷，《史通·正史篇》云一百三十二
卷。钱大昕《十驾斋养新录》云："《晋书》纪、志、列传、载记

百三十卷之外，别有《叙例》一卷，《目录》一卷。今《目录》犹存，而敬播所撰《叙例》，久不传矣！其见于《史通》者，一云："凡天子庙号，惟书于卷末"；一云："班汉皇后，除王、吕之外，不为作传，并编叙行事，寄出《外戚》篇"；一云："坤道卑柔，中宫不可为纪，今遍同列传，以戒牝鸡之晨"。是敬播《叙例》，今可考者，仅此而已。

晋分东西，西晋四帝，凡五十四年，东晋十一帝，凡一百〇二年；又以胡、羯、氐、羌、鲜卑等五族，割据中原，分为二赵、五凉、四燕、三秦与夏、蜀等十六国，成帝纪十，书志二十，列传七十，载纪三十，凡百三十卷。其内容体例与前史异者，创立"载纪"一门。兹表著如下：

（一）帝纪十

(1)《宣帝纪》　　　　　　(2)《景帝文帝纪》

(3)《武帝纪》　　　　　　(4)《惠帝纪》

(5)《怀帝愍帝纪》　　　　(6)《元帝明帝纪》

(7)《成帝康帝纪》　　　　(8)《穆帝哀帝纪　废帝海西公》

(9)《简文帝孝武帝纪》　　(10)《安帝恭帝纪》

司马懿及子师、昭，身为魏臣，迨司马炎篡魏，皆追尊为帝。故《晋书》为撰《宣帝纪》、《景帝纪》、《文帝纪》二卷。此亦仿陈寿《三国志》为曹操撰本纪之例，其失已详于前。

（二）志二十，其目凡十：

(1)《天文》（上中下三卷）　　(2)《地理》（上下二卷）

(3)《律历》（上中下三卷）　　(4)《礼》（上中下三卷）

(5)《乐》（上下二卷）　　　　(6)《职官》（一卷）

(7)《舆服》（一卷）　　　　　(8)《食货》（一卷）

(9)《五行》（上中下三卷）　　(10)《刑法》（一卷）

书、志各目，皆因前史，别无新创，仅易《百官》为《职官》。至前史所立《封禅》、《郊祀》、《祭祀》诸事，自晋以后，载入《礼志》，故皆不别立志目。《晋书·地理志》蹐驳特甚，志中惟详武帝一朝，怀帝以后，仅掇数语，东晋则不及。其时侨置州郡，地异名同，千易百改，纷纭达于极点。艺文亦无志。

九品中正之制，盛行于魏晋六朝。《武帝纪》中载令诸郡中正以六条举淹滞，一曰忠恪匡躬，二曰孝敬尽礼，三曰友于兄弟，四曰絜身劳谦，五曰信义可复，六曰学以为己。此即政府选用人材之标准，各地中正即代政府负铨衡之责，而《职官志》中绝不载此事，未免疏漏。

补《晋书》之志者，卢文弨有《天文志校正》。补《地理志》者，毕沅有《晋书地理志新补正》五卷，洪亮吉《东晋疆域志》四卷、《十六国疆域志》十六卷，清方恺有《新校晋书地理志》一卷。补《艺文志》者，有清丁国钧《补晋书艺文志》四卷，吴士绍《补晋书艺文志》四卷，文廷式有《补晋书艺文志》四卷，清秦荣光有《补晋书艺文志》四卷，黄逢元有《补晋书艺文志》四卷。此外，卢文弨有《晋书礼志校正》，清钱仪吉有《补晋书兵志》一卷。

（三）**列传**七十，除为大臣作传外，汇传有：

　　《后妃》　　《宗室》　　《孝友》　　《忠义》　　《良吏》
　　《儒林》　　《文苑》　　《外戚》　　《隐逸》　　《艺术》
　　《列女》　　《四夷》　　《叛逆》

传目多半仍旧，其新增者，有《忠义》、《孝友》二卷。余则改《循吏》为《良吏》，易《方技》为《艺术》。其有名同而内容异者，《外戚传》为沿《汉书·外戚恩泽侯表》之例而作传，与《汉书·外戚传》异。其逆臣则附于卷末，传王敦等十五人名曰

《叛逆》，亦可谓创例。

《四库提要》云："考书中惟陆机、王羲之两传，其论皆称'制曰'，盖出于太宗之御撰。夫典午一朝，政事之得失，人才之良枯〔楛〕，不知凡几；而九重捣藻，宣王言以彰特笔者，仅一工文之士衡，一善书之逸少，则全书宗旨，大概可知。其所褒贬，略实行而奖浮华；其所采择，忽正典而取小说，波靡不返，有自来矣！即如《文选注》马汧督诔，引臧荣绪、王隐书，称马汧立功孤臣，死于非罪，后加赠祭。而《晋书》不为立传，亦不附于周处、孟观等传。又《太平御览》引王隐书云：武帝欲以郭琦为佐著作郎，问尚书郭彰，彰憎琦不附己，答以不识，上曰：'若如卿言，乌丸家儿能事卿，即堪郎也。'及赵王伦篡位，又欲用琦，琦云：'我已为武帝吏，不能复为今世吏。'终于家。琦盖始终亮节之士也，而《晋书》亦削而不载。"

（四）**载纪**卅卷，计：

（1）《前赵》（三卷，刘渊等）

（2）《后赵》（四卷，石勒等）

（3）《前燕》（四卷，慕容纯等）

（4）《前秦》（四卷，苻健等）

（5）《后秦》（四卷，姚苌等）

（6）《后蜀》（二卷，李特等）

（7）《后凉》（一卷，吕光等）

（8）《后燕》（二卷，慕容奕等）

（9）《西秦》（乞伏国仁等）北燕（冯跋，合一卷）

（10）《南凉》（一卷，秃发乌孤等）

（11）《南燕》（二卷，慕容德等）

（12）《北凉》（一卷，沮渠蒙逊）

（13）《夏》（一卷，赫连勃勃）

　　载记一体，仿自世家，然刘、石、苻、姚等有称大号者，又不得以侯国列之，乃本《后汉书·班固传》，谓"因撰新市、平林、公孙述等僭伪事，为载记若干篇"。此载纪一名之所本也。十六国中，五胡十三国，汉族三国。汉族三国中，前凉张氏，西凉李氏，不失臣节，仍归列传。惟《十七史商榷》云："张轨、李嵩，皆应入载记。因嵩乃唐之先祖，不称名，改称其字，升入列传，于是聊援轨而进之，以配嵩耳。轨尝称藩于晋，嵩亦遣使奉表建康，然彼皆已割据一方，改元建号，尚得为晋臣乎？"兹为便于阅览计，再列表以明之。

族名	国名	疆　域	年代	传　世	载纪或传	备　注
匈奴	前赵	冀、豫、山、陕各一部，都平阳（山西临汾）、长安。	25	刘渊、和、聪、粲、曜、熙	载纪三卷	初称汉，后改赵，被后赵所灭
	北凉	甘肃河西一带，都张掖、姑臧（武威）。	43	沮渠氏（蒙逊、牧犍）	载纪一卷	为北魏所灭
	夏	陕西北部及河套，都统万（陕西怀远）。	25	赫连氏（勃勃、昌、定）	载纪一卷	为北魏所灭
羯	后赵	中国北部之半，都襄国（河北邢台）及邺（河南临漳）。	34	石氏（勒、弘、虎、世、遵、鉴、祗）	载纪四卷	为冉魏所灭
鲜卑	前燕	热河朝阳、冀晋、豫晋及辽省。都热河朝阳。	34	慕容氏（廆、皝、儁、暐）	载纪四卷	为前秦所灭
	后燕	冀、鲁、豫、晋及辽省，都中山（河北定县）。	26	慕容氏（垂、宝、盛、熙、云）	载纪二卷	为北燕所灭
	南燕	河南、山东各一部，都滑台（河南滑县）、广固（山东益都）。	13	慕容氏（德、超）	载纪二卷	为东晋所灭

族名	国名	疆　域	年代	传　世	载纪或传	备　注
鲜卑	西秦	甘肃西南部，都苑川（甘肃靖远）。	47	乞伏氏（国仁、乾归、暮末）	载纪一卷	为夏所灭
	南凉	甘肃西南部，都西平（青海西宁）。	18	秃发氏（乌孤、利鹿孤、傉檀）	载纪一卷	为西秦所灭
氐	后蜀	四川省，都成都。	44	李氏（特、雄、班、期、寿、势）。	载纪二卷	为东晋所灭。成汉
	前秦	中国北部，都长安。	44	苻氏（洪、健、生、坚、丕、登、崇）	载纪四卷	为后秦所灭
	后凉	甘肃西北及新疆，都姑臧（武威）。	15	吕氏（光、绍、纂、隆）	载纪一卷	为后秦所灭
羌	后秦	陕西、河南各一部，都长安。	34	姚氏（苌、兴、泓）	载纪四卷	为东晋所灭
汉	前凉	甘肃西北及新疆，都姑臧。	32	张氏（骏、重华、灵曜、祚、靓、天锡）	传	为前秦所灭
	西凉	甘肃西北一带，都敦煌。	22	李氏（暠、歆、恂）	传	为北凉所灭
	北燕	冀北、热河及辽宁，都龙城（热河朝阳）。	28	冯氏（跋、弘）	载纪一卷	为北魏所灭

　　《晋书》无表，万斯同《历代史表》为其补之，计十六卷十六表。有《诸王世表》、《晋功臣世表》、《晋方镇年表》、《东晋方镇年表》、《晋将相大臣年表》、《东晋将相大臣年表》、《僭伪诸国世表》、《僭伪诸国年表》，并有《伪汉将相大臣年表》、《伪成将相大臣年表》、《伪赵将相大臣年表》、《伪燕将相大臣年表》、《伪秦将相大臣年表》、《伪后秦相大臣年表》、《伪后燕将相大臣年表》、《伪南燕将相大臣年表》。此外补者，有秦锡田《晋异姓封

爵表》、《补晋宗室王侯表》，吴廷燮有《晋方镇年表》、《东晋方镇年表》，秦锡圭有《补晋方镇年表》、《晋执政表》。

三 《晋书》之评论与改作

论《晋书》者，颇有微词。修史诸人，率因六朝文风靡敝之余习，好为丽辞奇句。《史通》论《晋史》多采小说，若《语林》、《世说》、《搜神纪》、《幽明录》是。故其言曰："近者宋临川王义庆著《世说新语》，上叙两汉三国及晋中朝江左事，刘峻注释，摘其瑕疵，伪迹昭然，理难文饰。而皇家撰《晋史》，多取是书，遂采康王之妄言，违孝标之正说。以此书事，奚其厚颜！"宋潘本盛曰："唐修晋史，作者皆词人，好出诡异，以广见闻。如贬晋之将亡也，有曰'鳌坠三山，鲸吞九服'；贬惠帝之失驭，有曰'溽暑之旦方开，淫时之言罕记'。文多骈丽，有失体裁。"清《四库全书总目》论《晋书》曰："其所褒贬，略实行而奖浮华；其所采择，忽正典而取小说，宏奖风流，以资谈柄。取刘义庆《世说新语》与刘孝标所注，一一互勘，几于全部收入。是直稗官之体，安得目曰史传？"至记载舛讹之处尤多，如《陔馀丛考》载《怀帝纪》："永喜〔嘉〕五年，东海世子毗，及宗室四十八王，没于石勒。"而《东海王越传》曰："毗及宗室三十六王，俱没于越。"两处所载各异，必有一误。又如以《和峤传》中庾敳誉和之语，而在《庾传》中，又以此语称温峤，因二名相同，两传错误。此外如《元帝纪》后，叙其恭王之妃夏侯氏通小吏牛金生帝，而《夏侯太妃传》内不载，讳其丑于传，而著其恶于纪，亦属两失。毛德祖为宋功臣，《宋书》已立传，唐修《晋书》，自不必以宋臣附晋臣之内；乃《毛宝之传》后，又叙德祖事甚详，盖本毛氏家传抄入之，而未及删节。隐逸中《夏统》

一传，非正史记事体，盖当时人多作《夏统别传》如《五柳先生传》之类，《晋书》遂全录之，不复增损，亦见粗疏。至记载怪异之事尤多，如载纪刘聪后产一蛇一虎，各害人而走；豕与犬交于相国府门，豕着进贤冠，犬冠武冠带绶，豕犬并升御座，俄而斗死；刘曜时，西明门风吹折一大树，一宿而变为人形，发长一尺，须眉长二寸，有敛手之状，亦为两脚，惟无目鼻，每夜有声，十日而柯条遂成大树；石虎时，太武殿所画古贤像，忽变为胡，旬余头皆缩入肩中。——此数事，犹可骇异。此外如干宝父死，其母妒以父所宠婢，推入墓中，后十余年，宝母亡，开墓合葬，而婢伏棺如生，经日而甦，言其父常取饮食与之，在地中亦不恶，既而嫁之生子。类此怪异之事尚多，不一一记述。至臧否人物，亦有失当者。如对王导多溢美，谓陶侃如非因梦折翼而坠，将有包藏之志、不臣之心。此外如臧荣绪、王隐书，马敦立功孤城被谗致死事，《晋书》不为立传；郭琦亮节之士，不为详书；嵇康魏臣，不当入《晋史》；韦忠、王育、刘敏元北仕刘赵，不当入《忠义传》。刘聪妻刘，苻坚妾张，苻登妾毛，慕容垂妻段，宜附入《载纪》，入《列女传》实失于断限。又《艺术传》列佛图澄、鸠摩罗什，皆胡僧，方外之士，虽著神通，亦未可包括"艺术"。

　　论《晋书》之失者虽多，然奉敕撰《晋书》者，皆一时之选，如于志宁、李淳风之徒，长于天文、地理、图籍之学，则授以书、志；令狐德棻等老于文学，其纪传叙事皆爽洁老劲，而诸僭伪载纪，尤简而不漏，详而不芜，视《十六国春秋》，不可同日而语。故郑樵《通志·总序》论之云："古者修书，出自一人之手，成于一家之学，班马之徒是也。至唐，始用众手，晋、隋二书是也。然以随其学术所长而授之，未尝夺人之所能，而强人之所不及。如李淳风、于志宁之徒，明天文、地理、图籍之学，授以诸志；颜师古、孔颖达博通古今，则授以纪、传，是以晋隋二《志》，高于古今。"

列传编订，亦有斟酌。如陶潜已在《宋书·隐逸》之首，而潜本晋完节之臣，应入《晋史》，故仍列其传于晋《隐逸》之内；愍怀太子妃，王衍之女，抱冤以死，而太子妃不便附入《后妃传》内，则列之入于《列女传》，此皆位置得当者。各传所载表疏，亦甚有关系。如《刘实〔寔〕传》载《崇让论》，见当时营竞之风也；《裴頠传》《崇有论》，见当时谈虚之习。《刘毅传》载九品之制有八损，《李重传》亦载论九品之害，见当时选举之弊。《陆机传》载《辨亡论》，见孙皓之所以失国也；《五等论》，见当时封建之未善也；〔《皇甫谧传》载〕《笃终论》，见厚葬之祸也；〔《挚虞传》载〕《今尺长于古尺论》，见古今尺度之不同也。《傅元传》载《兴学校务农工》等疏，因切于时政也；《江统传》载《徙戎论》，因预知刘石之乱，尤有先见也；《郭璞传》独载《刑狱》一疏，见当时刑罚之滥也。凡此诸点，皆其善者。平心而论，晋史繁冗固不免，然其搜讨广博，包罗宏富，亦非全无可取者。

《晋书》芜杂，后之改作者多。惟清道光间吾乡荆溪（江苏宜兴）止庵周济撰《晋略》一书，颇可称述。其书计本纪六，表五，列传三十六，国传十一，汇传七（《宗室》、《笃行》、《清谈》、《任达》、《良吏》、《文学》、《隐逸》），《序目》一，共六十六篇。事增文省，言成一家。事以类附，例以义起，悉去《晋书》中之浮诞繁芜，以及义所未安、言有不雅驯者。其诸论赞，对于攻守地势，成败得失，尤三致意焉。自言："此书为一生精力所萃，实亦一生志略所寓。"盖周怀过人绝技，抱经世之才，原欲驰骋当世，然终不遇，故其著《晋略》，不仅文笔严谨，考订功深，实欲将平生经世之志，借史事以发挥耳。人虽不遇，其书已传，抑又何憾！

第六章 《宋 书》

一 《宋书》之修撰

　　《宋书》一百卷，梁沈约撰。约字休文，吴兴武康人也。笃志好学，昼夜不倦，遂博通群集，善属文。仕宋及齐，累官司徒左长史。至梁为尚书仆射，迁尚书令。生平博物洽闻，该悉旧章，攻〔工？〕诗善画。自负才高，昧于荣利，颇累清谈，用事十余年，未尝有所建树。著述颇多。其撰《宋书》，于齐永明五年奉敕，次年二月即告成，不及一年。古来修史之速，未有若此者。然一考成书经过，约多取徐爰旧本而增删。

　　先时，宋著作郎何承天已撰《宋书纪传》，止于武帝功臣，其诸志惟《天文》、《律历》，此外悉委山谦之。谦之亡，诏苏宝生续撰，遂及元嘉（文帝）诸臣。宝生被诛，又命徐爰，爰因苏、何二本，勒为一史，起自东晋安皇帝义熙之初，为宋皇业之始，迄本朝孝武帝大明之末，惟永光（前废帝）以后，至亡国十余年，记载并缺。约所撰者，盖补永光以后纪传。其删爰书者，爰本有晋末诸臣，及桓玄等诸叛贼，并刘毅等与宋武同起义者，皆列于《宋书》。约以为桓玄、焦纵、卢循身为晋贼，无关后代；吴隐、郗僧施、谢混义止前朝，不宜入宋；刘毅、何无忌、诸葛长民、魏咏之、檀凭之志在匡晋，亦不得谓之宋臣，概从删除。余则悉仍爰书之旧，故成书若此之易。人但知《宋书》为沈约所撰，不知大半乃袭爰书而成也。

此外约所撰者，有《齐纪》二十卷，《梁武纪》十四卷，《晋书》一百一十卷，《宋世文章志》三十卷，《文集》一百一卷，《谥法》十卷，今皆不传。又撰《四声谱》，穷其妙旨，自谓入神之作。

《宋书》成于齐代，而曰"梁沈约撰"者，以约仕终于梁，从《隋书·经籍志》之旧也。约生于宋元嘉十八年，卒于梁天监十二年（441—513 年），年七十四岁。

二　《宋书》卷帙、内容与补撰

《宋书》一百卷，《帝纪》十，《志》三十，《列传》六十，而无《表》。或谓其表早佚者，如《四库提要》云："《宋书》一百卷，梁沈约撰，约表上其书谓：'《本纪》、《列传》，缮写已毕，合《表》、《志》七十卷。所撰诸《志》，须成续上。'今此书有《纪》、《志》、《传》，而无《表》。刘知几《史通》谓此书为《纪》十，《志》三十，《列传》六十，合百卷，不言其有《表》。《隋书·经籍志》亦作《宋书》一百卷，与今本卷数符合。或唐以前，其表早佚，今本卷帙，出于后人所编次欤？"

其实约撰《纪》《传》，先成计《纪》十，《列传》六十，合七十卷之数；《志》系续上，计三十卷，与《梁书》本传所云"著《宋书》百卷"适合。且约亦表明撰诸志，未尝言撰表，则其上表中"志表"二字为衍文可知；加以《史通》亦未言其有表，故谓表早佚一层，不足论究也。惟《四库提要》云："……其书至北宋已多散失，《崇文总目》谓阙《赵伦之传》一卷，陈振孙《书录解题》谓独阙《到彦之传》。今本传四十六，有赵伦之、王懿、张邵传，惟《彦之传》独阙，与陈振孙所见本同，卷后有'臣穆附记',谓'此卷体同《南史》,传末无论,疑非约书',其言良是。盖宋初已阙此一卷,后人杂取高氏《小史》及《南史》以补之,取盈卷帙;然《南史》有《到彦之传》,独舍而不取。"

今本《宋书》百卷,计:

(一) 帝纪十

《武帝纪》(上中下三卷)　　《少帝纪》(一卷)

《文帝纪》(一卷)　　　　　《孝武帝纪》(一卷)

《前废帝纪》(一卷)　　　　《明帝纪》(一卷)

《后废帝纪》(一卷)　　　　《顺帝纪》(一卷)

宋自刘裕代晋,凡八传,至顺帝而亡,共六十年。

自《三国志》创回护之法,《宋书》因之。在晋、宋革易之际,历叙宋武之伟绩丰功,晋恭帝之自愿禅位,不著其逼夺之迹,及谋杀恭帝之事,反叙恭帝薨后,宋武恩礼有加。又文帝为太子劭所弑,此是千古人伦大变,而本纪则书上崩于合殿,绝无一字及于被弑。在宋、齐革易之际,因书成于齐,更多所忌讳。如《后废帝纪》历叙其无道之处,以见其必当废杀;《顺帝纪》铺张萧道成之功勋,宋室天禄永终,逊位于齐,亦不著篡夺之迹,对诸臣之效忠于宋、谋讨萧道成者,概加以反叛及有罪之名,殊没史实真相。又本书于宋、齐革易之际,为齐讳矣,又为宋讳。盖为齐讳者,约自补辑;为宋讳者,因徐旧本,未加删定故也。

(二) 志三十

《志序、律》(一卷)　　　　《历》(上下二卷)

《礼》(五卷)　　　　　　　《乐》(四卷)

《天文》(四卷)　　　　　　《符瑞》(三卷)

　　《五行》（五卷）　　　　　　　　《州郡》（四卷）

　　《百官》（上下二卷）

　　按《约书》诸志之前，有《志序》一篇。因篇幅短，不能自成一卷，与《律志》合为一卷。但目录标题中，误为"律志序"，一若为《律志》一篇之叙序。细绎《志序》文义，又确为全志之总序，故"律志序"乃后人之误。

　　志目多仍旧，仅改《地理》为《州郡》。新增者有《符瑞志》，又另有《五行志》，志中追溯至五帝三代之符瑞，一一胪列，繁冗极矣。《符瑞》本不当有志。图谶之学，全属迷信，至篝火狐鸣，帛书牛腹，自昔觊觎非分者，莫不造为符命，以摇惑人心。休文虽欲借此以明天命之攸归，而挽争夺逐鹿之风，究属扬汤而止沸也。且事之可志者甚多，食货、兵、刑之大阙如，反于《五行》之外，更增《符瑞》，论者非之。观《十七史商榷》有云："《五行志》本《洪范五行传》，胪列《春秋》、《左传》灾异，并及秦、汉下事，以为应验。凡唐以前各史类然，此乃不得不如此，然已觉饶舌可厌。至于《符瑞》，本不能有志，即欲志之，亦惟志一代可耳！前事但于叙首中叙述，为以引子足矣。沈约乃追溯五帝三代，一一胪列之，枝蔓斯极。"

　　《律》、《历》二志，多据何承天旧议，以承天所撰《元嘉历》为当时所用。《乐》则详述八音众器，及鼓吹、铙歌诸乐章，以存义训。《礼》则合郊祀、祭祀、朝会、舆服为一，仍如《志序》云："礼之所包非一，郊祭、朝飨，非礼而何？今同为《礼志》。"《十七史商榷》讥其淆乱粗疏云："宋《礼志》第一卷，始言正朔及所尚之色，次言冠礼，次言昏礼，次拜皇后、三公，冠皇太子，拜蕃王仪，朝会仪，次朝日仪，次殷祭仪，次祭大社仪，次耕耤仪，次太学，次治兵，已觉错杂。至第二卷中，所叙更为淆乱无章。第三卷载永初元年即位告天策文，已载本纪，又复见于

《礼志》，岂但复前，本书又自相复，更觉粗疏。"《州郡》据《太康地理志》暨何承天、徐爰原本，间为折中其异同；而于侨置创制，并省分析，年月多付阙如，未免疏略。其《志叙》首云："地理参差，其详难举，实由名号骤易，境土屡分，或一郡一县，割成四五，四五之中，亟有离合，千回百改，巧历不算，寻校推求，未易精悉。"盖因其时南北分裂，新置之州，更多辗转改易，迷其本来；又每州自析为南北，再加以侨置寄治之名，纷纭达于极点矣。

前言《符瑞志》追溯五帝三代，而其他各志，亦多述魏晋甚详。从来史家修志，惟详当代，仅于每志叙首，略述缘起。而约志详述魏晋为变例，亦犹唐作《隋书》，并南北朝制度，皆收入志也。然《三国志》无志，固宜补之。现今《晋书》，修于唐初，约撰《宋书》时，已有臧荣绪《晋书》，明明有志，又何烦补，至〔致？〕今之《晋志》与《宋志》颇多重复。

后人补《宋书》之志者，清成孺有《宋州郡志校勘记》一卷，郝懿行有《补宋书食货志》一卷，《刑法志》一卷，聂崇岐有《补宋书艺文志》。

（一）**列传六十**，除为大臣作传及《自序》一卷外，其汇传则有：

　　《后妃》　　《宗室》　　《孝义》　　《良吏》
　　《隐逸》　　《恩倖》　　《夷蛮》　　《二凶》

目无新创者，仅改《佞倖》为《恩幸》、《二凶》传，附于卷末。约修《宋书》，列传之文，往往过繁，尤特重文人，全书以一传独为一卷者，有谢灵运、颜延之、袁淑、袁粲。二袁忠义，固当详书；若谢、颜，则惟重其文章，《谢传》载其《山居赋》，并其《自注》载之，此尤例之特殊者。然约既重文人，又不为鲍照立传，仅将其事带叙于《刘义庆传》内；既带叙矣，又因其文字赡逸，附载其《河清颂》一篇，多至二千余字，因此于一传之中，叙鲍照事反多于义庆之事，此则不仅繁简失当，亦有乖史体。又将宋武开国功臣中之武将功臣沈田子、沈林子，不立专传，以此二人之功绩，详叙于《自叙》中，以显其家世勋阀，故功臣传独阙。此外列传所附文表奏疏之多，为他史所仅见。又《张畅传》在五十九卷，《张敷传》在六十二卷，《张劭传》后，又重出二人传，亦蹈重复失检之讥。

《宋书》无表，万斯同《历代史表》补之者三，《宋诸王世表》、《宋方镇年表》、《宋将相大臣年表》。清盛大士有《补宋功臣侯表》、《诸侯王表》、《王子侯表》、《恩倖表》、《纪元表》。吴廷燮有《宋方镇年表》，罗振玉有《宋宗室世系表》。

三　《宋书》得失短长

论《宋书》之失者，咸病其：（1）叙事失检，（2）芜词太多，（3）繁简失当，（4）编订草率等等。王劭又谓其喜造奇说，以诬前代。如琅琊王妃通更牛氏生中宗，孝武于路太后处寝息，时人多有异词。至繁冗之处，如于纪传中，所有诏诰、符檄、章表、奏疏，悉载全文，一字不遗。如本纪刘裕诛桓玄后，晋帝还都，进裕都督一诏、一策，裕论起义诸人一疏，讨司马休之一表；桓玄余党悉平，晋帝褒策一道，裕讨刘毅符下荆州一檄，又《请以侨人归土断》一疏，讨司马休之，休之自诉一表，裕招韩延之一书，延之答裕一书；平洛阳后，晋裕为相国，封十郡、加九锡一诏一策；裕西伐过张良墓，祭文一道；克长安后，晋帝进裕爵为王，加封十郡一诏；裕受宋公九锡之命，下令国中赦文一道；晋帝禅位一诏一策一玺书，群臣劝、裕不许，太史令骆达陈

符瑞一表，即位告天一策，御太极殿一诏，特存王导、谢安等祠
一诏，置晋帝守陵户一诏，追论战亡将士一诏，遣使巡方一诏，
增百官俸一诏，改旧制从宽一诏，优复彭、沛三郡一诏，赦罪人
一诏，禁淫祠一诏，兴学校一诏，悉载全文，不减一字。列传
中，《徐羡之传》载其归政三表，文帝诛羡之等一诏；《谢灵运
传》载其《撰征赋》一篇一万余字，《山居赋》一篇数万字，《劝
伐河北》一疏二千字；《邓琬传》虽无书疏，而专叙浓湖、赫圻
之战一二万字，竟似演义小说，又如记功册籍。其他列传，类此
情形尚多。

论志之失者，一谓《宋书》增《符瑞志》，不经且无益，不
知何所取义；一谓所撰八志，远溯三代，近及秦汉以下，失于限
断。《符瑞》一志，诚不足论。若谓失于限断，不悟《宋书》之
长，正在诸志。约终身史职，于累朝掌故，周晰条贯，故损益前
史诸志为八门，前史之有志者，撷其精华；其无志者，补其未
备。故各志内容，上继《史》、《汉》，以弥陈寿以来诸志之缺，
其体例与后代《隋书》之志兼及五代同然。昔江淹谓修史之难，
无出于志。而世颇病陈寿《三国》无志，南北之梁、陈、齐、周
四朝皆无志，以为憾事，不知实无缺也。盖魏、蜀、吴之志入于
《宋书》，梁、陈、齐、周之志入于《隋书》，虽失限断，志本无
缺。故《宋书》八志，可以考见前代典章之全，虽失繁冗，其博
洽多闻之处，不能掩也。

《宋书》列传，叙事多用带叙法。其人不必立传，而其事有
附见于某人传内者，即于某人传内，叙其履历以毕之，而下文仍
叙某人之事。如《刘道规传》叙命刘遵为将，攻破徐道覆时，即
带叙"遵，淮西人，官至淮南太守，义熙十年卒"，下文又重叙
道规事，以完本传。如此者甚多。盖人各一传，则不胜传；而不
为立传，则其人又有事可传。有此带叙法，则既省多立传，又不

没其人，此诚作史良法。但《宋书》带叙之法，与《后汉书》、《三国志》之类叙，又有不同。类叙多在本传后，方载附传者之履历；此则正在本传叙事中，而忽以带叙者之履历入之。此例乃《宋书》所独创，与类叙法同中有异。然亦有失者，带叙之人，间有超过本传，流连忘返，喧宾夺主，此其短也。

誉沈约《宋书》者，谓详赡有法，端绪秩然，以为可以抗衡蔚宗，比肩承祚。《崇文总目》亦谓"有博洽多闻之益"。叶心水云："迁、固为书、志，论述前代旧章，以经纬当世……至沈约比次汉、魏以来，最为详悉，唐人取之以补《晋纪》，然后历代故实，可得而推。虽去迁、固本意已远，然古事既不能追，则所当存者，随世有无而已。但其体繁杂，非复前比，殆成会要矣！学者立于千载之后，考见始末，当使相承如一日；若姑竞迁、固之华，而不求其实，则失之远矣。"

总上所论，沈约《宋书》，多本《徐史》，略为补辑，一年而成，草率失检之处，恒所不免；然搜罗赅博，志括前代，亦其长也。

第七章 《南齐书》

一 《南齐书》之修撰

《南齐书》五十九卷，梁萧子显撰。萧字景阳，为齐高帝萧道成之孙，豫章王嶷之子。幼聪慧，好学，伟容貌，工属文。尝著《鸿序赋》，尚书令沈约见而称之。又采众家《后汉》，考正同异，为一家之书。累迁吏部尚书侍中。性凝重，负才气，及掌选，见九流宾客，不与交言，但举扇一挥而已。大同间，出为吴县太守，未几卒。生于齐武帝永明七年，卒于梁武帝大同三年（489—537年），时年四十九。所著除《齐书》六十卷外，有《后汉书》百卷，《晋史草》三十卷，《北伐记》五卷，《贵俭传》卅传，《文集》六卷等多种。

萧撰《齐书》，亦有所本。建元二年，即诏檀超与江淹掌史职，超等表上"条例"云："开元纪号，不取宋年，封爵各详本传，无假年表。立十志：《律历》、《礼乐》、《天文》、《五行》、《郊祀》、《刑法》、《艺文》依班固，《朝会》、《舆服》依蔡邕、司马彪，《州郡》依徐爰，《百官》依范蔚宗。日蚀旧载《五行》，应改入《天文志》。帝女应立传，以备甥舅之重。又立《处士》、《列女传》。"诏内外详议。王俭议以"食货乃国家本务，至朝会，前史不书，乃伯喈一家之意。宜立《食货》，省《朝会》。日月应仍隶《五行》。帝女若有高德绝行，当载《列女传》；若止于常美，不立传"。诏"日月、灾隶《天文》，余如俭议"。此齐时修国史体例。江淹又以为修史之难，无出于志，故先著十志以见其才。《超传》载超史功未就而卒，淹撰成之，犹未备。其他沈约撰《齐纪》二十卷，吴均撰《齐春秋》三十卷，熊襄〔襄〕著《齐典》十卷，俱各见本传。子显盖本超、淹之旧，又参酌众书，断以己意，亦非全袭前人之旧。

二　《南齐书》卷帙、内容

《梁书·萧子显传》载"著《齐书》六十卷"，《隋书·经籍志》亦称《齐书》六十卷，《唐书·艺文志》亦云"萧子显《齐书》六十卷"，曾巩《叙录》始称"《齐书》五十九卷"。章俊卿《山堂考索》引《馆阁书目》云："《南齐书》六十卷，今存五十九卷，亡其一。"考《南史》载子显《自序》，自是据其叙传之词；又晁公武《郡斋读书志》载其进书表云："又天文事秘，户口不知，不敢私载。"疑原书第六十卷为子显《叙传》，末附以表，与李延寿《北史》制同，至唐已佚其《叙传》，而其书至宋犹存，今又并其表佚之，故较本传缺一篇也。至冠"南"字于《齐书》上，始于宋，所以别于李百药《北齐书》。《南齐书》五十九卷，为纪八、志十一、列传四十。曾巩南《齐书序》改为八纪、十一志、四十列传，则颇似纪有八、志有十一。实则纪仅七，志则十一卷。[纪]八目，列之如下：

（一）八纪

《高帝纪》（上下二卷）　　　《武帝纪》（一卷）

《郁林王纪》（一卷）　　　　《海陵王纪》（一卷）

《明帝纪》（一卷）　　　　　《东昏侯纪》（一卷）

《和帝纪》（一卷）

齐都建康，历七主，凡二十四年，为宋、齐、梁、陈四朝中享国最短者。故"八纪"者，为纪八篇，实仅七纪，《高帝纪》分上、下二篇。

（二）志十一，其目有八：

《礼》（上下二卷）　　　《乐》（一卷）

《天文》（上下二卷）　　《州郡》（上下二卷）

《百官》（一卷）　　　　《舆服》（一卷）

《祥瑞》（一卷）　　　　《五行》（一卷）

子显八志，本于江淹之十志，但仍缺《食货》、《艺文》、《刑法》三目。《天文志》中，但纪灾祥；《州郡志》内，仅述建置，不著户口；《祥瑞志》中，多载图谶。而其自表中亦云："天文事秘，户口不知，不敢私载。"分"祥瑞"于"天文"之外，对于《食货》、《艺文》、《刑法》之大，竟告阙如。故郑樵《通志·序》云："江淹有言，修史之难，无出于志。诚以志者，宪章之所系，非老于典故者，不能为也。"子显虽有所因，究非其选。

（三）列传四十，其中汇传有七：

《皇后》　　《宗室》　　《文学》　　《良政》

《高逸》　　《孝义》　　《倖臣》

传目与前史同者，为《皇后》、《宗室》。此外，改《文苑》为《文学》，《良吏》为《良政》，《隐逸》为《高逸》，并《孝友》、《忠义》为《孝义》，《恩倖》为《倖臣》，多名异而实同。又此书《良政》、《高逸》、《孝义》、《倖臣》诸传皆有序，而《文学传》独无序，殆为宋以后所残缺。《皇后》、《宗室》亦无序。

《南齐书》无表，万斯同《历代史表》补之者三：《齐诸王世表》、《齐将相大臣年表》、《齐方镇年表》。吴廷燮有《补齐方镇年表》。

三　《南齐书》得失

论《齐史》之失者，王应麟《困学纪闻》云："萧子显以齐宗室仕于梁，而作《齐史》，虚美隐恶，其能直笔乎？"古未有子孙为祖父作正史者，独子显为祖父作本纪，故于宋、齐革易之际，多所回护，但云顺帝逊位，不见篡夺之迹。帝使王敬则结杨玉夫等弑宋苍梧王之事不书，但云玉夫弑帝，以首与敬则，呈送高帝，不见主使之迹。又为其父豫章王嶷作传，铺张至九千余字，且不入《高祖十三王传》内，编在三十五卷，而另立一传，编在二十五卷，与文惠太子相次，欲以此尊父，与义无当。又如在《高帝纪》中载王蕴抚刀，袁粲郊饮，将琐事列入本纪，亦非体例之善者。

《齐书》但纪本国，而邻国之事，仅书其与本国交涉者，其他虽兴、崩、灭、立亦不书。即与本国交涉之事，于魏则书"索虏"，于魏主则书"虏伪主"，或书"虏帅拓拔某"，此则承《宋书》之体例。更于立传后并立《魏虏传》，记载又多失实。如谓魏文明太后冯氏，本江都人，太武南侵，掠夺之，潜以为妾。按冯后系长乐信都人，父西域郡公郎，为秦、雍二州刺史，坐事诛，后没入宫，以选为后，初非江都人也。又云：其先匈奴女，名拓跋，妻李陵，北俗以母名为姓，故拓跋实李陵之后，然甚讳之，有言其是李陵之后者，辄见杀等。案其他魏、齐、周诸《书》，皆无此说，显系传闻之伪。曾巩《序录》更评之曰："子显之于斯文，喜自驰骋，其更改破拆、刻雕藻缋之变尤多，而其文益下，岂非才固不可强而有也？"又子显修书于梁，鉴于齐高之好用图谶，梁武崇尚释氏，故于《高帝纪》卷一之末，行太乙九宫占，《祥瑞志》中附会纬书之说，《高逸传论》则阐禅理，溺于时尚。

虽然，《齐书》亦非无可取者。如《史通·序例篇》谓："令先先觉，远述丘明，史例中兴，于是为盛。沈约之《志序》，萧齐之《序录》，虽以'序'为名，其实'例'也。子显虽文伤塞踬，而义甚优长，为序例之美者。"是则子显虽短于文而长于义。又其书法用笔，也颇有斟酌。如论事则为尊者讳，于宋、齐革易之际，虽不明著篡弑之迹，行文中则时微露其意。又子显修书在梁武时，其叙郁林王失德之处，不过六七百字；叙东昏王无道之处，则二千余字，甚东昏之恶，正以见梁武之兵以义举，亦作史之微意。又如《褚渊传》中，全篇于渊之失节卖友处，不置一议，而其失节负恩自见；又如《王晏传》、《萧谌传》、《萧坦之传》，皆历叙事实，不著一议，而其忘恩负义、趋炎附势之人品自见。此外列传中，类叙师孟坚意，带叙用休文法。故每一传，辄类序数人，如《褚澄传》叙其精于医，而因叙徐嗣医术，更精于澄；《韩灵敏传》叙其妻卓氏守节，因而及吴康之妻赵氏、蒋隽之妻黄氏，倪翼之母丁氏。《孝义传》用类序法，尤见得法，传不多而人自备载，以免人各一传，则不胜传；而不立传，则竟遗之。其他较《宋书》简净之处，亦有可述者。如《刘善明传》所陈十一事，皆隐括其语载之；《张欣泰传》所陈二十事，只载其一条，若《宋书》则必全载矣。又如纪建元创业诸事，载沈攸之书于《张敬儿传》，述颜灵宝语于《王敬则传》，直书无隐，尚不失是非之公。《高十三王传》引陈思之表、曹冏之论，感怀宗国，有史家言外之意焉！未尝无可节取也。

第八章　《梁　书》

一　姚氏父子与《梁书》撰修

《梁书》五十六卷，唐姚思廉撰。思廉本名简，以字行，陈吏部尚书察之子。生平寡嗜欲，唯一于学。初仕隋为代王侍读，高祖定京师，府僚皆奔走，独思廉侍。太宗时，累官弘文馆学士，奉诏与魏徵同撰梁、陈《书》，授散骑常侍。

始，思廉父察，为梁、陈史官，录二代之事，未就而陈亡。隋文帝见察，甚重之，每就察访梁、陈故事。察因以所论载，每一篇成辄奏之，而文帝亦遣虞世基就察求其书，又未就而察死。临亡，嘱思廉以继其业。唐兴武德五年（622 年），高祖以自魏以来，二百余岁，世统数更，史事放逸，乃诏撰次，思廉遂受诏。观《陈书·姚察传》云："梁、陈二史，本察所撰，其中序论、纪传，有缺者，临殁时以体例戒其子思廉博访撰续。"《新唐书·姚思廉传》云："其父察在陈，修梁、陈二史未就，以属思廉。思廉入隋，表父遗言，有诏听续；至唐，又奉诏与魏徵等修梁、陈二书，乃采谢昊、顾野王诸书以成之。"《旧唐书》谓思廉采谢昊诸家著梁史，又推究陈氏，博综顾野王所修旧史成之。

综上所述，约其旨归，梁、陈二史为察所撰，未成而亡；其子受父遗命，博访续撰，兼采谢昊诸家《梁史》，及顾野王所修旧史成之。至是否与魏徵同撰，据《新唐书·姚思廉传》称：

"贞观三年（629年），诏思廉同魏徵撰。"《旧唐书·艺文志》亦称："《梁书》、《陈书》，皆魏徵同撰。"今本梁、陈《书》，皆题姚思廉撰，而不列魏徵之名。《史通·正史篇》谓魏徵"总知其务"。按："总知"为监修之意。又云："凡有论赞，徵多预焉。"《旧唐书·魏徵传》称："梁、陈、齐，各为总论。"晁公武《郡斋读书志》云："徵惟著总论而已。"大约徵本奉诏监修，仅撰总论。其实秉笔者，仅思廉一人而已，故独标思廉之名者，为著其实云。

二 《梁书》卷帙全在纪传

《梁书》卷数，据《旧唐书·经籍志》及姚思廉本传，俱云五十卷。《新唐书》作五十六卷。考之刘知几《史通》，谓："姚察有志撰勒，施功未周。其子思廉，凭其旧稿，加以新录，述为《梁书》五十六卷。"《四库提要》云："《新唐书》所据为思廉编目之旧，《旧唐书》误脱六字。"审定为五十六卷无误。

思廉撰《梁书》，本父作子述，经两世纂辑之功，始成书。《四库提要》云："思廉本推其父意以成书，每卷之后，题'陈吏部尚书姚察'者二十五篇，题'史官陈吏部尚书姚察'者一篇，盖仿《汉书》卷后班彪之例。其专称'史官'者，殆思廉所续纂欤？思廉承藉家学，既素有渊源，又贞观二年，先已编纂，及诏入秘书省，论撰之后，又越七年，其用力亦云勤笃。"

《梁书》五十六卷，计本纪六卷，列传五十卷。以较前史，缺书志、年表两种。

（一）纪六

《武帝纪》（上中下三卷）　　《简文帝纪》（一卷）

《元帝纪》（一卷）　　　　　《敬帝纪》（一卷）

梁凡四主，五十六年。全书为帝纪六卷，武帝在位四十八年，故撰纪长至三卷，其他则一帝一卷。《梁书》终敬帝，不及后梁。后梁凡三主，始于宣帝詧，一传明帝岿，再传莒公琮，凡三十三年，都江陵，为西魏、周、隋附庸。詧为昭明太子统之子，封岳阳王，与元帝构怨，逃魏，魏人立之于江陵，《梁书》理应叙述而竟遗之，实有未当。赵翼《陔馀丛考》论之曰："《梁书》不能纪萧詧，盖以敬帝国亡，则梁统已绝。詧三世虽帝于江陵，然皆臣属于周、隋，既难作本纪；若以为元帝之臣，而与正德等同传，则詧本非叛逆，只以救河东王誉与元帝构怨，逃死附魏，非正德等反附侯景者可比，又不便列之逆臣传。是以无可位置，竟没而不书。令狐德棻附之《周书》，似矣！然詧之逃附也，尚是魏朝，其死也，乃在周代；而其子岿、孙琮，又历隋为附庸，则又安得独附于《周书》？惟李延寿《北史》别立'附庸'一门，以詧等入之，较为妥善。然《北史》兼叙各朝，故可如此立传；《梁书》专纪萧氏子孙建国称帝者，安得竟从删削？此究竟是《梁书》缺处。案：宜于昭明太子传后，备载詧以下三世，则位置得宜矣！"斯论允矣。

（二）**列传**五十，其中汇传有八，如下：

《皇后》　　《孝行》　　《儒林》　　《文学》

《处士》　　《止足》　　《良吏》　　《诸夷》

新增传目，有《止足》一款，余则改《孝义》为《孝行》，改《隐逸》、《高逸》为《处士》。其逆臣豫章王综四人，及《侯景传》附于卷末。《诸夷传》有《西北诸戎传》、《海南夷传》、《东夷传》。

《梁书》于《处士》之外，另立《止足》一款，其序谓鱼豢《魏略》有《知足传》，谢灵运《晋书》有《止足传》，《宋书》亦有《止足传》（沈约书无），故本此例而立。然所谓"止足"者，不过宦成身退，稍异乎钟鸣漏尽、夜行不休者耳。传中只有三人，为顾宪之、陶季直、萧眎素。顾宪之政绩，自可入《良吏传》；余则如陶、萧等，别无特行，传不胜传。《梁书》无《方技传》，以至为时人所敬信、人主所崇奉之沙门释宝志，精于佛学，能知未来，亦不为立传，是应传而不传者；若"止足"，又不必立而立者。《皇后传》中，首列武帝生母张献皇后，其父顺之（追尊为文皇帝）官职事迹，仅叙《武帝纪》中，未另作纪传，是妻有传而夫无，殊非史法。理应将张后事迹附入《武帝纪》中，不必效《宋书》将创业君主之母编入《皇后传》，且前史亦无此例。又《梁书》不立《宗室传》，将武帝兄弟九人，编为太祖五王，及嗣王四人。《太祖五王传》，临川王宏、安成王秀、南平王伟、鄱阳王恢、始兴王憺，此五子者，皆武帝登极后受封者；其余殁于齐朝之太祖长子长沙王懿、衡阳王阳、永阳王敷、桂阳王融，则不为立传，而转见于嗣王传内，以别于生封之五王。其实，此九王皆武帝所封，五王系父，四王系子，强为区别，究属无谓。加以武帝之父，非身登大位者，以其子系之，亦有未当。

《梁书》各传，先叙历官，后载事实，断以饰终之诏，此本国史体例而立传。今《梁书》各传多本国史，国史有则传之，无则缺之。又虚美隐恶之处，亦所不免，如临川王宏统军北伐，畏魏不敢进，大败而归。此为梁朝第一败衄之事，而本传但云征役久，有诏班师，不及败溃之事。又如昭明太子之孙豫章王栋，为侯景所立，建号改元（大正），未几为侯景所废，景败，元帝使人杀之。此亦当时一大事，而《梁史》无传。大概国史所未载，故《梁书》亦不为立传。

《梁书》无表，万斯同《历代史表》补之者二：《梁诸王世表》、《梁将相大臣年表》，吴廷燮有《梁方镇年表》。

三　《梁书》史法得汉晋、文笔追班马

论《梁书》之失者，谓其芜冗，多载诏策表疏。如各大臣传，多有饰终之诏，篇篇一律，殊觉可厌，大可删除，以省繁复。此外时日叙事，亦多参差矛盾之处。故《四库提要》云："如《简文帝纪》载有'大宝二年，四月丙子，侯景袭郢州，执刺史萧方诸'，而《元帝纪》中作'闰四月丙午'，则两卷之内，月日参差。《侯景传》上云'张彪起义'，下云'彪寇钱塘'，则数行之间，书法乖舛。赵与时《宾退录》议其于《江革传》中，则称'何敬容掌选序，用多非其人'，而《何敬容传》中又称其'铨序明审，号为称职'，是非矛盾。其余事迹之複互者，前后错见，证以《南史》，亦往往牴牾，盖著书若是之难也。

虽然，《梁书》修辑历三世，传父子，前后更数十年始成书，考订事实，审核传闻，亦称精审，持论多平允，排整次第，犹具汉晋以来相传之史法。至其文笔，在南朝宋、齐、梁、陈四书，实首屈一指，赵翼《二十二史劄记》极称之，其言曰：

《梁书》虽据国史，而行文则自出炉锤，直欲远追班、马。盖六朝争尚骈俪，即序事之文，亦多四字为句，罕有用散文单行者。《梁书》则多以古文行之，如《韦叡传》叙合肥等处之功，《昌义之传》叙钟离之战，《康绚传》叙淮堰之作，皆劲气锐笔，曲折明畅，一洗六朝芜冗之习。《南史》虽称简净，然不能增损一字也。至诸传论，亦皆以散文行之，魏郑公《梁书总论》犹用骈偶，此独卓然杰出于骈四俪六之上，则姚察父子为不可及也。世但知六朝之后，古文自唐韩昌黎始，而岂知姚察父子已振于陈末唐初也哉。"

第九章 《陈 书》

一 《陈书》亦成于姚氏父子

《陈书》三十六卷，唐姚思廉撰。初姚察录梁、陈之事，未就而察死，临亡，嘱其子思廉继其业。唐兴，武德五年，高祖以自魏以来，二百余岁，世统数更，史事放逸，乃诏撰次，而思廉遂受诏而为《陈书》。久之犹不就，遂诏论撰于秘书内省，十年正月壬子，始上之。是思廉编辑之功，固不上九年，刘知几《史通》谓："《陈史》初有吴郡顾野王、北地傅縡各为撰史学士，其武、文二《帝纪》即顾、傅所修。太建初（宣帝），中书郎陆琼续撰诸篇，事伤烦杂，姚察就加删改，粗有条贯。及江东不守，持以入关，隋文帝尝索陈、梁事迹，察具以所成，每编续奏，而依违荏苒，竟未绝笔。皇家贞观初，其子思廉为著作郎，奉诏撰成二史。于是凭其旧稿，加以新录，弥历九载，方始毕功。"是则陈史之修，姚察撰于前，察之修撰，又兼采三家，即顾野王、傅縡、陆琼。今考《隋书·经籍志》有顾野王《陈书》三卷，傅縡《陈书》三卷，陆琼《陈书》四十二卷，此即察所据之本。思廉奉诏后，于是本其家学，益以新知，勒成是书。又查全书惟高祖、世祖两本纪末有"陈吏部尚书姚察曰"，其余各纪传之末，则称"史臣曰"。大约高祖武帝、世祖文帝两纪，多承其父之原稿，故特标而出之。以不没秉笔之实，其余则多属思廉补撰。

二　《陈书》亦仅有纪传

《陈书》三十六卷，为本纪六卷，列传三十卷。本纪六卷，纪实有五，曾巩《陈书校序》及晁公武《郡斋读书志》皆谓六本纪，此盖六卷之误。

（一）六本纪为：

《高祖纪》（上下二卷）　　　《世祖纪》（一卷）

《废帝纪》（一卷）　　　　　《宣帝纪》（一卷）

《后主纪》（一卷）

陈自陈霸先代梁，至后主叔宝，隋将杨素灭陈，国亡，凡五传，三十三年。

《陈书》于梁、陈革易之际，如于陈武之进公、进王、加九锡、封二十郡、建天子旌旗，以及梁帝禅位等事，一一如前史格式。第本纪所讳，赖有列传以散见其事，以存其实。今考衡阳王昌，本武帝子，陷于周未回，武帝崩，从子文帝即位，而昌始归。文帝使侯安都往迎，而溺之于江（事见《南史》）。本纪但书衡阳王昌薨，昌传及侯安都传俱云济江中流，船坏溺薨，绝不见有被害之迹。宣帝既废废帝伯宗而自立，与伯宗同居弟始兴王伯茂，出就第，宣帝遣盗殒之于途。今《伯茂传》中但为路遇盗，殒于车中，隐约其词，不著被害之迹。未免回护过甚，没去事实真相矣。

（二）列传三十，其中汇传有五：

《皇后》　　《宗室》　　《孝行》　　《儒林》　　《文学》

例目一仍前史，有减无增。至列传中，亦时见回护失实之处。如刘师知为陈武害梁敬帝，入宫诱帝出，帝觉之，绕床而走曰："师知卖我，陈霸先反，我本不须作天子，何意见杀？"师知执帝衣，行事者加刃焉（事见《南史》）。乃《陈书·师知传》无一字及之。此等弑逆大事，何得曲为之讳？反于其传中叙议礼事，以见其议礼之独精，曲为回护。又如虞寄本梁臣，未仕于陈，又无特立独行可称，本可不为之立传，徒因思廉父子与刘师知及寄兄荔同官于陈，入隋又与荔之子世基、世南同仕，遂多所殉〔徇〕情，而为之立佳传，有愧直笔。又《陈书》为奉敕撰，不同私修，故不用序传之例，乃仿萧子显为父豫章王嶷立传之例，另立一传，长三千余字，凡生平行事，名流褒奖，朝廷优礼，一一叙入。自古子为父立传，列入正史者，惟萧齐、姚陈二书，若司马迁、班固、沈约作史，皆以其父入序传中。《四库提要》论之曰："《陈书·姚察传》见二十七传，载其撰梁、陈二史甚详。是书为奉诏所修，不同私撰，故不用序传之例，无庸以变古为嫌。惟察，陈亡入隋，为秘书丞，北绛郡开国公，与同时江总、袁宪诸人，并稽〔稽首〕新朝，历践华秩，而仍列传于《陈书》，揆以史例，失断限矣！"斯论精当。然贞观修撰《隋书》，思廉未预其事，恐淹没父志，故传于《陈书》，虽云孝子之用心，究非史例。

总之，《陈书》除二卷、三卷为察所撰外，余则系思廉所修。今读其列传，体例秩然，出于一手，不似《梁书》之参差，取去亦有可称者。

《陈书》无表，万斯同《历代史表》补之者，有《陈诸王世表》、《陈将相大臣年表》、《陈方镇年表》。

三 《陈书》避讳特多

论《陈书》者，杭世骏《诸史然疑》云："南丰先生上《陈书》目录表云：察等之为此书，历三世，传父子，更数十岁而后成。以予核其体例，思廉固未可以称良史才也。沈君公不当附沈后，当附《君理传》。欧阳纥不当附頠，当次《华皎等传》。徐孝先不当附陵，当入《孝行传》。沈客卿、施文庆当附江总，总不得与姚察同传。任忠以死奉卫言，犹未入于耳，遽出降擒虎军，又引擒虎入南掖门，乃指之樊猛、鲁广达之间，为不类矣。又徐陵致书于杨培、傅縡著论以明道，一则梁代之旧章，一则弘明之余习，只溢篇章，无关国宪。矧徐集既已单行，传论未为渊妙，概从刊落，史例乃严。"

《诸史然疑》云："深宁王先生云：'陈无淮、无荆襄、无蜀，而立国三十二年，江左尚有人也。夷考陈世，高宗百战而百克，后主一战而即擒，岂异人任，庙算失也。隋军济江，鲁广达、萧摩诃、任忠、樊毅诸人，南北支离，未战辄溃，使贺、韩之众，不血刃而入台，有侥幸焉，固非其战之力矣。陈廷之上，居槐衮者，无纳牖之忠；秉麾钺者，鲜结缨之节。上书极谏，乃一二冗散之傅縡、章华，然犹不免悻悻焉；力战而死，又仅仅一队主之杨孝辩父子。主忧臣辱，主辱臣死，陈之所谓柄臣、世臣者，不闻有一人可以挂于忠义之传。呜呼！陈可谓无人矣！'深宁之论，原其始造也。"按：此论虽述陈亡之原，然亦可与《陈书》纪传参互稽考，故并录于此，非仅示鉴戒也。

总之，《陈书》编次，不循《梁书》之例，伦序秩然，言亦精当。然避讳处太多，事实多所忽略，委曲回护，尤所不免。岂多本父察原本，或深受其父影响，因察曾官于陈，遇事不忍直书，思廉审知父意，不敢多所改订耶？

第十章 《魏 书》

一 魏收其人及《魏书》之修撰、缺补

《魏书》一百三十卷，北齐魏收撰。收字伯起，年十五，能属文。在魏除太子博士，节闵帝立，以北主客郎中召试，下笔便就，与温子昇、邢劭齐誉，世称"三才"。高欢召赴晋阳，以为中外府主簿。高澄深重其才，及齐受禅，诏册皆出收手，除中书令，仍兼著作郎。寻诏令专撰《魏史》，收于是博访百家谱状，兼采朝野遗闻轶事，包举一代始终，勒成《魏书》。

收性颇急，夙有怨者，多没其善，每言"何物小子，敢与魏收作色"，举之则使上天，抑之则使入地，遇当途贵游，每以颜色相悦，昔在洛阳，轻薄尤甚，人号"惊蝴蝶"。收虽以文才显，然性偏急，故其书表上，时论见其党齐毁魏，褒贬肆情，众怨沸腾，有"秽史"之号。收以《魏史》招众怨咎，齐亡之岁，盗发其塚，弃骨于外。刘知几《史通》论之谓："生绝儿嗣，死逢剖斲，皆阴匿〔慝〕所致。"后之论者，每对此书讥评过甚，盖多因其人而发此论也。

魏收《魏书》于齐文宣天保二年，被诏纂修，又有预修者多人。收所取史官，本欲才不逮己，故预修人员，如房延祐、辛元植、刁柔、裴昂之、高孝幹等，皆不谙纂述。其三十五例，二十五序，九十四论，前后二表、一启，咸出于收。五年，表上之。

故《魏书》虽受命时君，且有多人为助，开唐初设局修史之先声，然收撰此书，实未多假众手，奋笔一室，究与唐以后设局纂修之史不同，其实与私撰无异。

收修《魏书》，亦有所本。初，道武帝诏史官邓渊著《国纪》十余卷，太武帝又诏崔浩撰《国书》三十卷，皆用编年体。孝文帝太和中，诏李彪、崔光改作纪传，始立纪、传、表、志之目。宣武帝时，邢峦撰《高祖起居注》，崔鸿、王遵业补续，下逮明帝。其后温子昇作《庄帝纪》三卷，济阴王晖业撰《辨宗室录》三十卷。此收书所本。

收于修《魏书》既成之后，悉焚崔、李旧书，又以党齐毁魏，褒贬肆情，时论以为不平。文宣命收于尚书省，与诸家子孙诉讼者百余人评论，收始亦辩答，后不能抗。范阳卢斐、顿丘李庶、太原王松年，并坐谤史，受鞭配甲坊，有致死者，众口沸腾。时仆射杨愔、高正德，收皆为其家作佳传，二人深党助之，抑塞诉辞，不复重论，书亦未颁行。此收书初成之原本。孝昭皇建中，命收更加审核，颇有改正。收请写二本：一送并省，一付邺下，欲转录者听之。群臣竞攻其失。时《魏书》遂行，此为初改本。武成帝又诏敕更正，遂为卢同立传，先特为崔绰立传，至时绰反附书，而《杨愔传》又加"有魏以来，一家而已"八字。此为收再改本。后主纬天统五年，以魏收为尚书右仆射。武平四年，又诏史馆更撰《魏书》。按《魏书》李纬改作李系，盖以后主讳纬，故避之。则知后主时又经修改，此为第三次改本。然则收书前后已四易稿，尚不免芜杂秽史之称，信乎作史之难。

隋文帝以收书不实，平绘《中兴书》叙事不伦，令魏澹、颜之推、章德源更撰《魏书》九十二卷，以西魏为上，东魏为偏，义例简要，大矫《收魏》之失。文帝善之。炀帝以澹书犹未尽善，更敕杨素、潘微、褚亮、欧阳询，别修《魏书》，未成而素卒。唐高祖武德五年，诏侍中陈叔达等十七人，分撰后魏、北齐、周、隋、梁、陈六代史，历年不成。太宗初，从秘书奏，罢修《魏书》，止撰五代史。高宗时，魏澹孙同州刺史克己，续十志十五卷，另附魏之本纪。《唐书·艺文志》又有张太素《后魏书》一百卷。今皆不传，故称"魏史"者，惟以魏收《书》为主。

《魏书》旧一百三十卷，宋刘恕、范祖禹等校定时，其《序录》已有"亡逸不完者无虑三十卷，今各疏于逐篇之末"之语。《四库提要》谓"实缺二十九传，然其据何书以补缺，则恕等未言"。兹录其缺篇如下：

一、《太宗明元帝纪》（第三，陈振孙《书录题解》引《中兴书目》谓收书阙《太宗纪》，以魏澹书补之。高似孙《史略》亦同。惟《魏书考证》谓后人补以《北史》，《陔馀丛考》谓书法与《澹传》所载体例不合，较之《北史》，亦不相同，则此卷亦难确指为非收原本。）

二、《孝静帝纪》（第十二，取《北史》及其他各书补入。）

三、《后妃传》（第十三，《四库提要》谓取澹书补之。）

四、《神元平文诸帝子孙传》（第十四）

五、《昭成子孙传》（第十五，后人取《北史》补入。）

六、《明元六王传》（第十七，后人取《北史》补入。）

七、《太武五王列传》（第十八）

八、《景穆十二王传》上（第十九，后人取《北史》补入）

九、《文成五王传》（第二十）

十、《孝文五王传》（第二十二）

十一、《长孙嵩长孙道生列传》（第二十五）

十二、《王洛儿车路头等列传》（第三十四）

十三、《綦俊山伟等列传》（第八十一）

十四、《李琰之祖莹常景列传》（第八十二）

十五、《外戚列传》上（第八十三上）

十六、《外戚列传》下（第八十三下）

十七、《儒林列传》（第八十四）

十八、《文苑列传》（第八十五）

十九、《孝感列传》（第八十六）

二十、《节义列传》（第八十七）

廿一、《酷吏列传》（第八十九）

廿二、《艺术列传》（第九十一不全）

廿三、《列女列传》（第九十二不全）

廿四、《氏杨难启等列传》（第一百一）

廿五、《西域列传》（第一百二）

廿六、《蠕蠕等列传》（第一百三）

廿七、《序传》（第一百四）

廿八、《天象》一之三（第一百五）

廿九、《天象》一之四（第一百五）

　　以上阙者三十六卷，不全者三卷。《四库提要》云："陈振孙《书录解题》引《中兴书目》谓收书阙《太宗纪》，以魏澹书补之；《志》阙《天文》二卷，以张太素书补之。又谓澹、太素之书既亡，惟此纪、志独存，不知何据，是振孙亦疑未能定也。今考《太平御览》，《皇王部》所载《后魏书·帝纪》，多取魏收书，而芟其字句重复，《太宗纪》亦与今本首尾符合，其中转增多数语。夫《御览》引诸史之文，有删无增，而此纪独异，其为收书之原本欤？抑补缀者取魏澹书而间有节损欤？然《御览》所取《后魏书》，实不专取一家，如此书卷十二，《孝静帝纪》亡，后人所补，而《御览》所载《孝静纪》，与此书体例绝殊。又有西魏《孝武纪》、《文帝纪》、《废帝纪》、《恭帝纪》，则疑其取诸魏

澹书。又此书传十三《皇后传》亡，亦后人所补；今以《御览》
相校，则字句多同，惟中有删节，而末附西魏五后，当亦取澹书
以足成之。盖澹书至宋初，尚不止仅存一卷，故为补缀者取资。
至澹书亦缺，始取《北史》补之。故《崇文总目》谓魏澹《魏
史》，李延寿《北史》，与收书相乱，卷第殊乖，是宋初已不能辩
定矣。惟所补《天文志》二卷，为唐太宗避讳，可见为唐人书无
疑义耳。"

二　《魏书》卷帙与志目新创

《魏书》一百三十卷，计帝纪十二，列传九十二，志十。诸
史表志均在传前，《魏书》则志居传后，此排列异于他书者。

（一）**帝纪十二，为卷十四：**

　　（1）《序纪》　　　　　　　　（2）《太祖道武帝》

　　（3）《太宗明元帝》

　　（4）上《世祖太武帝》、下《恭宗景皇帝》

　　（5）《高宗文成帝》　　　　　（6）《显祖献文帝》

　　（7）《高祖孝文帝》（二卷）　（8）《世宗宣武帝》

　　（9）《肃宗孝明帝》　　　　　（10）《敬宗孝庄帝》

　　（11）《前废帝长广王、后废帝（节闵帝）、出帝平阳王
（孝武帝）》

　　（12）《孝静帝》

魏系出鲜卑，姓拓拔氏，旧居汉北。自道武开国，太武统一
北方，至孝文帝由燕迁都洛阳，再传至孝明帝母胡太后临朝，酖
死孝明，尔朱荣起兵沉太后于河，立孝庄帝，帝以荣骄横，手杀
之，尔朱兆复杀帝，立长广王煜，煜复禅位于广陵王恭，是为节

闵帝。高欢起兵讨尔朱氏，废节闵而立平阳王修，是为孝武帝。帝畏逼，走依关西宇文泰，旋殂。宇文泰立其孙宝炬文帝，是为西魏；高欢别立孝静帝于邺，是为东魏。后东魏为北齐所篡，西魏为北周所篡，而又均为隋并。魏收在北齐修《魏书》，欲以齐继魏为正统，故自孝武后，即以东魏孝静帝继之，孝武后之文帝、废帝、恭帝均不复作纪。故今之《魏书》，乃魏及东魏之史，而魏又缺三帝，即文帝、废帝、恭帝，计二十三年。兹列表以明之：

$$魏 \underset{149}{\Bigg\{} \begin{array}{l} \overset{23}{\text{西魏（文帝—废帝—恭帝）}} \cdots\cdots \text{北周} \\ \overset{17}{\text{东魏（孝敬帝）}} \cdots\cdots\cdots\cdots\cdots \text{北齐} \end{array} \Bigg\} 隋$$

《魏书》于帝纪之前，别立《序纪》，记其先世，远溯至二十七代有名"毛"者，拓拔珪称帝后，悉追尊为帝，即自成帝（毛）至成昭帝廿七君。盖道武以前，既不宜记，又不宜传，故创此例。较《晋书》列司马懿及师、昭为帝纪之例，实为允当，不观刘知几曾讥《史记》之失矣，所谓"位终北面，一概人臣，追加大号，止入传限"也。

（二）列传九十二，为卷九十六，其中《景穆十二王传》分上中下三卷，《献文六王传》分二卷，《外戚传》亦分二卷。

汇卷〔传〕则有：

《后妃》	《外戚》（上下二卷）	《儒林》	《文苑》
《孝感》	《节义》	《良吏》	《酷吏》
《逸士》	《艺术》	《列女》	《恩倖》
《阉官》			

例目无新创者，仅改《孝行》为《孝感》，《忠义》为《节

义》，《隐逸》为《逸士》，《宦者》为《阉官》，多名异而实同。
其刘聪、石勒、宋、齐、梁、陈俱入《外国传》，自列传八十三
至九十一，计九卷，在各传之上，又多冠以种名，且含鄙视之
意。如：

　　《列传》八十三　匈奴刘聪　羝胡石勒

　　《列传》八十四　僭晋司马叡（晋元帝）　李雄

　　《列传》八十五　岛夷桓玄　海夷冯跋　岛夷刘裕

　　《列传》八十六　岛夷萧道成　岛夷萧衍

　　传中称晋为僭伪，故对东晋元帝之即位，称"司马叡僭大号
于江南"，他如刘聪、石勒之辈，更无论矣。至对南朝各帝，一
律斥之为"岛夷"。再，南北朝通使，公然以上国自居，如登国
六年（道武年号），司马德宗（晋安帝）遣使朝贡等是。

　　（三）志十，为卷二十，其目如下：

　　《天象》（一——四四卷）　　《地形》（上中下三卷）

　　《律历》（上下二卷）　　　　《礼》（一——四四卷）

　　《乐》（一卷）　　　　　　　《食货》（一卷）

　　《刑罚》（一卷）　　　　　　《灵征》（上下）

　　《官氏》（一卷）　　　　　　《释老》（一卷）

　　按：《魏书》纪、传先成，于五年三月奏上之。是年秋，收
除梁州刺史，以志未成，奏请终业，许之；十一月，复奏上十
志，是志出于续成，故列在传后。又《序传》谓《礼》《乐》四
卷，《官氏》二卷，则志仅九。今考之志文，则《礼志》四卷，
《乐志》一卷，《官氏志》仅一卷，于序传不符，想系序传之文有
误。

　　志目新创者，有《官氏》、《释老》二志，余则改《天文》为
《天象》，《地理》为《地形》，《祥瑞》为《灵征》，余均相同。

《官氏志》本于蔚宗之志《百官》，《魏书》改为《官氏》，前列官制，后列氏族，仍详于官而略于氏。《释老志》盖因魏晋以后，释教盛行，特记佛氏之盛衰，朝制之崇抑，以及名僧道士，亦可以觇教化。

补志者，有清温曰鉴《魏书地形志考证》十卷，清《魏书礼志校补》，清陈毅有《魏书官氏志疏证》，近人谷霁光有《补魏书兵志》。

《魏书》无表，万斯同《历代史表》补之者有：《魏诸王世表》、《异姓诸王世表》、《外戚诸王世表》、《魏将相大臣年表》、《西魏将相大臣年表》、《东魏将相大臣年表》。另吴廷燮有《元魏方镇年表》、《西魏方镇年表》、《东魏方镇年表》。

三　《魏书》曾被目以"秽史"

论《魏书》者，多以"秽史"目之。刘知几《史通》论之曰："收诌齐氏，于魏室多不平，既党北朝，又厚诬江左。性憎胜己，喜念旧恶，甲门盛德，与之有怨者，莫不被以丑言，没其善事。"至诌齐之处，因收仕于北齐，而修史又在齐文宣时，故凡涉齐神武在魏朝时事，必曲为回护，有失是非之公。又孝武西迁为西魏，神武立孝静帝为东魏，对西魏之君臣，率多贬词，更以正统与东魏，为齐篡魏之张本。而西魏三帝，不复立纪。魏澹作《魏书》以西魏为正统，自是正论，惜其书不传。《魏书》亦不得谓为完书，其厚诬江左之处，如称东晋为僭伪，称南朝为岛夷，其褒贬肆情，亦于此可见。又于《后妃传》内载孝静帝后高氏，本神武之女，文宣之妹，书帝崩后下嫁杨遵彦，一似略无忌讳，盖欲藉此诌附遵彦，见联姻帝室之荣。史家惯例，书名不书字，遵彦为杨愔之字，亦可见其诌愔而不敢书名。

　　赵翼《陔馀丛考》论"《魏书》最为芜冗,尤可厌者,一人立传,则其子孙不论有官无官,有功绩无功绩,皆附缀于后,有至数十人者。如《陆俟传》载其子孙馥、季等十六七人,《李顺传》载其子孙敦式等二十余人,以及卢元、李灵、崔逞、封彝,皆载其子孙宗族数十人,一似代人作家谱者。所载之人,别无可记,但叙其官阀一二语而已,则又何必多费笔墨耶。当时陆操尝病其叙诸家枝叶姻亲,过为繁碎,魏收谓因中原丧乱,谱牒遗亡,是以具书支派。此虽见其采辑之本意,而不尽然也。盖传中诸人,子孙多与收同时,收特以此周旋耳"。其言甚当。又考其附传之人,不仅子孙宗族,亦有附传人之祖或父者,如《裴叔业传》,更将异姓多人,附于一人传后,间有异姓人之附传,复附其妻或宗族者,芜累滋蔓,可谓极矣。《北齐书·魏收传》谓收修史时,凡同修者,祖宗姻戚,多被书录,饰以美言。以国史为人情之工具,亦可见其用心。

　　《四库提要》则为其张目,其言曰:"今以收传考之,如云收尔朱荣千金,故减其恶。其实荣之凶悖,收未尝不书于册。至论中所云,若修德义之风,则韩、彭、伊、霍,夫何作数,反言见意,正史家之微词;指以虚褒,似未达其文义。又云杨愔、高德正势倾朝野,收遂为其家作传;其预修国史,得杨休之之助,因为休之父固作佳传。案愔之先世,为杨椿、杨津,德正之先世,为高允、高祐,椿、津之孝友亮节,允之名德,祐之好学,实为魏代闻人,宁能以其门祚方昌,遂引嫌不录。况《北史·杨固传》称,固以讥切聚敛,为王显所嫉,因奏固剩请米麦,免固官、从征硖石,李平奇固勇敢,军中大事悉与谋之,不云固以贪虐,先为李平所弹也。李延寿书作于唐代,岂亦媚杨休之乎?又云卢同位至仪同,功业显著,不为立传;崔绰位至功曹,本无事迹,乃为首传。夫卢同希元义之旨,多所诛戮,后又以党罢官,不得云'功业显著'；绰以卑秩见重于高元，称其道德，固当为传'独行'者所不遗。观卢文诉辞，徒以父位仪同，绰仅功曹，较量官秩之崇卑，争专传、附传之荣辱，是亦未作服收也。盖收恃才轻薄，有'惊蛱蝶'之称，其德望本不足以服众；又魏、齐世近，著名史籍者，并有子孙，孰不欲显荣其祖父？既不能一一如志，遂哗然群起而攻。平心而论，人非南、董，岂信其一字无私？但互考诸书，证其所著，亦未甚远于是非，'秽史'之说，无乃已甚之辞乎？李延寿修《北史》，多见馆中坠简，参合异同，每以收书为据，其为收传论云：'勒成魏籍，婉而有章，繁而不芜，志存实录。'其必有所见矣！今魏澹等之书俱佚，而收书终列于正史，殆亦恩怨并尽，而后是非乃明欤？收叙事详赡而条例未密，多为魏澹所驳正，《北史》不取澹书，而《澹传》存其叙例，绝不为掩其所短，则公论也。"

由上所论，多党魏之言。夫尔朱荣之悖逆横肆，睥睨宸极，沉太后于河，河阴之变，逞凶滥杀，已罪不容诛，作史者正当口诛笔伐，而收书则多著其功而减其恶，犹冀其修德义之风，免为韩、彭、伊、霍，无乃不伦？此非史家微词见意之旨，实舞文曲笔之尤。《魏书》初出，诸家子孙诉者百余人。若为魏、齐世近，子孙熟不欲显荣其祖父，则陈寿修《三国志》于晋，姚思廉父子修《梁、陈书》于隋唐，未闻有子孙出而诉讼，论是非者。记载失平，众口喧然，有由来也。魏收修《魏书》于北齐，其时各家著述繁多，卷帙具在，足资采辑；及书既成，尽焚旧书，于是收书独行。魏澹作《魏书》，除收书外，亦无资料可供采择，仅能就其书而正其义例之失；殆延寿修《北史》时，魏澹之书尚存，已无新资料可供采择，故虽参合同异，仍觉收书"繁而不芜"。至收书终列正史，似非因"恩怨并尽，而后是非乃明"，实因各家旧书尽被焚毁，澹书义例虽精，而材料则缺，此收书之所以独存也。作史者首重心术，心术不正，或有所蔽，或有所私，则爱憎冰炭，抑扬低昂之间，更难得是非之平，可不慎乎！谓为"秽史"，亦非无因。

魏澹作《魏书》，以正收《魏书》义例之失，惜其书不传。有清中叶，谢蕴山氏另撰《西魏书》，以次于《魏书》之后，不仅得史裁之正，且使《魏史》成完书，苦心斟酌，考核慎审。惜因断限之论，将身为魏臣而曾仕周者，概从刊削，如"八柱国"内少李弼、独孤信、赵贵、侯莫、陈崇，十二大将军内少陈顺、宇文遵、达奚武、李远、豆卢宁、宇文贵、杨忠、王雄等，故列传尚不免遗漏，似应补入其《魏书》，载其臣魏事迹；至入周后事迹，《周书》本有传，固不妨并存也。

第十一章　《北齐书》

一　李百药奉敕修撰《北齐书》

《北齐书》五十卷，唐李百药奉敕撰。百药字重规，安平人，隋内史令德林之子也。七岁能属文，号奇童。初仕隋，后归唐，太宗重其才，拜中书舍人，受诏修定五礼及律令，旋于贞观元年（627 年）奉敕撰《齐书》，十年《齐史》成，加散骑常侍。百药性疏脱，有孝行，好奖掖后进，得俸禄与亲党共之。翰藻沉郁，尤长于诗。其修《齐史》，为继承父业。卒年八十四。

初，《齐史》在齐代已有撰述。入隋后，秘书监王劭及其父德林，均有成书。刘知几《史通》已详言之，其言曰：

> 高齐史，天统初，太常少卿祖孝徵述献武起居，名曰《黄初传天录》。时中书侍郎陆元规常从文宣征讨，著《皇帝实录》，唯记行师，不载他事。自武平后，史官杨休之、杜台卿、祖崇儒、崔之发等，相继注记。逮于齐灭，隋秘书监王劭，内史令李德林，并少仕邺中，多识故事。王乃凭述起居注，广以异闻，造编年书，号曰《齐志》，十有六卷。李在齐预修国史，创纪传书二十七卷，至开皇初奉诏续撰，增多《齐史》三十八篇，以上送官，藏之秘府。皇家贞观初，敕其子中书舍人百药，仍其旧录，杂采他书，演为五十卷，今之言《齐史》者，唯王、李二家云。

是则百药之修《齐书》为继承父业,传其家学。

二 今《北齐书》杂取《北史》等书成帙

《北齐书》五十卷,自北宋以后,渐就散佚,故宋晁公武《郡斋读书志》称其残缺不完。《四库提要》云:《北齐书》"大致仿《后汉书》之体,卷后各系论赞。然其书自北宋以后,渐就散佚,故晁公武《读书志》已称残缺不完。今所行本,盖后人杂取《北史》等书以补亡,非旧帙矣。"今据《四库提要》及王鸣盛、钱大昕及赵翼等考证,列论如下:

一、《神武纪》 与《北史》同。

二、《文襄纪》 《十七史商榷》云:"《文襄帝澄纪》卷末跋云:'臣等详《文襄纪》,其首与《北史》同,而末多出于东魏《孝静纪》,其间与侯景往复书,见《梁书·景传》,其所序列,尤无伦次,盖杂取之以成书,非正史也。'愚考此跋,不知何人之语,既称'臣等',则必宋仁宗时校书官也。"

三、《文宣纪》 《十七史商榷》云:"《文宣帝洋纪》九锡文,册文,即位告天文,大赦改元诏文,皆全载。《北史》无之,而其余亦多不同。后半篇述洋淫凶惨虐之行,则《北史》甚详,而《北齐书》无之,盖李百药因旧史讳之,可见彼是原文。"

四、《废帝纪》 与《北史》同。

五、《孝昭纪》 与《北史》同。《陔馀丛考》云:"《文宣纪》后一论,《孝昭纪》后亦一论,而《孝昭论》前半篇仍是《文宣论》。核之《北史》文宣、孝昭总论,则一字不差,盖《北齐书·孝昭纪》与论俱亡,后人遂取《北史》内《孝昭纪论》补之,而论内又未删取文宣半篇,以致两卷之间,文宣论复出也。"

六、《武成纪》　与《北史》同。

七、《后主纪》　与《北史》同。

七纪八卷中，除《文宣纪》为百药原文外，余纪皆延寿《北史》之文，惟《文襄纪》下半篇杂取诸文，故提要有"杳集冗杂"之论。

《北齐书》仿《后汉》之例，卷后各系论赞，论称"史臣曰"，故传后有无论赞，可定为是否百药原书。今列传四十二卷中，可括为四类，即一为论赞皆备，一为论赞俱无，一为有论无赞，一为有赞无论。

一、论赞皆备者，计十七篇，为百药原书。兹列目如下：

（1）（卷十三　列传第五）赵郡王琛等

（2）（卷十六　列传第八）段荣

（3）（卷十七　列传第九）斛律金

（4）（卷十八　列传第十）孙腾等

（5）（卷十九　列传十一）贺拔允等

（6）（卷二十　列传十二）张琼等

（7）（卷二十一　列传十三）高乾等

（8）（卷二十二　列传十四）李元忠等

（9）（卷二十三　列传十五）魏兰根等

（10）（卷二十四　列传十六）孙搴等

（11）（卷二十五　列传十七）张纂等

（12）（卷四十一　列传卅三）暴显等

（13）（卷四十二　列传卅四）阳斐等

（14）（卷四十三　列传卅五）李稚廉等

（15）（卷四十四 列传卅六）儒林传

（16）（卷四十七 列传卅七）文苑传

（17）（卷五十 列传四十二）恩倖传

二、论赞俱无者，计十九篇，仅列卷传名如下：

（1）卷九 列传一

（2）卷十 列传二

（3）卷十一 列传三

（4）卷十四 列传六

（5）卷十五 列传七

（6）卷二十六 列传十八

（7）卷二十七 列传十九

（8）卷二十九 列传廿一

（9）卷三十 列传廿二

（10）卷三十一 列传廿三

（11）卷三十二 列传廿四

（12）卷三十三 列传廿五

（13）卷三十四 列传廿六

（14）卷三十五 列传廿七

（15）卷三十六 列传廿八

（16）卷三十七 列传廿九

（17）卷三十八 列传卅

（18）卷三十九 列传卅一

（19）卷四十 列传卅二

以上各篇论赞俱无，全取《北史》补阙，惟列传十八、列传十九、列传二十一、列传二十二、列传四十等五篇，文与《北史》异。其无论赞而有序者为：

（1）（卷四十六　　列传卅八）循吏

（2）（卷四十九　　列传卅九）酷吏

（3）（卷四十八　　列传四十）外戚

（4）（卷四十九　　列传四十一）方伎

以上各卷，文亦与《北史》异，大抵后人取高氏《小史》补之。

三、有论无赞者，计一卷：

（1）（卷十二　　列传四）文宣四王传

四、有赞无论者一卷，即：

（2）（卷廿八　　列传廿）元坦等

三　《北齐书》卷帙及其残缺不完之因

《北齐书》五十卷，为本纪八卷，列传四十二卷：

（一）本纪八卷：

《神武纪》（上下二卷）　　《文襄纪》（一卷）

《文宣纪》（一卷）　　　　《废帝纪》（一卷）

《孝昭纪》（一卷）　　　　《武成纪》（一卷）

《后主纪》（一卷）

卷八而纪实有七，各纪残阙情形，已详前节。

溯自北魏分裂东、西魏以后，东魏政柄，入于高欢。欢死，其子洋嗣，遂于梁简文帝天宝元年（550 年），废孝静帝而自立为皇帝，国号北齐，仍都邺，是为北齐文宣帝。凡五传，至后主，亡于北周，享国二十七年。

神武、文襄，虽权极一时，然未登大位，亦为作纪，按之史例，实有未合。此议前已论之，故杭世骏《诸史然疑》云：

> 文襄后虽追崇立庙，魏孝静帝尚在，不得作本纪也。后人以《北史》及魏、梁两《书》杂凑成篇，殊乖史体，然当作传，冠于诸王之前。

（二）列传四十二，其中汇传有七，计：

《儒林》 《文苑》 《循吏》 《酷吏》

《外戚》 《方伎》 《恩倖》

例目仍旧，无新创者。

《北齐书》无表，万斯同《历代史表》补之者有：《北齐诸王世表》、《异姓诸王世表》、《将相大臣年表》，吴廷燮有《方镇年表》。

按：《北齐书》今已亡阙大半，后人取《北史》及其他各书补之，是故揉杂，刊削未尽，及牴牾避讳，体例不一之处，在所难免。自《北史》行后，此书已不为人所注意。杭世骏《诸史然疑》虽称百药"文章之工，语多妆点"，然因其残缺不完，又以高齐享国日短，朝廷纲纪废弛，宫闱淫乱，声教文物，亦殊少可记者，故论者少之。《四库提要》曰："北齐立国本浅，文宣以后，纲纪废弛，兵事倮扰，既不及后魏之整饬疆宇，复不及后周之修明法制。其倚任为国者，亦鲜始终贞亮之士，均无奇功伟节，资史笔之发挥，观《儒林》、《文苑》，去其已见《魏书》及《周书》者，寥寥数人，聊以取盈卷帙。是其文章萎茶，节目丛脞，固由于史材、史学之不及古人，要亦其时为之也。然一代兴亡，当有专史，典章之沿革，政事之得失，人材之优劣，于是乎有征焉，未斯非后来者之鉴也。"

按：北齐立国仅二十七年，人材寥落，事功不显，《四库提要》论之允矣！加以《北齐书》残阙不完，仅聊备文献之征云耳。

第十二章 《周 书》

一 令狐德棻倡议修史并主修《周书》

《周书》五十卷，唐令狐德棻撰。德棻，宜州华原人。博涉文史，早岁知名。高祖时为秘书丞，后迁秘书侍郎，兼领国史，累迁国子祭酒。国家凡有修撰，无不参预。

初，与侍中陈叔达受诏撰《艺文类聚》，德棻更从容言与高祖曰："近代以来，多无正史，梁、陈及齐犹有文籍，更周、隋遭大业离乱，多有遗阙。今耳目犹接，尚有可凭；如更数十年，恐事迹湮没。陛下既受禅于隋，复承周氏，历数国家二祖功业，并在周时。如文史不存，何以贻今鉴古？如臣愚见，请并修之。"故唐初各正史之修撰，其议自德棻发之。后专主修《周书》，岑文本等助之，十年史成。晚年著述尤勤。卒年八十四（583—666年）。

《周书》以前，撰宇文《周史》者，在周有秘书丞柳虬兼领著作，在隋则有秘书监牛宏追撰《周纪》十有八篇，盖亦为德棻修书时所参考。

今按《周书》颇多残阙，《四库提要》论析颇精，其言曰："晁公武《读书志》称宋仁宗时，出太清楼本，合史馆秘阁本，又募天下书，而取夏竦、李贤家本，下馆阁是正其文字。其后林希、王安国上之。是北宋重校，尚不云有所散佚。今考其书，则残阙殊甚，多取《北史》以补亡，又多有所窜乱，而皆不标其所移掇者何卷，所改者何篇，遂与德棻原书混淆莫辨。今案其文义，粗寻梗概，则二十五卷（《李贤传》），二十六卷（《长孙绘》等传），三十一卷（《韦孝宽》等传），三十二卷（《申徽》等传），三十三卷（《库狄峙》等传），俱传后无论，其传文多同《北史》。惟更易《北史》之称'周文'者为'太祖'，《韦孝宽传》连书'周文'、'周孝闵帝'则更异尚有未尽。至《王庆传》，连书'大象元年'、'开皇元年'，不言其自周入隋，尤剿取《北史》之显证矣。又如《韦孝宽传》末，删《北史》'见夐'二字，则《韦夐传》中所云与孝宽并马者，事无根据；《卢辨传》中删去其事节闵帝事，则传中所云及帝入关者，语不可晓。是皆率意刊削，遂成疏漏。至于遗文脱简，前后叠出，又不能悉为补缀。盖名为德棻之书，实不尽出德棻；名为移掇李延寿之书，亦不尽出延寿，特大体未改而已。"

二　《周书》之卷帙、内容

《周书》五十卷，本纪八卷，列传四十二卷，缺志表。

（一）本纪八卷：

《文帝纪》（上下二卷）	《孝闵帝纪》（一卷）
《明帝纪》（一卷）	《武帝纪》（上下二卷）
《宣帝纪》（一卷）	《静帝纪》（一卷）

北周国统，始自孝闵，下逮静帝亡国，共五主，二十六年。然闵帝之父文帝宇文泰，在魏专政，政治修明，法制完备，颇有可观，故帝纪长至二卷；余则惟武帝修明政事，东灭北齐，国势称强耳。至宇文泰，虽功业勋绩彪炳，揆以史例，不宜称"纪"，

义同前史所论。

（二）列传中汇传有五：

《皇后》　　　　　《儒林》　　　　　　　《孝义》

《艺术》　　　　　《异域》（二卷）

例目无新创者。《儒林传》仅沈重等六人，凡终于隋之中年者，概不录。沈重尤淹博，通六经诸子，旁及百家、九流、释老，为一代儒宗。《孝义传》李棠、柳桧等八人，二人皆临危死节，然桧恩隆加等，棠礼阙饰终，论者谓有周之政，于是乎偏矣。《艺术传》仅冀儁等九人。《异域传》分上、下二卷，上卷传高丽、百济等国，下卷传突厥、吐谷浑及西域诸国，远及波斯，记其朝聘往来；至道路远近，物产风俗，阙焉。

《梁书》不为萧詧立传，《周书》传之，盖以詧据有全楚，称藩内款，土宇虽殊旧邦，位号犹同曩日，且政治亦有可观者。故将有关二十六人，悉附传末，亦例之得者。

《北周书》无表，万斯同《历代史表》补之者有：《周诸王表》、《周公卿年表》。吴廷燮有《方镇年表》，清陈恕有《补北周公卿表》。

三　《周书》之评论

论《周书》者，刘知几《史通》颇有讥词，其言曰：“其书文而不实，雅而无检，真迹甚寡，客气尤烦。寻宇文初习华风，事由苏绰；至于军国词令，皆准《尚书》，太祖敕朝廷，他文悉准于此。盖史臣所纪，皆禀其规，柳虬之徒，从风而靡（靡）。案绰文虽去彼淫丽，存兹典实，而陷于矫枉过正之失，乖夫适洽随时之义，苟记言若是，则其谬逾多。爰及牛宏，弥尚儒雅，即其旧事，因而勒成，务累清言，罕逢佳句。而令狐不能别求他述，用广异闻，唯凭本书，重加润色，遂使周氏一代之史，多非实录者焉。"所言未免过甚，难谓笃论。

赵翼《陔馀丛考》称其叙事繁简得宜，文笔简劲，其言曰："后周时寰宇瓜分，列国鼎沸，北则有东魏、高齐，南则有梁、陈，迁革废兴，岁更月异，《周书》本纪一一书之，使阅者一览瞭然，此书法之最得者也。列传中……梁书萧詧无传，以其虽称帝三世，然皆从属于周、隋也。《周书》为詧立传，而以二十六人附于传末，亦见德棻位置之苦心。又书中剪裁颇净，如《赵贵等传》后，总叙八柱国、十二大将军，以见一代策勋之典；《苏绰传》载其六条诏书，及大诰全篇，以见一代创制之事。《宇文护传》载其母子相寄之书，千载下神情如见。《王褒传》载其寄《周宏让书》，《庾信传》载其《哀江南赋》，此二人皆以才著，故转存之，以见一般；非如宋、魏《书》之广辑芜词，以充卷帙也。"

《四库提要》亦称"德棻旁证简牍，意在摭实。故《元纬传》后，于元氏戚属事迹湮没者，犹考其名位，连缀附书，固不可概斥为疏略。《庾信传论》仿《宋书·谢灵运传》之体，推论六艺源流，于信独致微辞，良以当时俪偶相高，故有意于矫时之弊，亦可见其不专尚虚辞矣。"

德棻于唐时修史诸人中，号为博学，各史体例，均其所定，而又总纂诸史，独成《周书》；即李延寿之《南北史》，亦多所就正于德棻，盖非无实而仅有虚声者可比。惜其书残阙不全，遗文脱简，不可枚举。加以后周享国日浅，虽修明法制，间有足称，然寰宇鼎沸，文教人物，不能与盛世颉颃，故难展其史才耳。至若《皇后传》，每后必载其策立之文，而父子兄弟亦各为分卷，则取舍又不免失当，多费笔墨矣！

第十三章　《南　史》

一　李延寿踵父志修撰《南史》

《南史》八十卷，唐李延寿撰。延寿字遐龄，世居相州，大师子。贞观中，官御史台主簿，兼修国史。初，大师多识前世旧事，常以宋、齐、梁、陈、魏、齐、周、隋，天下参隔，称谓之间，互相轻侮，其史于本国详、他国略，往往誉美失实，思所以改正。拟《春秋》编年，刊〔勘？〕究《南、北史》，未成而没。延寿既数与论撰，所见益广，乃踵其父志，作《南北史》，综合八代，凡一百八十篇。其《北史》序传云：

> 大师少有著述之志……既所撰未毕，以为没齿之恨。子延寿与敬播俱在中书，侍郎颜师古、给事孔颖达下删削，既家有旧本，思欲追终先志，其齐、梁、陈、五代旧事所未见，因于编辑之暇，昼夜抄录之。至五年，以内忧去职，服阕，从官蜀中，以所得者编次之。然尚多所阙，未得终。十五年，仕东宫典膳丞，令狐德棻又启延寿修《晋书》，因兹复得勘究宋、齐、魏三代之事，所未得者。褚遂良奉敕修《隋书》十志，复准敕召延寿撰录，因此遍得披寻。《五代史》既未出，延寿不敢使人抄录；家素贫罄，又不办雇人书写，至于魏、齐、周、隋、宋、齐、梁、陈正史，并自手写。本纪依司马迁体，以次连缀之，又从此八代正史外，更

堪〔勘〕杂史，于正史所无者一千余卷，皆以编入，其烦冗者则削去之。始末修撰，凡十六载，始宋，凡八代，为《南史》、《北史》二书，合一百八十卷。其《南史》先写讫，以呈监国史国子祭酒令狐德棻，始末蒙读了，乖失者亦为改正，次以《北史》咨知，亦为详正。

其继父志而作史以及修撰始末，猎涉千有余卷，穷十六年之精力，奋笔一室，不假众手，此陈寿、范晔以后所仅见者。时人见其年少位卑，不甚称其书。迁符玺郎，兼修国史，又撰《太宗政典》。高宗观之，咨美直笔，赐帛褒之。卒在仪凤之末，约六十七岁。

二 《南史》为通史，少忌讳、多牵合

《南史》起宋永初元年，尽陈祯明三年，历宋、齐、梁、陈四代，一百七十年，为本纪十卷，列传七十卷。

（一）本纪十卷如下表：

《宋本纪》三卷（420—479）	卷一	武帝	刘裕	永初	彭城人，晋下邳太守，元熙二年篡位，在位三年，都建康。
		少帝	刘义符	景平	武帝太子，在位二年，为徐羡之所弑。
		文帝	刘义隆	元嘉	武帝三子，徐羡之等迎立，在位三十年，为太子劭所弑。
《宋本纪》三卷（420—479）	卷二	孝武帝	刘骏	孝建 天明	文帝第三子，诛弑逆嗣立，在位十一年。
		前废帝	刘子业	永光 景和	武帝太子，在位数月，为寿寂之所弑。

		明帝	刘彧	泰始　泰豫	文帝第十一子，在位八年。
《宋本纪》三卷 （420—479）	卷三	后废帝	刘昱	元徽	明帝子，在位五年，杨玉夫弑之。
		顺皇帝	刘准	昇平	明帝子，萧道成立之，在位三年，为齐篡，旋遇害。
《齐本纪》二卷 （479—502）	卷一	高帝	萧道成	建元	南兰陵人，仕宋，封齐王，旋篡，都建康，在位四年。
		武帝	萧赜	永明	高帝太子，在位十一年。
	卷二	郁林王	萧昭业	隆昌	武帝孙，在位数月，为西昌侯鸾所废。
		海陵王	萧昭文	延兴	郁林王弟，为鸾所立，旋废遇害。
		明帝	萧鸾	建武　永康	高帝从子，入嗣高祖，为第三子，在位五年。
		东昏侯	萧宝卷	永元	明帝太子，在位三年，张稷弑之。
		和帝	萧宝融	中兴	明帝子，在位年余，为梁篡，遇害。
《梁本纪》三卷 （502—557）	卷一 卷二	武帝	萧衍	天监　普通 大通　中大通 大同　中大同 大清	南兰陵人，始举兵攻东昏侯，和帝封梁王，寻篡，在位四十八年，为侯景幽弑，都建康。
《梁本纪》三卷 （502—557）	卷三	简文帝	萧纲	大宝	武帝三子，立为太子，在位二年，侯景废而弑之。
		元帝	萧绎	承圣	武帝七子，诛景即位于江陵，在位三年，降于西魏，遇害。
		敬帝	萧方智	绍泰　太平	元帝九子，在位三年，为陈篡，遇害。
《陈本纪》二卷 （557—589）	卷一	武帝	陈霸先	永定	吴兴人，梁末封陈王，旋篡，在位三年，都建康。
		文帝	陈蒨	天嘉　天康	武帝从子，在位七年。
		废帝	陈伯宗	光大	文帝太子，在位二年，安成王顼所废。
	卷二	宣帝	陈顼	太建	武帝从子，封安成王，废帝自立，在位十四年。
		后主	陈叔宝	至德　祯明	宣帝太子，降隋，封长城公。

《南史》为通史体裁，且修于唐初，对各朝革易之际，可据事直书，少所避讳。宋、齐、梁、陈各书，于革易之际，必历叙前朝帝王无道，或天禄永终。对新朝创业之主，详叙其功勋，进相国、封郡公、加九锡、封王、建天子旌旗，然后欣然禅位，仿佛唐、虞揖让重见于世，绝不见有篡夺迫弑之迹。如《宋书》载晋恭帝自愿禅位，宋武封晋帝为零陵王，令食一郡，载天子旌旗，永初二年，书零陵王薨，车驾三朝，率百官举哀于朝堂。一若恭帝之寿考令终，宋武之恩礼兼备。《南史》载零陵王被废后，方虑祸，自与褚妃煮食于床前，宋武使其妃兄褚淡之往视妃，妃出与相见，兵士即踰垣入，进药于王，王不肯饮，乃以被掩杀之。此外如萧道成使王敬则杀宋顺帝，陈武帝使刘师知杀梁敬帝事，如出一辙，《齐书》、《陈书》多为之讳，《南史》则据事直书，尤见生动。盖南朝四代三十四帝中，被弑害者十三帝，被废者二，得善终者九，《南史》据事直书，各书多所忌讳。断代为史，当王者贵，通史则无取于此也。

（二）**列传**七十卷，汇传则有：

《循吏》（一卷）　　《儒林》（一卷）　　《文学》（一卷）

《孝义》（二卷）　　《隐逸》（二卷）　　《恩倖》（二卷）

《夷狢》（二卷）　　《贼臣》（一卷）

《四库提要》论之曰："李延寿合累朝之书，勒为通史，发凡起例，宜归划一。今延寿于《循吏》、《儒林》、《隐逸传》，既递载四朝人物，而《文学》一传，乃因《宋书》不立此目，遂始于齐之邱灵鞠，岂宋无文学乎？《孝义传》搜缀湮落，以备阙文，而萧矫妻羊氏，卫敬瑜妻王氏，先后互载，男女无别，将谓史不当有《列女传》乎？况《北史》谓《周书》无《文苑传》，遂取列传中之庾信、王褒入于《文苑》，则宋之谢灵运、颜延之、何承天、裴松之诸人，何难移冠《文苑》之前？《北史》谓魏、隋有《列女传》，齐、周并无此篇，今又将赵氏、陈氏附备《列女》，则宛陵女子等十四人，何难取补列女之阙？书成一手，而例出两歧，实不可解。"

　　《南史》列传书法之失，有传一人，而其子孙皆附传内，此虽本《史记》世家之例，然列传各因其人之可传而传之，自不必及其后裔；间有父子祖孙各可传者，则牵连书之。《南史》则传一人，而牵连其子孙，并及子孙之仕于列朝者。故王鸣盛《十七史商榷》讥其以家为断限，而不以代为断限，此撰家乘，而非修国史也。其言曰："如褚渊、王俭两人，齐朝佐命，实宋之至戚，读史者读至齐事，未有不急欲观此二人之传也。乃王俭则附《王昙首传》，褚渊则附《褚裕之传》，分散其事，使读者茫然不测津涯……又齐人本少，王融、谢朓文学之士，致显位而死于非命，此天然合传，《南齐书》搭配再为得宜者，乃《南史》则融入《王宏传》，朓入《谢裕传》矣。又柳世隆，齐之开国功臣也，而《南史》则已入之其伯父《元景传》矣。将齐人一概提入《宋传》，而齐几无人，不过王敬则、张敬儿寥寥数武臣而已。夫一家之人，聚于一传，史家恒有之，然必共在一朝者也，亦必可聚则聚，若父子各有大关系事迹，犹须各列传不可混合，况一家数世，历仕各代者乎？"

　　"凡在一家者，皆聚于宋，至齐寥寥无多人，齐历年少犹差可，梁年与宋相等，除宗室诸王之外，尚有传二十六卷，梁除诸王，只有十卷，何其多少之悬绝如此乎？自九品中正之法行，六朝人皆重门阀，延寿立意为人作家传，尽提入宋，故偏枯如此。"

　　"柳庆远、萧颖达与兄颖胄，柳世隆之子恽，皆梁之开国功臣也。故《梁书》以庆远与王茂、曹景宗同传，颖达兄弟与夏侯详等同传，柳恽与席阐文、韦叡同传，皆配搭停匀。而《南史》

则以庆远与恢皆入之《元景传》，以颖达等入之齐宗室，其父《南丰伯赤斧传》矣。陈朝文士，独一徐陵，《陈书》云：国家大手笔，则陵草之；《南史》从其父摘文，提入梁，而陈之文臣，几无人矣。刘怀珍本将门，其从父弟峻、孝标独为文人，故《梁书》入之《文学传》；《南史》不顾其隔代，亦不问其人之臭味差池，以孝标入《怀珍传》。延寿亦欲为六朝人作家传一部耳，何尝是国之史耶。"

"诸王中，若陈之王冲、王通，一生庸碌，历事两朝，富贵寿考，无福不备，传中只有官衔，毫无事迹。使王氏而尽如此辈之无善可记，并无恶可指者，则概用李延寿法，叙于一处何妨？不然稍有事迹，如王质者，其人故无足取，其事不可不存，事在梁末陈初，忽然尽抽入前半部，使人读之，而宋、齐未了，忽见梁、陈，既以眩目为苦，读至后半部，顾此失彼，又以检阅为劳，考家世诚便，考国事则甚不便。"

其次，《南史》于诸王子概作合传，殊欠妥当。如宋武帝七男，除少帝、文帝外，余五人《南史》合为一篇，盖七人中虽只有义季一人善终，余均不得其所，似可合传，而义康、义宣以反逆诛，故抽出以示别异。《南史》则惟图简净，不用区别。如文帝之子元凶劭、始兴王濬，亦不依《宋书》列二凶传；又梁豫章王综、武临王纪、临贺王正德、河东王誉，皆是乱臣贼子，何得与他王同传，故姚思廉抽出，附于卷末，与侯景同科是也。延寿则一概入宗室及诸王，毫无泾渭，有失史法。又将陈武帝之子衡阳献王昌入之《宗室诸王传》，与疏属之永修侯等拟并列，亦有未合。又《南史》无《艺术传》，故以徐文伯、嗣伯兄弟，世精医术，而强附入《张融传》，欠妥；又如释宝志以附"隐逸"《陶宏景传》，亦为不当。

以上各论，略述大者，若《南史》因过求简净，牵合配搭，颇多斟酌之处也。

三　《南史》以南朝四《书》删繁就简

《南史》以宋、齐、梁、陈四《书》为根据，其主旨在删繁就简。粗略核对，可得言者，《南史》于《宋书》删减最多，因《宋书》过于烦冗，诏、诰、表、策、檄文悉载，全文一字不遗，故约删全书将及半；于《齐书》不惟不删，且有增补；于《梁书》则增删互见；独于《陈书》，则增删甚少。兹分述之：

（一）《南史》删《宋书》处。

《宋书·武帝本纪》有诏、策、表、疏、檄文等共三十一篇，《南史》仅存其四，其余概从删削。列传中如《王宏传》、《徐羡之传》、《谢晦传》、《王徽传》、《郑归之传》、《何承天传》、《何尚之传》、《袁豹传》、《沈攸之传》、《王僧达传》、《孔灵符传》、《顾竣传》、《颜恺之传》、《周郎传》、《吴喜传》、《建平王宏传》所载表疏等文，概从删削；其有关系者，则括为数语以表明之。《谢灵运传》删其附载各赋，《邓琬传》删其专叙浓湖、赫圻之战至三万字。

（二）《南史》增《齐书》处。

《南史》于豫章王嶷及竟陵王子良传，所删最多，然又有增者。其他如《王俭传》、《褚渊传》、《张敬儿传》、《王敬则传》、《柳世隆传》、《张怀传》、《周奉叔传》、《王广之传》、《武陵王奕传》、《江夏王锋传》、《宜都王铿传》、《河东王镐传》、《鱼复侯子响传》、《晋安王子懋传》、《建安王子真传》、《南海王子罕传》、《巴陵王子伦传》，均有增补；惟《张敬儿传》、《周奉叔传》、《竟陵王子良传》、《萧昭胄传》、《鱼复侯子响传》记载事实，则《南史》与《齐书》有互异处。

（三）《南史》增删《梁书》处。

《南史》于《梁书》互有增删。《梁书》本据国史旧文，有关系则书，无关系则不书，有关系而有忌讳者，亦隐而不书，故行墨称简。延寿括四书为一书，更在删繁就简，又以博采见长，凡琐言琐事，新奇可喜之事，无不补缀入卷，故对《梁书》删有当者，有不当者，增则有有关系者，有琐言琐事、徒炫新奇无甚关系者四类。赵翼《二十二史劄记》根据《宋书》、《南史》互相勘对，可供参阅。又《梁》《南》记载互异处，如《长沙嗣王业传》、《邵陵王伦传》、《王僧儒传》记载互异，亦详《廿二史劄记》。

（四）《南史》与《陈书》无甚增删。

《南史》于他书多所增删，独于《陈书》则甚少。两相比对，删者如《周铁虎传》、《任忠传》、《华皎传》、《傅縡传》、《沈炯传》、《江总传》。其增事迹及详其所略者，有《萧摩诃传》、《陈慧纪传》、《任忠传》、《傅縡传》、《吴明彻传》，事实各有所增加，其余但删减行墨，而绝少添列事迹。至两书互异处，仅有《长沙王叔坚传》、《江总传》，所载事实互有出入。若《衡阳王传》直书为文帝所害，《始兴王伯茂传》直书其为宣帝所害，《刘师知传》直书其害梁敬帝之事，此《陈书》所隐讳，《南史》颇称直笔。

四　《南史》之褒誉和痛讥

论《南史》者，《新唐书》褒誉之，王鸣盛痛讥之。《新唐书》本传谓："其书颇有条理，删落酿辞，过本书远甚。"王鸣盛《十七史商榷》则谓："其书疵病百出，不可胜言。《新唐书》云'颇有条理'，愚则谓其甚少条理；又云'删落酿辞'，愚则谓其删落不当而欠妥者，十之七八。若云'过本书远甚'，则大谬不然。耳食之徒，踵此瞽说，几疑本书可废，遂令魏、齐两史，残阙甚多，致后人反用《北史》补之，岂非为《新唐书》所误乎？"

又曰："《南北史》增改无多，而其所以自表异者，则有两法：一曰删削，二曰迁移。夫合八史以成二史，不患其不备，惟患其太繁，故延寿一意删削。每立一传，不论其事之有无关系，应存应去，总之极力刊除，使所存无几，以见其功。然使删削虽多，仍其位置，则面目犹未换也。于是大加迁移，分合颠倒，割裁搭配，使之尽易其故，观者耳目一新，以此显其更革之验。试一一核实而考之，删、削、迁皆不当，功安在哉？其书聊可附八书以行，幸得无废，足矣！不料耳食者，反以为胜本书也。"《旧唐书》亦有同一论调，以《延寿传》附入《令狐德棻传》后，首云"李延寿者"，添一"者"字，意甚轻之，"叙述粗略，无所称美"云。司马光氏亦甚称之，有云："光少时惟得高氏《小史》读之，自宋迄隋，并《南北史》或未得见，或读之不熟。今因修南北朝通鉴，方得细观，乃知李延寿之书，亦近世之佳史也。虽于谶祥诙嘲，无所不载，然叙事简净，比于南北正史无烦冗芜秽之辞，陈寿之后，唯延寿可以亚之也。"（《贻刘道原书》）

综上所述，王鸣盛之论，不免过当；司马光之辞，尚属平允。《南史》删烦补阙，意存简要，如本纪删其连缀诸臣事迹，列传多删词赋，虽各朝九锡之文、符命之说、告天之词，仍沿袭虚言，而备书简牍，是亦刊削未尽。又因其参考杂史至千余卷，故好述妖异灾祥、谣谶，特为繁猥，采杂史为实录，亦是一弊。然自《宋略》、《齐春秋》、《梁典》诸书尽亡，其备宋、齐、梁、陈四史之参校者，独赖此书之存，则又何可尽废也。

第十四章 《北 史》

一 北朝史以《北史》最为完备

《北史》一百卷，唐李延寿撰。其《序传》进上《南史》《北史》表云："不揆愚固陋，私为修撰，起魏登国元年（386），尽隋义宁二年（618 六一八），凡三代二百四十四年。兼自东魏天平元年（534 五三四），尽齐隆化二年（577 五七七），又四十四年行事，总编为本纪十二卷，列传八十八卷，谓之《北史》。"与今本传数合。《四库提要》云："《北史》一百卷，《文献通考》作八十卷，误也。"惟此书自宋以来，间有残缺，据钱大昕《廿二史考异》考订其残缺者为：

《隋炀帝纪》 此纪全是《隋书》之文，略无增减，疑《北史》阙此卷，后人以《隋书》补之。如《北史》本纪例称"帝"，此篇独称"上"。又《北史》纪传后皆有"论曰"，此篇独称"史臣曰"，亦是一证。

《孝文王六传》 孝文诸子，京兆王愉之子为西魏文帝，广平王怀之子为孝武帝，清河王怿之孙为孝静帝。而篇中皆不见其名，足证此卷，阙文甚多。

《广平王怀传》 此卷一篇已亡，仅存卅二字，不知所谓。

其余如《魏收传》、《刘献之传》、《麦铁杖传》、《荀济传》，亦各有脱事阙文。

案：北朝各书，除《隋书》外，均有残阙，后人取《北史》以补之，故《北史》最为完备，其残阙者亦仅此耳。

二　《北史》纪传及其特点

（一）《北史》**本纪**十二，计《魏本纪》五卷，《齐本纪》三卷，《周本纪》二卷，《隋本纪》二卷。列如下表：

《魏本纪》（386—550）		序纪		北魏之兴，始自道武，其前追尊者凡二十八帝，于序纪中述之。
	卷一	武帝	拓跋珪	登国　皇始　天兴　天赐	拓跋氏其先为鲜卑酋长，世臣于晋，袭封代王。武帝即代王位后，建元登国，旋改称魏王，始改国号，时东晋孝武帝太元十一年。至安帝隆安二年取燕即帝位，在位十二年，为子绍所弑。
		明元帝	拓跋嗣	永兴　神瑞　泰常	武帝子，在位十五年。
	卷二	太武帝	拓跋焘	始光等	明元帝长子，在位二十九年，为宗爱所弑。
		文成帝	拓跋濬	兴安等	太武帝嫡孙，太武被弑，宗爱立南安王余，旋复弑之，刘尼等诛爱迎立，在位十四年。
		献文帝	拓跋弘	天安　皇兴	文成帝太子，在位六年禅位。
《魏本纪》（386—550）	卷三	孝文帝	拓跋宏	延兴　承明　太和	献文帝太子，受禅后，迁都洛阳，改姓元氏，在位二十九年。
	卷四	宣武帝	恪	景明等	孝文太子，在位十六年。
		孝明帝	诩	熙平等	宣武帝太子，在位十三年，为母胡太后所酖殂。
	卷五	孝庄帝	子攸	建义　永安	献文帝孙，胡太后既酖孝明，立孝文曾孙钊，尔朱荣举兵讨之，奉帝位，在位三年，诛尔朱荣，旋荣从子兆陷洛阳，被弑。

		节闵废帝	恭	普泰	广陵王羽子，尔朱氏迎立，在位不及一年，为高欢所废，被酖殂。
《魏本纪》（386—550）	卷五	孝武帝	修	太昌 永熙	孝文帝孙，为高欢所立，在位三年，高欢逼帝奔长安，为宇文泰所弑。
		文帝	宝炬	大统	孝文帝孙，孝武被弑后，宇文泰立之，在位十七年。
		废帝	钦		文帝太子，在位三年，为宇文泰所废。
		恭帝	廓		文帝子，为宇文泰所立，在位三年，被周篡遇弑。
		东魏孝静帝	善见	天平 元象 兴和 武定	孝文帝曾孙，孝武西奔后为高欢所立，徙都邺，为东魏，在位十七年，为齐篡遇害。
《齐本纪》（550—577）	卷一	神武帝	高欢		渤海蓨人，先起兵讨尔朱氏乱，专政，立孝武帝，帝畏逼，走依关西宇文泰为西魏，欢别立孝静帝于邺，为东魏，专政。
		文襄帝	高澄		
	卷二	文宣帝	高洋	天保	齐王欢之子，澄之弟，嗣为齐王，篡东魏，在位十年。
		废帝	高殷	乾明	文宣太子，立后，旋为常山王演所废，被弑。
		孝昭帝	高演	皇建	文宣母弟，封常山王，废帝自立，在位二年。
	卷三	武成帝	高湛	太宁 河清	孝昭母弟，在位五年，禅于太子。
		后主	高纬	天统 武平 隆化	武成太子，在位十三年，被周所逼，禅于太子，寻被执，遇害。
		幼主	恒	承光	受禅甫八岁，寻为周执，国亡。
《周本纪》（557—581）	卷一	文帝	宇文泰		代州武川人，专魏政，明达政事，国治兵强，文化亦盛。
		孝闵	宇文觉		泰之子，嗣为周公，篡魏恭帝位，在位九月，为宇文护所弑。
		明帝	宇文毓	武成	文帝泰之子，在位四年，遇毒殂。

《周本纪》 （557—581）	卷二	武帝	宇文邕	保定　王和 建德　宣政	文帝第四子，在位十八年。
		宣帝	宇文斌	大成	武帝太子，在位二月，传位太子。
		静帝	宇文衍	大象　大定	在位三年，被隋篡，遇害。
《隋本纪》 （589—618）	卷一	文帝	杨坚	开皇　仁寿	弘农华阴人，仕周封隋公，后篡周以为国号，在位二十四年，为太子广所弑，都长安。
	卷二	炀帝	杨广	大业	文帝次子，封晋王，谋废兄勇立为太子，在位十四年，宇文化及弑于江都。
		恭帝	杨侑	义宁	炀帝孙，封代王，留守西京，唐李渊立之，在位一年，为唐篡。

《北史》自文帝宝炬以下，即继以西魏，以此为正统。此本魏澹《魏书》例，而与魏收《魏书》异者。《魏书》以东魏孝静为正，因收为齐臣，孝静为高欢所立故也。孝文帝奔长安后，则目为出帝，宇文泰弑之，又立文帝，不为立纪，仅附见《孝静纪》中。至文帝崩后之废帝钦、恭帝廓，并不见于纪。《北史》则先立西魏各帝纪后，仍附见东魏，史例颇为允当。

魏帝系于孝庄、节闵间有东海王煜，年号建明，封长广王，为尔朱氏所立，越年二月，被废。《魏书》未为立纪，《北史》仍之，未加改正，此其失也。

（二）**列传**八十八卷，按各朝分配者为：

第十三卷　　　　　《魏朝皇后》

第十四卷　　　　　《齐、周、隋三朝后妃》

第十五至十九卷　　《魏诸宗室列传》及《诸王列传》

第二十至五十卷　　　《魏诸臣列传》

第五一至五二卷　　　《齐宗室诸王列传》

第五三至五六卷　　　《齐诸臣列传》

第五七至五八卷　　　《周宗室诸王列传》

第五九至七十卷　　　《周诸臣列传》

第七十一卷　　　　　《隋宗室诸王列传》

第七二至七九卷　　　《隋诸臣列传》

其以种类分之汇传，则有：

《外戚》（一卷）　　　　《儒林》（二卷）　　　《文苑》（三卷）

《孝行》（一卷）　　　　《循吏》（一卷）　　　《酷吏》（一卷）

《隐逸》（一卷）　　　　《艺术》（二卷）　　　《列女》（一卷）

《僭伪附庸》（七卷）　　《序传》（一卷）

　　列传分朝叙述，体例秩然。细考之，亦不无可议之处。王鸣盛《十七史商榷》云："前言《南史》并合宋、齐、梁、陈，似成一代为非。又言以家为限断，不以国为限断。一家之人，必聚于一篇，以一人提头，而昆弟子姓后裔咸穿连之，使国史变作家谱，最为谬妄。今《北史》亦用此例，后妃分上下二卷，上卷皆魏后妃，下卷则齐、周、隋三朝后妃，共为一卷。非其例而强相比附，真成笑端。……如《魏书》有《长孙嵩传》，《周书》有嵩之五世孙《俭传》，而《北史》则遂以俭入《嵩传》；《魏书》有《于栗磾传》，《周书》有栗磾之六世孙《谨传》，而《北史》则遂以谨入《栗磾传》；《魏书》有《封懿传》，《北齐书》懿之族元孙《隆之传》，而《北史》则遂以隆之入《懿传》。如此之例甚多，略举几条以明之。延寿之为此，不但欲使与《南史》体例画一，亦借以略显所长耳；而于史法则谬矣。方叙魏人，忽入隋事；欲观周传，偏涉齐朝。使读者左顾右盼，颠倒迷惑，且似将齐、

周、隋人皆提入魏，魏太饱，齐、周、隋太饥，非著述之体，其
病正与《南史》同。若郦道元，文士也，为叛臣萧宝夤所杀，亦
可悯，《魏书》乃入《酷吏》，明系曲笔；宋世轨执狱宽平，至使
高洋亦重其骨鲠，《北齐书》仅与其兄世良同入《循吏》，见太浅
狭。《北史》则以道元升入其父《范传》，以世轨升入其伯父《隐
传》，却是。”

此外如《北史》以苏威提入其父《绰传》，周臣中韩擒虎提
入其父《雄传》，贺若弼提入其父《敦传》，亦皆在周臣中。《隋
书》以高颖〔颎〕与苏威同传，韩擒虎与魏〔贺〕若弼同传，
颎、威同为宰辅，理可合叙；韩、贺隋之大将，武功彪炳，合叙
尤宜。《北史》强以牛宏、李德林配颎，韩、贺亦不见于隋之武
臣传中，未免失当。

《北史》编次各传，多有与正史异者，据赵翼《廿二史劄记》
所考，有如下述：

魏、齐、隋俱有《外戚传》，《周书》无《外戚传》。《北史》
以魏之刘罗辰、李峻、于劲、李延实，齐之娄叡、尔朱文畅、郑
仲礼、李祖昇、元蛮，隋之独孤罗、萧岿，各附其家传；惟将魏
之贺纳、姚黄眉、杜超、贺迷间毗、冯熙、李惠、高肇、胡国
珍，齐之赵猛、胡长仁，入《外戚传》。

魏、齐有《文苑传》，《隋书》有《文学传》，《周书》则无
《文苑传》。《魏书·文苑传》有袁跃、裴敬宪、卢观、封肃、邢
臧、裴伯茂、邢昕、温子昇，《北史》惟取子昇，其余各附其家
传；《齐书·文苑传》有祖鸿勋、李广、樊逊、刘逖、荀士逊、
颜之推，《北史》惟取祖、李、樊、荀，其余亦各附其家传；《周
书》虽无《文学传》，《北史》取王褒、庾信、颜之推及弟之仪；
《隋书·文学传》有刘臻、崔儦、王頍、诸葛颖、王贞、孙万寿、
虞绰、王胄、庾自直、潘徽，《北史》则取刘臻、诸葛颖、王贞、

虞绰、王胄、庾自直、潘徽，又增虞世基、许善心、柳巩、明克
让为《文苑传》，余各从家传。

《魏书》有《孝感传》，载赵谈等十四人；《周书》有《孝义
传》，载李棠等七人；《隋书》有《孝义传》，载陆彦师等十四人。
《北史》则以赵谈、李棠、柳桧、杜叔毗、陆彦师、李德饶入别
传及家传，其余作《孝行传》。

《魏书》有《艺术传》，载晁崇等十三人；《齐书》有《方技
传》，载吾道荣等十三人；《周书》有《艺术传》，载冀儁等七人；
《隋书》有《艺术传》，载庾季方等八人；《北史》则以江式、崔
彧、冀儁、黎景熙、赵文昇各编列传，又增沙门灵远、李顺兴、
檀特师、颜恶头，并以陆法和、徐之才、何稠，共为《艺术传》，
其余入别传及家传。

魏、齐、周三书，皆有《酷吏传》。《北史》则以高遵、羊
祉、郦道元、谷楷、宋游道、卢斐、毕义云各从其家传，其余入
《酷吏传》。

《魏书》、《隋书》皆有《列女传》，《北史》亦有《列女传》，
补孙道温妻赵氏及孙神妻陈氏。

《南北史》无表，补之者有清周嘉猷《南北史年表》一卷，
《补南北史帝王世系表》一卷，《补南北史世系表》五卷。

《南北史》无志，金蔡珪有《补南北史志》六十卷，书已佚；
清汪士铎有《南北史补志》十四卷，又有补志未刊稿十三卷；徐
崇有《补南北史艺文志》三卷，此补汪稿之阙。

三　《北史》亦为增损四代旧史成书

《北史》所载魏、齐、周、隋四代之事，大抵悉本旧史，延
寿自谓除其冗长，括其精华。赵翼在《陔馀丛考》及《廿二史劄

记》，曾比较其增损异同，兹略举例如下：

（一）《北史》与《魏书》　多以《魏收书》为本，除道武、太武、献文三祖，及以西魏为正统，用《魏澹书》之例外，余均就《收书》删繁就简，十存五六，叙事亦大略相同。其删原书简净者，如《刘文弈传》，《魏书》载其诉父休宾，功大赏薄，二千余字，《北史》但以一语括之；《唐景先传》，《魏书》载其《五经疑问》十余条，《北史》尽删之；《李孝伯传》，《魏书》载其与张畅语，几二千字，《北史》仅存其半。然亦有失之太简者，如《孝庄纪》中凡群盗名号，及以冀州等七郡封尔朱荣为太原王，江丰杀元显等事，皆不书；《孝武纪》不书高欢破擒尔朱天光、尔朱度律；列传中如尉古眷、和跋、奚斤、长孙肥、郦范、薛彪子、奚春、周观等传，多删去其功绩，失之太简。至南北交兵事，《魏书》所载，而《北史》不载，或不详载者尤多。其增于《魏书》者，有《元谌传》、《元和传》、《薛辩传》、《卢怀仁传》、《李显甫传》等，各增事绩。

（二）《北史》与《北齐书》　除删繁外，增者亦甚多。其增而善者，如《高乾传》，河阴之战，高昂败逃被杀事；《慕容绍宗传》，增详侯景畏绍宗事；《斛律光传》，增冬月椎河冰，祖信对祖珽以得宴射箭及挝奴仆枣木杖等事；《崔暹传》，增其谏高澄不宜废辱妃元氏事；《薛修义传》，增其守晋州事。其有增无关系处，或徒以新奇眩人耳目者，如《高慎传》，增高澄挑慎妻李氏事；《高昂传》，增昂母张氏焚杀婢及猴，及与兄乾劫崔氏女事；《崔棱传》，增妾冯氏入狱，与诸囚奸事。至删繁过简之处，如删《赵郡王叡传》，载其奏出和士开为刺史；删《司马子如传》，载其劝尔朱世隆回兵向京；删《蔡儁传》，拒贾显志事；删《慕容严传》，不书其守雍州与西魏战二百余日事；《孙腾传》，载其劝齐神武立中兴主元朗事；《尉长命传》，删其子兴敬战死芒山事。

（三）《北史》与《周书》 大都全据《周书》。其增《周书》者，如《文帝纪》，增追侯景不及事；《王罴传》，增崔亮、石亮及河桥败后开城门以安众心事；《冯景传》，增贺拔岳不与齐神武结盟事；《尉迟回传》，增其起兵抗隋文时，各州据地起兵应之者，凡数十人，一一书之；《卢辩传》，增不为中兴主屈事；《长孙绍传》，增其与裴正议乐全文；《贺若敦传》，增其临殁戒其子弼事。其删《周书》者，如《周书》文帝、孝闵、明帝三本纪各为一论，《北史》则三帝合为一论；《周书》武帝、宣帝、静帝纪各为一论，《北史》隐括其语为一论。又如《叱罗协传》，删其破杨辟邪之功；《贺拔岳传》，删其谏止尔朱荣称帝及劝杀齐神武事；《独孤信传》，删其破田八能之功。

此外，于《宇文贵传》、《李贤传》、《贺若敦传》、《陆腾传》、《伊娄传》、《刘雄传》，《北史》于诸人功业，皆有删削。

（四）《北史》与《隋书》 《北史》全用《隋书》，略为删节，并无改正。惟多有回护处，如隋文帝之篡，全录《隋书》，只删去其九锡文；文帝杀宇文诸王，《周书》谓诸王皆以谋执政被害，《北史》则仅书诛某王，一似有罪伏诛者。炀帝之杀父，矫诏即位事，绝不见形迹，《张衡传》亦不著其杀逆，惟于《宣华夫人传》略露端倪于隐约之间。《隋书》书法承累代相沿成例，尚不足怪；延寿自作私史，正当据事直书，何必多存忌讳，是其失也。

四 《北史》评论及南北二《史》比较

论《北史》者，《四库提要》云："延寿既为史学世家，又预修《隋史》十志，且世居北土，见闻较近，参覈异同，于《北史》用力独深，故叙事详密，首尾典赡。如载元韶之奸利，彭乐之勇敢，郭琬沓、龙超诸人之节义，皆具见特笔；出郦道元于《酷吏》，附陆德和于《艺术》，杂合编次，亦深有别裁，视《南史》之多仍旧本者，迥如两手。惟其以姓为类，分卷无法。《南史》以王、谢分支，《北史》亦以崔、卢系派，故家世族，一例连书，览其姓名，则同为父子；稽其朝代，则各有君臣。参错混淆，殆难辨别。甚至长孙俭附《长孙嵩传》，薛道衡附《薛辩传》，遥遥华胄，下逮云仍，隔越抑亦甚矣！考延寿之叙次，列传限断分明，乃独于一二高门自乱其例，深所未安。至于杨素父子，有关隋室兴亡，以其系出弘农，遂附见魏臣《杨敷传》后；又魏收及魏长贤诸人，本非父子兄弟，以其同为魏姓，遂合为一卷，尤为舛迕。观延寿叙例，凡累代相承者，皆谓之家传；岂知家传之体，不当施于国史哉！"

杭世骏《诸史然疑》亦病其牵引割裂，如云："《齐文宣纪》云：增'帝虽明敏，外若不足'，又云'内虽明察，外若不了'，又云'外若不远，内鉴其明'。一篇之中，辞语复沓。既云'凡诸杀害，多令支解，或焚之于火，或投之于水'，又云'凡所屠害，动多支解，或投之烈火，或弃之漳流'；既云'拔刃张弓，游行市肆'，又云'每至将醉，辄拔剑挂手，或张弓傅矢，或执持牟梨〔槊〕，游行市廛'。盖此总叙杂缀而成，其半则用李氏《齐书》，其半则王劭、丘悦之论，牵引割裂，不复诠次，弊乃如此。"

《新唐书》之进表曰："其事则增于前，其文则省于旧。"钱大昕《潜研堂文集·跋南北史》云："予为事增非难，增其所当增、勿增其所不当增之为难；文省非难，省其所可省、勿省其所不可省之为难。班孟坚之于《史记》，事增而文亦增，增其所当增也；陈承祚之于《魏略》，文省而事亦省，省其所可省也。李延寿之《南北史》，则事增而文省，两者兼有之矣。然其事之增者，如谓始兴王濬为潘淑妃之养子；谓宋后废帝杀孝武十二子；谓临川王宏私通武帝女，遂谋弑逆；谓陈后主通萧摩诃之妻；谓周宏正与周石珍合族；谓萧韶为友童，庾信爱之，有断袖之欢；谓祖珽饮酒，藏铜叠二面；谓辛德源与裴让之相爱，兼有龙阳之重，考之率多不实，是谓增其所不当增。文之省者，如《宋武帝纪》，先不书假黄钺，而后书奉送黄钺；《徐孝嗣传》，先不书齐受禅例，除封爵，而后书以废立功，封枝江县侯；《王琨传》，先不书左军将军，而后书降号冠军；《胡谐之传》，先不书赐爵关内侯，而后书谥肃侯，是谓省其所不可省者。至于卫操之碑，柳虬之书，卢辩之诰，苏绰之大诰，颜欢、袁粲佛老之辨，刘竣之广绝交，王劭之表符命，此又可省而不省也。"

近人瑞安宋慈抱撰《续史通》，书中论《南北史》云："盖《南北史》无他技，但以删削迁移为务。删削不问其事之有关系否，但以减官名、裂字句为工。迁移不问其人之应离合与否，但以编家传、忘〔妄？〕品汇为先。不知官名减则职掌不明，字句裂则事迹必漏，家传多则朝代难分，品汇忘则褒贬相互。以史迁之才，删削、迁移《左传》《国策》，援引多误，况延寿乎！"此论亦颇精当。

赵翼《陔馀丛考》云："延寿修史时，沈约《宋书》，萧子显《齐书》，魏收、魏澹两家《魏书》，皆已流布，梁、陈、周、齐、隋五史虽未颁行，而延寿同在纂修之列，故得抄录，以为底本，参考杂史以成之，削其芜词，专叙实事，大概较原书事多而文省，洵称良史。"

南、北二《史》，论者异词，誉之者谓八书可废，毁之者谓其书聊可附八书以行，幸得无废。此皆一偏之见。八书固绝不可废，《南、北史》更多可采。且此书奋笔一室，不假众手，为承祚、蔚宗以来仅见之作。惟其将隋事编入北朝之史，似欠考虑。

盖宋、齐、梁、陈四朝为南朝，魏、齐、周为北朝，其间不仅南
北对峙，且一度天下三分。缘高欢依尔朱荣之资以起事，专魏
政，孝武帝为高欢所逼，奔长安为西魏，宇文泰执政，高欢立孝
静帝为东魏，于是魏分东西。后欢子洋篡东魏曰北齐，泰之子觉
篡西魏曰北周，南朝则陈代梁，于是汉末天下三分之局复见，凡
四十三年。迨周武灭齐，复合为二。杨坚仕周，旋篡周，国号曰
隋，先灭后梁，再灭陈，南北分立之局复归统一。以史事论，隋
之不能入北朝也甚明，今列表以明之：

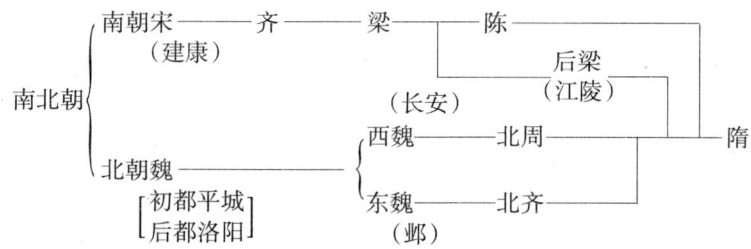

　　由上表以观，南朝总宋、齐、梁、陈四朝，北朝总魏、北
齐、北周三朝，故《南史》当合宋、齐、梁、陈四书为一史，
《北史》则括魏、北齐、北周三书为一史。隋统一天下，结束南
北对峙局面，故延寿《北史》不能包括隋事也。原延寿之意，欲
以隋厕于七朝之列者，亦犹陈寿《三国志》之主魏统，藉以明晋
统，此则欲以尊唐室耳，未可据也。故其史书之次当如下表：

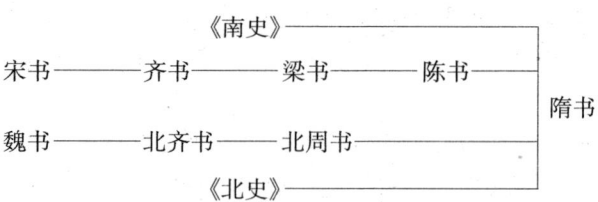

五　《南北史合注》会通归一

　　明季李清曾有《南北史合注》一百九十一卷，以八《书》之异于二《史》者，分注于正文之下，则观此一书，可省翻检八书之劳。其书初著录于《四库》，后以李清撰《诸史同异录》，内称清世祖与明思宗四事相同，以为拟非其伦，触犯清廷忌讳，遂将著录各书，悉为撤出。惟前故宫博物院检点内廷所藏诸书，则《南北史合注》尚在，且有"提要"冠其端，今移录以供参考如下：

　　　臣等谨案：《南北史合注》一百九十一卷，明李清撰。清字心水，号映碧，扬州兴化人。礼部尚书思诚之孙，大学士春芳之玄孙。崇祯辛未进士，官至吏部给事中，事迹附《明史·李春芳传》。清以南北诸朝史并存，冗杂特甚，李延寿虽并为一书，而诸说兼行，仍多矛盾，尝与张溥议，欲仿裴松之注例，合宋、齐、梁、陈四史为《南史》，魏、齐、周、隋四史为《北史》，未就而溥殁。后清简关〔阅〕佛藏，见《三宝记》载有北魏大统中遗事，《感通录》载有齐文宣、隋文帝遗事，《高僧传》载有宋孝武帝遗事，因思卒前业，乃博采诸书，以成此注。参订异同，考订极为精审。又于原书之失当者，略为改正，其文如高欢、宇文泰未篡以前史书之为"帝"者，皆改称名；后梁之附《北史》者，改为《南史》；宋武帝言零陵王直书为"弑"，魏冯、胡二后，以弑君故，编为"逆后"，与逆臣同书。又二史多谶纬佛门事，以非史体，悉改入注，其持论亦为不苟。然裴松之注《三国志》，虽多所纠弹，多承其本文，不加点窜；即《世说新语》，不过小说家言，刘孝标所注，一一政〔攻〕其谬妄，亦不更易其文，盖古来注书之体如是也。谯周改《古史》为《古史考》，荀悦改《汉书》为《汉纪》，范蔚宗合编年四族纪传五家为《后汉书》，并采撷旧文，别为新制，未尝因其成帙，涂乙州〔丹〕黄，盖古来著书之体如是也。清既不能如郝注《三国志》，改正重编；又不肯如颜师古之注《汉书》，循文缀解，遂使南、北二《史》不可谓之清作，又不可谓之延寿作。进退无据，未睹其安。至于八史之中，四史无志，南、北二《史》亦无志，故清割《宋书》、《南齐书》、《魏书》、《隋书》四史之志，取其事实，散入纪传之中。不知《隋志》本名《五代史志》，故其事上括前朝，当时未有《南北史》，无所附丽，故奉诏编入《隋书》。清既合著《南北史》，自应用《续汉十志》补《后汉书》之例，移掇编入，而以刘昭之例详考诸书以注之，于典制典章，岂不明备？乃屑屑删改纪传，置此不言，亦为避难而趋易。今特以八代之书，牴牾冗杂，清能会通参考，以归一是，故特录而存之；其瑕瑜并见，则不相按也。

乾隆五十一年恭校上　总纂官臣纪昀，臣陆锡熊，臣孙士毅，总校官臣陆赉〔费〕墀。

第十五章　《隋　书》

一　《隋书》成于众手

《隋书》八十五卷，唐魏徵等撰。先时，当开皇、仁寿时，王劭为《隋书》八十卷，以类相从，定其篇目，至于编年、纪传，并阙其体。炀帝世，唯有王胄等所修《大业起居注》。及江都之祸，仍多散佚。是隋之正史，本无撰述。

太宗贞观三年（629 年），诏魏徵等修《隋史》，同撰者有颜师古、孔颖达。又据宋本《隋书》之后，有宋仁宗天圣中校正旧跋，称同修纪传者有许敬宗，是撰《隋书》者共三人。十年，成帝纪五，列传五十，共五十五卷。时梁、陈、周、齐、隋五史告成，然皆无志。十五年，又诏左仆射于志宁，太史令李淳风，著作郎韦安仁，符玺郎李延寿，及令狐德棻，同修《五代史志》。另据宋《隋书》后跋，尚有敬播十志，卅卷。显庆元年，太尉长孙无忌等上进。今本纪传，每卷首题"特进魏徵上"，志则题"太尉长孙无忌奉敕撰"，其实魏徵并未撰纪传，仅作序论，旧本十志，惟《经籍志》题"侍中郑国公魏徵撰"。十五年，命诸臣修志时，亦无无忌名。至永徽三年，无忌始受诏监修，书已垂成，无忌适逢其会，因而表进，遂题名卷端。十志中内《天文》、《律历》、《五行》三志，独出李淳风；《五行志序》或云褚遂良作，按本传则未尝受诏撰述，盖但为一序。

《隋书》成于众手，何人撰何卷，在宋代已不能确为分别。至仁宗天圣中重刊，始定以颁修者为主，分题魏徵及长孙无忌撰。纪传成于众手，卷帙又多，牴牾难免。十志原为梁、陈、周、齐、隋五代史而作，后各史单行，十志遂专称《隋志》。唐太宗崩后，将志编入《隋书》，其实别行，亦呼为《五代史志》。

二 《隋书》以"十志"备受称道

三代以下，汉唐为盛。汉前有秦，唐前有隋，为其先驱，情形大致相同。隋开国未久，即灭陈而统一南北，声势颇盛，李延寿以之列入《北史》，不协于议论之公。正史次序以《南北史》列《隋书》之下，今据赵翼之议，移《南北史》于《隋书》之前。

隋自文帝杨坚于北周静帝三年篡周为隋，建元开皇，开皇七年废后梁，九年灭陈。自汉季以来，宇内分裂之局，复归一统，于是"职方所载，并入疆理，《禹贡》所图，咸受正朔"（《隋书·高祖纪》）。惜传世不永，仅历三传，共三十八年（581—618 年）。

《隋书》纪传五十五卷，**帝纪**五卷，计：

  《文帝纪》（上下二卷） 《炀帝纪》（上下二卷）
  《恭帝纪》（一卷）

隋文帝之篡，本纪曲为回护，循照历代国史旧式，叙九锡文、禅位诏，并帝三让乃受，不见攘夺之迹。及文帝之崩，书帝疾甚，与臣僚辞诀，握手欷歔，崩于大宝殿。又载遗诏一篇，一似寿考令终，并非遭害者。《炀帝纪》亦但书高祖崩，上即位于仁寿宫，而炀帝使张衡侍疾致死，及矫诏即位之事，绝不见形迹。

《四库提要》云："其纪传不出一手，间有异同。如《文帝本纪》云'善相者赵昭'，而《艺术传》则作'来和'。又《本纪》云以贺若弼为楚州总管，而弼本传则作吴州。盖卷帙浩繁，牴牾在所不免。"

又《廿二史劄记》："隋炀帝江都之难，在大业十四年，而《隋书》只书十三年者，缘十三年，唐高祖起兵入长安，奉代王侑为帝，改元义宁，而炀帝大业之号已从削除。修史者皆唐臣，自应遵本朝之志，以义宁纪年，而炀帝之被弑，转书于义宁二年之内。其实天下共主，一日尚存，终当称其年号，则大业十四年，不可没也。"

列传五十，其中汇传有十五，计：

《后妃》　　《诚节》　　《孝义》　　《循吏》　　《酷吏》

《儒林》　　《文学》　　《隐逸》　　《艺术》　　《外戚》

《列女》　　《东夷》　　《南蛮》　　《西域》　　《北狄》

例目无新创者，仅改《忠义》为《诚节》，《孝行》为《孝义》，余皆与前史同。而以李密、杨玄盛次列传后，第五十卷为宇文化及、王世充等数人，疑亦有标题，如"贼臣"或"叛臣"之类，或目录脱去。

《宗室诸王传》例应居群臣之前，《隋书》乃厕于群臣传之中，即《李德林传》后，以疏属河间王宏等为一卷，居前；以滕穆王瓒等六人为一卷，居次，皆隋文帝嫡弟侄。最后则以高祖之子为另一卷居后，此则与前史例不同者。

《隋志》或《五代史志》凡十，分卷三十，如下：

一、《礼仪志》　为卷凡七，采梁及北齐仪注，以为五礼。五礼者，以吉礼敬鬼神，凶礼哀邦国，宾礼敬宾客，军礼诛不度

〔虔〕，嘉礼合姻好。

二、《音乐志》　凡三卷，始于梁、北齐，以续前志。

三、《律历志》　凡三卷，并律、历为一志，依《班志》。五代声律度量，以志于篇。又云《汉志》言律，一曰备数，一曰和声，一曰审度，一曰嘉量，一曰权衡，自魏、晋以降，代有沿革，今列其增损之要。

四、《天文志》　凡三卷。此志所载天体、浑天统、浑天象、晷影、漏刻、经星、中宫、二十八宿，略举形名，占验次之，经星之末云。诸篇上溯魏晋，与《晋书》之志复见，足见详备。

五、《五行志》　凡二卷。本《春秋》"灾祥验行事以垂法戒"之论，勉帝皇以德义消伏咎灾，意存龟鉴，非妄谈灾异者所可及。

六、《食货志》　一卷。此志约举终始，以明富而教之义，贫则刑罚不中，乱亡随之。

七、《刑法志》　一卷。司马彪、沈约所制无《刑法志》，臧、萧之书又多漏略，是以撮其遗事，以至隋氏。

八、《百官志》　凡三卷，述梁、魏、北齐、周、隋官制品秩，又因隋图籍记注散逸，存录者亦欠详备。

九、《地理志》　三卷，以州郡为经，纬以历朝沿革、建置兴废，并及户口。

十、《经籍志》　凡四卷，即经一卷，史一卷，子一卷，集、道经、佛经合一卷。论者以此志在十志中为最下，编次无法，经子源流，亦不免舛误。如二十八篇为伏生传，而不知伏生自有书教齐、鲁间；以《诗序》为卫宏所涠益，而不知传自毛亨；以《小戴记》有《月令》、《明堂经》、《乐记》三篇，为马融所增益，而不知刘向《别录》、《礼记》已载此三篇，殊不能绍班固、向、歆之绝业。然后汉以下之艺文，藉是志以考见源流，辨别真伪，当不以小疵为病。

补《隋书》之志者，有清杨守敬《地理志考证》附《补遗》九卷，清章宗源有《经籍志考证》十三卷，仅有史部，清姚振宗有《经籍志考证》五十二卷，张鹏一并有《经籍志补》二卷。

马、班、范以后，各史缺志，惟沈约《宋书》损益前史诸志，撰为八志，兼论魏晋，前史有志者，撷其精华；其无志者，补其未备。其后梁、陈、周、齐、隋各书，均无志。太宗诏修《五代史志》，成后，编入《隋书》。其编入《隋书》者，以其序次为最后。论者恒称某史某史无志，不知志本无缺，若以失于限断讥之，亦一孔之见。南北各朝，享国不久，若一一为之志，徒成烦费。今综合各代而为之志，不仅可见历代典章因革损益，亦可观其会通，作史良法，莫过于此。故郑樵氏评之曰：“按《隋志》极有条理，而本末兼明，可以无憾，迁、固以来所不及也。正为班、马只事虚言，不求典故实迹，所以三代纪纲，至迁《八书》、固《十志》，几于绝绪，虽其文彩俪然可喜，求其实用，则无有也。观《隋志》所以该五代，南北两朝，纷然淆乱，岂易贯穿？而读其书，则瞭然如在目，良由当时区处各当其才，颜通古今而不明天文地理之序，故只令修纪传，而以十志付之志宁、淳风，所以粲然具举也。”

《隋书》无表，万斯同《历代史表》补之者，有《诸帝王世系表》、《大臣年表》共二卷。此外，清黄大华有《隋唐之际月表》一卷，吴廷燮有《方镇年表》。

三 《隋书》之得失

论《隋书》者，以纪传不出于一人之手，间有异同，牴牾在所不免，然赵翼《陔馀丛考》称《隋书》叙事，最为简练，盖当时作史者，皆唐初名臣，且书成进御，故文笔特为严净。《南北史》虽工，然生色处多在琐言琐事，至据事直书，以一语括数十语，则尚不及也。又书法严谨，毫不徇情，如裴矩入唐为民部尚书，陈茂入唐为梁州总管，虽为唐臣，而其功绩多在隋代，遂为立传于《隋书》，更见当时公论在人，毫无忌讳。虞世南在唐太宗时，宠遇甚优，而其兄《世基传》直书罪恶，尤见史笔之严。惟房彦谦在隋世本无事迹可纪，特载其与张衡书数千百言，叙为佳传，未免以其子玄龄方为相，且总知诸史，稍存瞻徇耳。又本纪书法回护之处太多，如隋文帝之篡，绝不见攘夺之迹；张衡与太子广弑文帝事，既讳于《炀帝纪》，又不见《张衡传》，仅于《宣华夫人传》隐约附见其事，此何等事，岂可讳乎？亦愧直笔。

第十六章 《旧唐书》

一 《旧唐书》多本唐代实录、国史

《旧唐书》二百卷，后晋刘昫〔昫〕等撰。昫仅以宰相监修，而实与《唐书》无关，故薛、欧二史俱不载其有功于《唐书》；因书表上时，昫适为相，故列名。

按：唐自武宗以前，皆有实录，其总辑各实录事迹而成一书者，又别有国史。唐修实录、国史者，皆当代名手，如令狐德棻始撰武德、贞观二朝《国史》八十卷。至武后、睿宗朝，吴兢任史事，武三思、张易之等监修，事多不实，兢不得志，乃私撰《唐书》、《唐春秋》，未就。后出为荆州司马，以史草自随，会萧嵩领国史，奏遣使就兢取其书，凡六十余篇（《吴兢传》），此第一次国史。开元、天宝间，韦述总撰百十二卷，并《史例》一卷，萧颖以为谯周、陈寿之流，此第二次国史（《韦述传》）。肃宗又命柳芳、韦述缀辑吴兢所次国史，述死，芳续成之，起高祖，迄乾元（肃宗），凡百三十篇，而叙天宝后事，去取不伦，史官病之（《柳芳传》），此第三次国史。后芳谪巫州，会高力士亦贬在巫，因从力士质问，而国史已送官不可改，乃仿编年法为《唐历》四十篇，以力士所传，载于年历之下，颇有异同。然芳所作，止于大历（代宗）。宣宗乃诏崔龟从、韦涣、李荀、张彦远及蒋偕分年撰次，至元和，为《续唐历》三十卷，此第四次国史。中叶遭安禄山之乱，末造又遭黄巢、李茂贞、王行瑜、朱温等之乱，乃尽行散失。五代修《唐书》时，因武宗以后事迹无存，屡诏购访，《五代会要》云："有纪传者，代宗以后，德宗亦只存实录，武宗并只存实录一卷。"迄乎后晋，议修前史，高祖天福五年（940年），诏张昭远、贾纬、赵熙、郑受益、李为光同修《唐史》，宰相赵莹监修（《晋纪》）。莹以唐代故事残阙，署能者居职，纂补实录及正史。贾纬丁尤归，莹又奏以刑部员外郎吕琦，侍御史尹拙同修；莹又奏请据史馆所缺唐书实录，及其他公私史料，下敕购求。是知赵莹修《旧唐书》，综理独周密，故莹本传谓《唐书》二百卷，莹与有力焉。唐昭宗一朝，全无纪注，天福中（937—944年），张昭远重修唐史，始有《昭宗本纪》，是张昭远于此事搜辑亦最勤，故列表上书时与昫同列名。贾纬长于史，以武宗后无实录，采次传闻，为《唐年补录》六十五卷，入史馆与修《唐书》，今《旧书》会昌以后纪传，盖纬所纂。又赵熙以修《唐书》成，授谏议太夫，赏其笔削之功。是则《唐书》之成，多本唐代实录、国史，监修者为赵莹，纂修者为张昭远、贾纬、赵熙等。至后晋出帝开运二年（945年）六月修史成，由刘昫、张昭远表上，其书则由史馆诸公修成，而昫适以宰相兼领其事，故《五代史》不载其有功《唐书》；今人但知为刘昫修《旧唐书》，其实非也。

二　《旧唐书》曾遭废弃而版本不同

刘昫等所表上之唐史，原名《唐书》，后宋命宋祁及欧阳修改修为《新唐书》，而昫等原有之《唐书》，称为《旧唐书》，久之遂废。明嘉靖十七年，闻人诠〔佺〕等重行刊成，其序云：

> 佺谬司文学，遍历畿辅，爰校六经，兼雠诸史，始知
> 汉、晋以迄宋、元，皆有监本……惟刘氏《唐书》，郁绝不

传，无所寻觅，积集再期，酷志刊复，苦无善本，莫可继志。……乃旁搜学属，博访诸司，间礼儒贤，以采经籍，更历三载，竟莫有成。末复弥节姑苏，穷搜力索，吴令朱子，得列传于光禄张氏，长洲贺子得纪、志于守溪公，遗集供出，宋时模板，旬月之间，二美璧合。

是闻人据宋板校刻，甚有功于《旧唐书》，不然亦将如《旧五代史》之湮没也。唯据王鸣盛《十七史商榷》"《旧唐书》各种本不同，宜择善而从"条，则云：

> 文徵明序（序闻人本）云："是书尝刻于越州，传后有教授朱倬名。倬忤秦桧，出为越州教授，当是绍兴初年"云云，而其下又有"闻人公得旧刻数册，遍访断简，校阅就绪"云云。绎其文，则闻人所据，乃别一宋木，非朱倬本也。钱敏求藏有至乐楼抄本，不言出于何人，叶石君借得以校闻人本，多有不同；张石民又借得石君校本，以校近沈詹事等考定槧本。石氏跋称叶氏所据抄本，系影宋抄，每卷末有校刊人名，末卷有朱倬名，然则至乐楼抄本即是绍兴本，此本既与闻人本不同，则知闻人本乃别据一家宋刻，而非朱倬本益明，但抄本亦不全，仅得其半。……予从阮姜邨借石民本，从李禹定借闻人本，雠刊近本，以己意裁取，不尽从叶、张，彼校善者从之，但称校本，不标孰为叶、孰为张，闻人本则称原本。是则《旧唐书》除闻人本外，尚有朱倬之绍兴抄本，以及通行、近本之别，然多以闻人为据。

又《旧唐书》二百卷，分卷颇不划一。如帝纪有以一帝一卷者，如则天皇后、肃宗、代宗等是；有以一帝二卷者，如太宗、高宗、玄宗是；有以二帝分二卷但分量不同者，如顺宗、宪宗上合为卷十四，宪宗下为卷十五；又有两帝虽合为一卷，卷又分上

下者，如敬宗、文宗上则称卷十七上，文宗下称卷十七下；亦有
二帝合一卷，但分上下者，如卷二十上昭宗，卷二十下哀帝是。
列传亦有同一情形。故宋人讥其分卷舛谬，若以一篇一卷，则全
书实有二百四十卷。

三　《旧唐书》之卷帙与疏失

《唐书》二百卷，本纪二十，志三十，列传一百五十。兹列
如下：

（一）本纪二十卷，共二十帝、一皇后。

《高祖纪》（一卷）　　　　　《太宗纪》（上下二卷）

《高宗纪》（上下二卷）　　　《则天皇后纪》（一卷）

《中宗睿宗纪》（一卷）　　　《玄宗纪》（上下二卷）

《肃宗纪》（一卷）　　　　　《代宗纪》（一卷）

《德宗纪》（上下二卷）　　　《顺宗宪宗上纪》（一卷）

《宪宗下纪》（一卷）　　　　《穆宗纪》（一卷）

《敬宗文宗上纪》（一卷）　　《文宗下纪》（一卷）

《武宗宣宗上纪》（一卷）　　《宣宗下纪》（一卷）

《懿宗僖宗纪》（上下一卷）　《昭宗哀宗纪》（上下一卷）

总有唐一代，凡十四世，二十一主，二百九十年（618—
907 年），其享国之久，已越两汉、两宋、明清而上之，声教文
物，亦称极盛。

《则天皇后纪》，在本纪中第六卷。因女主临朝而立本纪，
此例始于《史记》之《吕后本纪》。惟因武后已有本纪，《后妃
传》中亦不列入，与《新唐书》以其称制后政事编作本纪，而猥
亵琐事仍立于《皇后传》内之体有异。盖前者准子长，后者法班

固。（固于《高后纪》中但纪临朝八年大政，高后行事别见《外戚传》中，《新唐书》本此。）

《旧史》本纪，前后繁简不均。钱大昕《廿二史考异》云："睿宗以前，文简而有法。明皇、肃、代以后，其文渐繁。懿、僖、昭、哀四朝，冗杂滋甚。如以卷帙论之，自高祖至肃宗八世，百四十五年，为卷十，合二百二十七叶；自代［宗］至哀帝十三世，为［百］四十五年，亦为卷十，而自十七卷以后，分为上下，合计五百六十八叶。年代相等，而文且倍又半之。且以高祖创业之君，在位九年，纪只六千八百十有四言；哀帝政在强臣，在位不盈三载，而纪乃一万三千有二言。盖唐初，五朝国史，经吴兢、韦述之手，笔削谨严；中叶以后，柳芳、令狐恒等，虽非史才，而叙事尚为完备；宣、懿而后，既无实录可稽，史官采访，意在求多，故卷帙滋繁，而事迹之矛盾亦甚也。"

王鸣盛《十七史商榷》则既病昭、哀二纪之繁冗，又复善为之解释云："邵经邦曰：'《旧唐》帝纪，徒侈官衔，多至三数行，颇类文移。其昭宗、哀帝，故欲敷衍成帙，不顾体裁。'予谓《昭纪》已极烦冗，比他纪不同。《哀纪》之繁冗，又倍于《昭纪》，其猥琐鄙屑，较之元人所修《宋史》、明人所修《元史》而逾甚矣。邵谓其欲敷衍成帙，诚然。然有可为刘昫解者：宣、懿、僖、昭、哀，皆无实录，既无实录，其事迹易致遗失；而昫时相去近，比宋敏求传闻更确，纂修者偶尔访求，而得其详，惟恐泯没，故遂不惮多载之，与此所载，皆是事实。……今观此二纪，见乱贼一辈之奸凶、狡逆，历历如绘，照胆然犀，情状毕露，使千载下可以考见，何必恨其太详也。"其言甚辩，然史书与史料究有分别，纪与列传各有范围，旧史家最重史法，不可不究也。

又《旧唐书》本纪回护之处独多。如高宗上元二年，皇太子宏之死，实武后酖之，而书皇太子宏薨于合璧宫之绮云殿；又章怀太子之死于巴邱，亦武后令邱神勣迫令自杀，而书庶人贤死于巴邱；武后宠白马寺僧薛怀义，至命为行军大总管，以宰相李昭德、苏味道为其幕僚，后以恣横杀之，而后纪绝无一字提及怀义。至如穆宗以下诸帝，宦官废立，有同儿戏。如王守澄立穆宗，仇士良立武宗，马元贽立宣宗，王宗实立懿宗，刘行深立僖宗，杨复恭立昭宗。故《僖宗纪赞》，谓自穆宗以来八世，宦官所立者七君，此等事本纪绝不书。凡先帝纪内，必先书遗诏，以某嗣位；而于新君纪内，即书某月日柩前即位，一似授受得其正，而宦官无与者。此本纪回护之处。

（二）志三十卷，为目十一，兹列如下：

（1）《礼仪志》（七卷）　　　（2）《音乐志》（四卷）

（3）《历》（三卷）　　　　　（4）《天文》（二卷）

（5）《五行志》（一卷）　　　（6）《地理志》（四卷）

（7）《职官志》（三卷）　　　（8）《舆服志》（一卷）

（9）《经籍志》（二卷）　　　（10）《食货志》（二卷）

（11）《刑法志》（一卷）

例目无新创者。

（三）列传一百五十卷，其中以种类为标题者有：

《后妃》（二卷）　　　　《外戚》（一卷）

《宦官》（一卷）　　　　《良吏》（上下二卷）

《酷吏》（上下二卷）　　《忠义》（上下二卷）

《孝友》（一卷）　　　　《儒学》（二卷）

《文苑》（三卷）　　　　《方伎》（一卷）

《隐逸》（一卷）　　　　《列女》（一卷）

《突厥》　　《吐蕃》　　《回讫》　　《南蛮》　　《西南蛮》

《西戎》 《东夷》 《北狄》

例目无新创者，多与前史同。安禄山、黄巢等一代叛逆，多附传末，不别立《逆臣》、《贼臣》名目。

列传中，一人独为一卷者，惟李密、魏徵、郭子仪、李晟、陆贽、裴度等数人，其余一传少者二三人，多则如肃、代二宗诸子列传及德宗、顺宗诸子列传，竟多至三十余人，附传如刘文静传多至十六人，窦威、郭子仪传亦均十余人。

《文献通考》以《良吏》次《宦官》，《忠义》次《酷吏》，为《旧唐书》病。不知汇传各自以类相从，前后编次绝无关系，何得谓《良吏》次《宦官》，《忠义》次《酷吏》而不当也？然其编订草率之处，所在不免。如以《旧唐书》列传七十二卷杨朝晟，乃九十四卷又有杨朝晟；五十一卷既有王求礼，乃一百二十七卷又有王求礼，考其事迹，实系一人两见，并非两人偶同姓名者。又列传目录韦安石下有韦况，而传中竟无况；韦安石传末谓其兄叔夏另有传，然列传中竟无韦叔夏传。又张士贵唐初功臣，乃编入高宗时诸将程务挺等传内；元献杨皇后在杨贵妃之前，乃编订在贵妃后，此殆疏失之处。

其次，一事各传并见，重复颇多。如《刘文静传》，文静与刘政会投急变告副留守王威、高君雅反，此事《政会传》又重出之。《李纲传》，巢王元吉授并州总管，宇文韶为佐，放纵攘夺百姓，韶上表奏之，坐免，寻又复职，刘武周来攻并州，元吉弃城逃归，高祖欲斩宇文韶，纲谏止之，后《元吉传》与《纲传》重复者凡四五百字。《房元龄传》，贞观六年论功行赏，以元龄等为第一，皇从父淮安王神通与之争论一段，已载《神通传》，重复。又李善，曹宪之弟子，而邕之父也，于儒学《曹宪传》后，已附《善传》，而邕又在《文苑传》，又复详叙善事，虽详略不同，而大概无异。又《杨炯传》，载炯所议冕服之制，多与《礼仪志》

复出。凡此重复，均宜归并，详于一传，而略于他传之互见者，以省笔墨。

其三，凡作史者，善恶必宜别卷，所以类族辨物，使薰莸异器，阅者一览瞭然。《唐书》不然。姚璹邪佞，乃与狄仁杰同传；王及善、杜景俭、朱敬则皆属清正，而以杨再思小人与之同卷，亦非其类。祝钦明鄙劣小人，旧乃入《儒学传》。又如仆固怀恩之反，辛云景酿成之，乃与李光弼同卷；李正己背叛，而旧乃与薛嵩、令狐彰、田神功同卷。陆宬非小人，至与柳璨相次；又李忠臣、李希烈、吴少诚及弟少阳子元济一并搀入同卷，亦为非类。总之，忠奸善恶，以别卷为是。若同在一卷，不拘其类者，则必别有相与类叙之道，其中颇有关涉、不便分析方可。

其四，可以无传而有传。如赵涓、李行、郑云逵，官非重要，又无大功大过，皆可不必立传，而入列传，殊为繁冗。庾敬休之祖父，不过遇乱逃匿，未尝有抗节不挠、捐躯殉国之事，未可言忠义，至敬休、安流、平进，乃列为忠义，殆因其祖父而误入之，最为失当；若改入列传，虽稍胜，其实敬休亦可无传。又如《良吏》中，如阎济善者，亦无显著事迹可传，亦可删去。

其五，当有传而无传。如裴枢附《裴遵庆传》，而与枢同死之独孤损、崔远、陆宬、王溥、赵崇、王赞，皆并命于白马驿者，惟宬有传，余皆不见有传，此为阙事。又宦官中无仇士良，此尤疏漏之甚者。

此外，列传亦同本纪，颇多回护之处。如《皇后传》，宪宗郭后，历穆、敬、文、武四朝，诸帝恭养备至，及宣宗即位，因与其母郑本后侍儿有宿怨，奉养遂薄，终至后不得其死。而书中反谓宣宗事后，恩礼逾前朝。又宣宗母郑氏，本李锜之妾，锜反，没入宫，宪宗幸之，生宣宗，书讳其入宫之由。杨宏武为礼部，高宗责其授官多非才，宏武对曰："臣妻悍，此其所嘱，故不敢违。"盖以讽帝,而《旧书》不载。其余如苏良嗣为相,遇薛怀义于朝,而批其颊,《良嗣传》不载。甚至《褚遂良传》,不载其倾陷刘洎之事;《李世勣传》,不载其瞻徇立武后之事;《辛云景传》,不载其激变仆固怀恩之事;《田神功传》,不载其为贼将之事;《李勉传》,不载其逃弃汴城之事;《鱼朝恩传》,不载帝使人擒缢之事,凡此皆有所回护也。

四 《旧唐书》之评说

论《唐书》者,闻人佺《唐书序言》中则甚誉之,其言曰:"晋史臣刘昫氏,爰集馆寮,博稽载典,纂修二十一本纪,自高祖以迄哀帝,而汶哲具昭;旁修十一志,始《礼仪》以终《刑法》,而巨细毕举。列传一千一百八十有奇,内以纪后妃之淑匿〔慝〕,外以悉文武之臧否。《宗室》族属,互以时叙;《外戚》、《宦官》,各以类别。《良吏》、《酷吏》,鉴戒具昭;《忠义》、《孝友》,褒论悉当。《儒学》、《文苑》,表以著达;《方技》、《隐逸》,兼以察微。详传《列女》,以彰妇顺;分卷《蛮夷》,以立大防。卷凡二百十四,统会〔名〕之曰《唐书》。识博学宏,才优义正,直有唐一代之良吏,秦、隋以下,罕有其俪。"

《四库提要》则谓:"《旧书》所述,大抵穆宗长庆以前,本纪惟书大事,简而有体;列传叙述详明,赡而不秽,颇能存班、范之旧法。长庆以后,本纪则诗话、书序、婚状、狱词,委悉俱书,语多支蔓;列传则多叙官资,曾无事实,或但载宠遇,不具首尾,所谓'繁略不均',诚如宋人所讥。"是则长庆以前,全用实录、国史旧本,故武宗会昌以后,无复底本,事多阙略,杂取朝报、吏牍补缀成之。故本纪书吴湘狱案,五千余字,咸通八年并收延资库计帐贯匹之数,琐屑开入,绝似民间记簿。其余官必先具旧衔，再入新衔，如以某官某人为某官，下至刺史，亦书于本纪。是以动辄累幅，虽邸抄除目，无此繁芜也。然亦有未可轻訾者，凡本纪只略具事由，而其事则详于列传，此书如庞勋之乱，黄巢之乱，李茂贞、王行瑜等之劫迁，朱温之篡弑，即于本纪详之，不待翻阅各传，已一览瞭明。迁、固本有此体，惟必纪内只摘事目也。其余列传，虽事迹稍略，而文笔极为简净。因五代修史诸人，如张昭远、贾纬等，亦皆精于史学，当缺漏支诎中，仍能补缀完善，具见撰次之艰，文字之老。今人动谓《新书》过《旧书》远甚，此耳食之论也。《新书》为《旧史》之文，浅则入俚，简则及漏，或有所讳而不得逞耶，或因浅仍俗而不足于文也。此亦偶摘《旧书》之俚俗缺略者疵之耳，其佳处终不可没也。赵翼氏之论，尚称平允，故司马光修《通鉴》，对懿宗咸通以后事，多采《旧书》，岂以见闻较近，易得其真，抑以材料丛杂，取舍方便，故《唐书》之繁，正《唐书》之长也。

第十七章 《新唐书》

一 预修《新唐书》者多积学之士

《新唐书》二百二十五卷，宋欧阳修、宋祁等撰。宋仁宗以刘昫《唐书》气力卑弱，言简意陋，乃命翰林学士欧阳修，端明殿学士宋祁，重加刊修，曾公亮提举其事，历十七年而成。其进书表云："唐三百年，治乱兴衰，宜其粲然，著在简策。而纪次无法，详略失中，文彩不明，事实零落。惟唐不幸接乎五代衰世之士，气力卑弱，言浅意陋，不足以起其文，使明君贤臣，隽功伟烈，与夫昏虐贼乱，祸根罪首，不得暴其善恶，动人耳目，诚不可以垂劝戒，示久远。"故初诏王尧臣、张方平等刊修，久而未就。继修撰纪、志、表，祁撰列传。

考二公修书，并不同时。据《宋史》，《祁传》言其修《唐书》，在圣宗天圣之晚年，历明道、景祐、宝元、康定，至庆历中告成，以书成进左丞云云，凡阅十余年；而吴缜则云十七年，自守亳州，出入内外，常以稿自随。又据欧阳修之修《唐书》，乃在嘉祐之前至和年间，其年谱指出至和元年，甲午八月戊申，诏公修《唐书》，嘉祐五年，庚子七月戊戌上新修《唐书》二百五十卷，凡历六七年之功，书成上距祁稿成约二十余年。是二人修书本不同时，列传先成，纪、表、志后成。旧例书成后，由官高者一人署名，修以祁先进，且于《唐书》功多，故各署以进，仿《隋志》分题魏徵、长孙无忌之例。且曾公亮位居监修《唐史》，按之故事，当题曾名，欧、宋并题，是曾亦退让，欧故不得专擅也。

又曾公亮进书表，与欧、宋同修《唐书》者，有范镇、王畴、宋敏求、吕夏卿、刘义〔羲〕叟。《宋史·夏卿传》谓："夏卿长于史，贯穿唐事，博采传纪、杂说数百家，折衷整比；又通谱学，创为《世系》诸表，于《新唐书》最有功。"又据《新唐书纠谬》云：《天文》、《律历》、《五行志》，出于刘义叟，《方镇》、《百官表》出于梅尧臣，《礼仪》、《兵志》出于王景彝。又宋敏求亦以熟于唐事，据其本传谓："王尧臣修《唐书》，以敏求习唐事，奏为编修官"，且补修晚唐六朝实录。是则修书者，不仅欧、宋二人。按理《新唐书》纪、志、表，当仿《隋志》例，题欧阳修等撰。欧、宋一代文宗，预修者亦多积学之士，又历十七年而成书，当非草率之作。且时值文治大兴，遗编断简，次第出见，材料较多。观《新唐书·艺文志》所载，唐代史事，无虑数百十种，据以参考成书，容易精详，较五代乱离，载籍无稽之际，修撰之难易，又不可同日语也。

二 《新唐书》体例赅备并有新创

《新唐书》二百二十五卷，计本纪十，志五十，表十五，列传一百五十。

（一）**本纪**十卷为：

本纪第一高祖皇帝

第二太宗

第三高宗

第四则天顺圣武皇后　中宗

第五睿宗　玄宗

第六肃宗　代宗

第七德宗　顺宗　宪宗

第八穆宗　敬宗　文宗　武宗　宣宗

第九懿宗　僖宗

第十昭宗　哀宗

本纪十卷，仅高祖、太宗、高宗三纪各为一卷，余则均并合成卷。第八卷更包至五帝，以视《旧书》之一帝二卷，或一卷分上、下者，详略显有不同。《旧唐》二十一帝纪，约三十万言，《新唐》十纪，仅九万余字。若《哀帝纪》，旧约一万三千字，新约则千字，自谓简严，实则篡弒恶迹，皆不见矣。盖一则详尽，一事始末，在本纪中可观其大略；一则简净，一事首尾，必验对列传而后明。故《十七史商榷》云："《新唐书》本纪，较《旧书》减去十之七，可谓简极矣。意欲仿班、陈、范也。夫文日趋繁，势也，作者当随变通，不可泥古。纪唐而以班、陈、范之笔行之，于事情必有所不尽。邵远平谓'本纪出庐陵手，自一二行幸除拜之外，记载寥寥'，是矣。而其尤不满人意者，尽削诏令不登，独不思《班纪》犹多全载诏令，而《唐纪》反无诏令，恶乎可？且左史记言，右史记动，全削诏令，是记动不记言也。德宗出奔奉天（今陕西乾县），全赖陆贽草诏罪己，以激厉将士，而《新纪》尽削不载，赞本传载奏议甚详，而诏令不便入之，所谓'武人悍卒，感动流泪'者，竟不一见于史，此其失也。《旧书》所载虽少，然尚存其略。"

"邵经邦谓《新纪》一意删削，并春夏秋冬亦皆无存，予考之诚然，不觉失笑。《新书》之以简胜，全部皆然，本纪尤甚。春夏秋冬，特一字耳，犹不肯存，其删削可云算无遗策。虽曰仿班，其实西汉十三帝，不过二百年，唐则二十帝三百年，而《班纪》十三卷内有一卷分为上下者，实十三卷，共一百三十二叶；《新唐纪》十卷，共一百五十八叶，校其字数，《新唐》增多于《汉纪》无几，然则记汉事反详，记唐事反简，恶乎可？又《班纪》每一帝，各为一赞，《新唐纪》每数帝共一赞，矫枉过正矣。"《新唐》除高祖、太宗、高宗为一赞外，余则多二帝、三帝一赞，第八卷穆宗等五帝合为一赞。

《新纪》太简之论，颇为中肯。如省去春夏秋冬，则时间观念含糊。若遇一年数次改元，《新书》亦仅书其一，《旧书》皆从实记载。又《新书》喜用"初、中叶"等字样，以示概简，旧则悉用准确数字，此亦过简之病，而与《旧书》不同者。

（二）志五十卷，其目十三：

《礼乐志》（十二卷）

《仪卫志》（一卷分上下）

《车服志》（一卷）

《历志》（六卷，其中三、四、六计三卷，各分上下）

《天文志》（三卷）

《五行志》（三卷）

《地理志》（七卷，第七卷分上下）

《选举志》（二卷）

《百官志》（四卷，第四卷分上下）

《兵志》（一卷）

《食货志》（五卷）

《刑法志》（一卷）

《艺文志》（四卷）

例目新创者三，《仪卫志》、《选举志》、《兵志》三志，自《新唐》创立后，后之作史者，均取法焉。

志目凡十三，择要论之。《礼乐志》，《礼志》详述五礼仪物名数，次序曲折无不备，各家议论兴废，亦具见焉。《乐》以声容歌奏为重，故详述八音钟器、鼓吹铙歌诸乐意，以存义训。又唐世盛行夷乐，举凡东夷之高丽、百济，北狄之鲜卑、吐谷浑、部落稽，南蛮之扶南、天竺、南诏、骠国，西戎高昌、龟兹、疏勒、康国、安国：凡十四国之乐，八国之伎，均列于十部乐。《历志》本自《史记》，但自《汉书》以后，除《宋书》外，均律、历并志。新、旧《唐书》以律吕自归乐志，而历自为志，叙历数行事，即原其进退之行，察其出入之验，观其往来，度其始终。《地理志》叙各道疆域，以开元十五道为正，因开元为唐之全盛期，前此武德、贞观，正事开拓，未可定论；肃、代以下，则疆域分割；驯至懿、僖，天下大乱，冰碎互裂，更无可据也。述户口则据天宝；叙州郡建置沿革，则以天祐为主，虽属多歧，亦可见其参酌之苦心。故《新地理志》较《旧志》为胜。《选举志》则详言取士之制。其法有由学馆生徒者，有由诏举或制举者，有由州县者。诏、制举之异于州县之贡举者，贡举每岁由州县，依常科举人，由礼部依常科考试；诏举则由天子自诏，天子自定科目，天子亲临笔试。故《选举志》云："其天子自诏者曰制举，所以待非常之才焉。"至选举之科目，有秀才，有明经，有进士，有明法，有明字，有明算，有一史，有三史，有开元礼，有道举，有童子。而明经之别，有五经，有三经，有二经，有学究一经，有三礼，有三传，有史科等。各科中，自秀才一科没落之后，以进士与明经两科为最重，而进士尤贵。《百官志》则据开元《六典》。唐制：官司之别曰省，曰台，曰监，曰卫，曰府，各统其属，分职定位。其辨贵贱、叙劳能，则有官有爵，有勋有阶，以时考核，而升降之。兵之有志，始自《新唐书》，其首段泛说一朝兵事之大意，而终之云："若乃将率营阵，车旗

器械，征防守卫，凡兵之事不可以悉记，记其废置得失终始治乱
兴灭之迹，以为后世戒。"其实征防守卫，事之大者，正当详记。
《食货志》较旧志加详数倍，详述授田及租庸调法。《艺文志》较
《旧书·经籍志》为详，《旧志》载唐人文集只百余家，《新志》
约六百余家，且略存撰人出处，此则又较《旧志》为优。

后人补《唐书》之志者，以《兵志》为多。清劳经原有《折
冲府考》，其子格为之补辑；又罗玉振氏，亦对劳书有《补》并
《拾遗》；近人谷霁光更有《校补》。又清张宗泰有《天文志疏证》
百卷，清缪荃荪有《艺文志注》八卷。

（三）**表**十五卷，其目凡四：

《宰相》（三卷）　　　　　《方镇》（六卷）

《宗室世系》（一卷，上下）

《宰相世系》（五卷，各分上下，第二卷分上中下）

按自《新唐书》以后，表皆在志下。《宰相表》仿史、汉
《汉兴以来将相名臣年表》及《百官公卿表》之例而作。唐代方
镇之建置分割移徙最为纠纷，既无定制，又加以变更不一，阅史
者苦无眉目；有《方镇表》则开卷瞭然，惜但表其地，未表其
人。方镇一代兴亡所系，若能以年为经、地与人为纬而表之，则
尤佳。《宗室世系表》，参用《史》、《汉》《诸侯王表》、《王子侯
表》之例而作。《宰相世系表》，按此表本《世本·氏姓篇》及
《世族谱》之例而作，又非旁行斜上，且陈叙宰相家世，举其家
之子弟族姓，尽陈简策，虽可补列传之遗漏，而详不经见之人
事，然究无当于史裁。表所列官爵谥号，或书或否，或丞尉而不
遗，或卿贰而翻缺，或误书其兄弟之官，或备载其褒赠之职，庞
杂淆乱，亦难征信也。

自陈寿《三国志》作俑，始不立表，《范书》踵之，其后作

史者因以为例。不知作史无表，立传不得不多，立传多而文愈繁，而事反有遗漏。凡功名卓著之将相大臣，既系之以传，而大臣之无显过亦无积劳者传不胜传，又不可湮没其爵里姓氏，则于表乎载之，方寸之内，一览瞭然，表之用大矣。欧阳修等上踵班氏之陈规，创撰四表，不仅补《旧书》之失，亦启后来之渐，后之修史者，又以为则。

补《新唐书》之表者，清沈炳震有《宰相世系表订伪》及《方镇表订伪》，万斯同有《公卿年表》、《功臣世表》、《武氏诸王表》、《宦官封爵表》、《唐十道节度使年表》、《唐边镇年表》，此外吴廷燮有《唐方镇年表》，黄文华有《唐藩镇年表》。

（四）列传一百五十卷，其中汇传有：

《后妃》（二卷）　　　　　《宗室》（一卷）

《诸帝子》（四卷）　　　　《诸帝公主》（一卷）

《诸夷藩将》（一卷）　　　《宗室宰相》（一卷）

《忠义》（一卷）　　　　　《卓行》（一卷）

《孝友》（一卷）　　　　　《隐逸》（一卷）

《循吏》（一卷）　　　　　《儒学》（三卷）

《文艺》（三卷）　　　　　《方伎》（一卷）

《列女》（一卷）　　　　　《外戚》（一卷）

《宦者》（二卷）　　　　　《酷吏》（一卷）

《藩镇》（五卷）　　　　　《北狄》（一卷）

《西域》（一卷，分上下）　《南蛮》（一卷，分上中下）

《奸臣》（一卷，分上下）　《叛臣》（一卷，分上下）

《逆臣》（一卷，分上中下）

例目新增者，有《公主》、《藩镇》、《奸臣》三目。《逆臣》又分《叛臣》、《逆臣》为二，亦附卷末。《公主》传次《诸王子传》后，此本《后汉·皇女传》之例，将原附在其夫传后之平阳公主、太平公主列入。藩镇如田宏正、张孝忠之纯心为国，又守臣节者，既入之列传；其余跋扈自擅而犹羁縻为臣者，则各自入《藩镇传》，而次于《酷吏》以下。盖此辈虽未至于叛，而近于叛者。作史者亦有鉴唐世藩镇连兵之祸，故作此传。按：奸臣迹虽减于叛逆，罪实深于误国，故作史者特立《奸臣传》，如许敬宗、李义府、李林甫、卢杞、崔允、柳灿等入之，置于《外国传》后，以戒人臣。至叛臣、逆臣之分，凡敢为悖乱者，如仆固怀恩、周智光、梁崇义、李怀光等，为叛臣；称兵犯上，僭窃位号，如李希烈、安禄山父子、史朝义父子、朱泚、黄巢、秦宗权、董昌等，为逆臣。此亦前史之所未有。论者以黄巢未常仕唐，入《逆臣》不当，亦有道理。

子京撰列传，刻意文辞华采，对《旧书》各传，无不改窜，惟古是求。然以过求简雅之故，反令字义晦涩者甚多。如《日知录》评之云："《新唐书》，欧阳永叔所作颇有裁断，文亦明达；而列传出宋子京之手，则简而不明，二手高下迥为不侔。如太宗长孙皇后传，《旧书》书'安业（后异母兄）之罪，万死无赦，然不慈于妾，天下知之'；《新书》改为'安业罪死无赦，然向遇妾不以慈，户知之'，意虽不易，而'户知之'三字，殊不成文。又如德宗《王后传》，《旧书》书诏曰：'祭筵不可用假花果，欲祭者从之'，《新书》改为'有诏祭物无用寓，欲祭听之'，不过省《旧书》四字，然非注不明也。"

又子京喜古文，而鄙四六，凡遇诏令奏议中遇有四六文者，必为之改作古文。如《姜皎传》，《旧书》载玄宗宣布其功之诏，系四六原文，本可引用；以其不喜四六体入史，乃改为散文，有类翻译。又《薛登传》，《旧书》载其《谏举》疏，《新书》乃通首全为代作。此外造语用字，尤多新奇难解。然子京仿古逼肖，其为文或学《国语》，或学《左传》，或仿《史》《汉》，故欧阳亦服其用功深也。

又书中多采韩、柳古文入传，除韩愈本传，载《进学解》、《佛骨表》、《潮州谢表》、《祭鳄鱼文》外，《吴元济传》载《平淮西碑文》，《张籍传》载答籍一书，《孔戣传》载《请勿听致仕》一疏，《陈京传》载《禘祫议》，《李勃传》载愈所与书，《甄济传》载《答元微之书》，《忠义传》载《张中丞传后序》，《孝友传》载《复仇议》；《柳宗元传》，除载其《与萧俛书》、《许孟容书》、《贞符自儆赋》外，《段秀实传》载《段太尉逸事状》，《孝友传》载《驳复仇议》、《孝门铭》，《宗室传》载《封建论》。文有载而当者，亦有以其喜古文而列入者。

三 新、旧两《唐书》之异同

新、旧二《书》，不仅例目有别，其排比增废、先后分合之间，颇有异同，兹约言之：

例目，本纪，《旧书》以武后已有本纪，不再列《后妃传》；《新书》于称制后编作本纪，仍立传于《皇后传》内。志则《新书》新创而《旧书》无者，为《仪卫》、《选举》、《兵》三志，并《礼仪》、《音乐》二志为《礼乐志》，改《舆服》为《车服》，《职官》为《百官》，《经籍》为《艺文》。《新书》有四表，旧无。列传，《新书》有而《旧书》无者，为《公主传》、《诸夷藩将》、《宗室》、《宰相》、《卓行传》、《藩镇传》、《奸臣传》、《叛臣传》、《逆臣传》；《新书》改名者，如改《宦官》为《宦者》，《文苑》为《文艺》，《良吏》为《循吏》，《方伎》为《方技》，《西戎》为《西域》。

《旧书》本纪二十卷，《新书》十卷，是旧详而新略。《旧书》

志三十卷，《新书》志五十卷，是新详而旧简。《新书》有表十五卷，《旧书》无。列传各一百五十卷，考其内容，则《新书》增传三百一十，废传六十一；《新书》增事二千余条，但亦有删去《旧书》事迹者。晁公武《郡斋读书志》云："《旧书》约一百九十万言，《新书》约一百七十四万言，而其中增表。"诚如进《新书》表云："其事则增于前，其文则省于旧。"

《新书》增《旧书》之事，多至二千余条，可分为二种：一则有关当日之事势，古来之政要，及本人之贤否所不可不载者。一则为琐言琐事，但咨以博雅。赵翼于《廿二史劄记》中，"新书增旧书处"条，列举《新书》增有关时事政术之事迹章疏，至七十一传，增琐言琐事处有二十六传。其他如《陔馀丛考》卷十二及王鸣盛《十七史商榷》中均可参考，兹不琐载。

《新书》删《旧书》处及省文之例，可得述者：

（一）删减诏令奏疏。如德宗奉天之诏、兴元之诏，徐敬业讨武后檄文，一概删去。太宗徐贤妃谏伐高丽及兴土木一疏，则节存数语。《裴延龄传》，《旧书》载陆贽劾延龄一疏甚详，此正见延龄之奸、贽之正，而《新书》不载；戴胄义仓，为千古积贮之良法，《旧书》载其疏甚详，而《新书》删之。

（二）删列传中附载之文。如《长孙无忌传》，帝自制《威凤赋》赐无忌；《李百药传》，有《封建论》一篇；《李德裕传》有自著《穷愁赋》及《论冥》数篇，均删去。

（三）删去事迹。《田悦传》，朱滔方围悦之贝州，田绪杀悦，即以兵与王武俊、李抱真，大破滔于泾城，此事关于三镇离合之故，而《新书》删之。《张宏靖传》，朝廷不从刘聪之请，至再失河朔，此事颇有关系，《新书》亦删之。

（四）简约文句及记事。如《旧书·高宗纪》"乾封元年，春、正月、戊辰朔，上祀昊天上帝于泰山，以高祖、太宗配飨；

己巳，升行封禅之礼；庚午，禅于社首。"《新书》改云："正月、戊辰，封于泰山；庚午，禅于社首。"文虽简，但事记载不全。并祭天、封山二事为一事，而又系于戊辰之日，日、时亦欠正确。

除上论增事省文各传外，其余大部传文，多大同小异，《新书》仅补其未备，删其繁冗。惟下列各传增于《旧书》者独多，如：

《刘晏传》，本于陈谏所论晏之功，有二害二利。

《李泌传》，本于其子繁所作《邺侯家传》，颇有褒许，与《旧书》绝少美辞异观。

《陆贽传》，本于《宣公奏议》，多采其奏疏，如以五术省风俗，八计听吏治，三科登俊义，四赋轻财实，六德保罢瘵，五要简官事。

《李绛传》，本于蒋楷所撰其《遗事七篇》，并多载奏疏。

《高骈传》，本于郭廷诲《广陵妖乱志》。

《高力士传》，本于柳芳所作之《巫山记》。

可见宋祁采辑之勤。至于唐末诸臣各传，俱比《旧书》详数倍，如《黄巢传》，《新书》几及六千字，而《旧书》则一千六百字，相去甚远，因《旧书》本太略，遗漏亦多。

至《新书》改编《旧书》各传，有得有失，有是有非，略举几事以明之：

《廿二史劄记》："……《旧书》孔颖达、颜师古、马怀素、褚无量，皆在列传，《新书》改入《儒林》，以其深于经学也。刘大真、邵说、于邵、崔元翰、于公异、李善、李贺，皆在《列传》，《新书》改入《文苑》，以其优于词学也。孙思邈在《方伎》，改入《隐逸》，以其人品高，不仅以医见也。李淳风改入

《方伎》，以其明天文也。武士護改入《外戚》，以武后之父，尊崇极盛，三思等皆其子孙，宠幸冠一时，故皆附其传后也。杨国忠亦改入《外戚》，以杨贵妃之兄也。邱神勣本附其父和传后，改入《酷吏》，以其与周兴、来俊臣等同肆毒也。马三宝本柴绍家奴，附《绍传》后，改入《功臣传》，以其为国立功，则绍不得而有之也。祖孝孙、傅仁均无传，以孝孙明乐律事，已入《礼乐志》；仁均明历术事，已入《历志》也。杨元炎、薛季昶，本在《循吏传》，改与桓彦范等同传，以诛二张时同事也。朱齐运本蒋王恽之孙，若论《新书》子孙附与祖父之例，应入《恽传》，乃另立专传，以其与裴延龄等恶，故与之同卷也。王宰，旧附其父《智兴传》后，乃另立专传，以其讨刘稹之功大也。独孤及，旧附其子《朗传》内，《新书》则传及而以朗附之，文行相等，自宜以子从父也。沧州程日华，旧附义武《张孝忠传》内，以沧州本属义武也；《新书》另立横海专传，是时日华能守沧州，朝命以沧州为横海镇，特授日华为节度，横海一镇，自此始故也。甘露之变，《旧书》详于宦官《王守澄传》内，以仇士良继其职，故合为一传也；然甘露之事，究与守澄无涉，《新书》故另立《士良传》，而详其事于传内也。他如立《宗室宰相传》，见皇族之有人也；立《藩将传》，见外夷亦效用也。唐末诸镇周宝、邓处讷、刘巨容、顾彦朗、李罕之、王敬武、孟方立、杨行密、赵犨等，《旧书》以诸人皆涉五代，不复立传；《新书》传之，以其事尚多系唐末造也。然赵光允、王处直，后皆历仕梁及后唐，《新书·光允传》，但至知制诰而止，《处直传》但书天复初封太原郡王而止，以此官爵尚唐所授，其后则不复叙也。韦应物、郑谷等，皆有诗名而无事迹可传，则于《文苑序》内，见其姓名，谓史家逸其事，故不能立传，亦可见《新书》之周密也。惟中宗少子温王重茂，中宗崩，韦后立为帝，睿宗即位，退封襄王，开元中薨，追谥殇帝，《旧书》有传，《新书》既不列于帝纪，而《皇子传》内亦无传，殊为阙略。长孙顺德，旧在《功臣传》内，《新书》改附于《长孙无忌传》后。按：高祖手定功臣，首秦王，次裴寂、刘文静，次即顺德，今反不立专传，而附于《无忌传》后。苏颋、张说旧不同卷，《新书》既以当时'燕许'并称而改编作一卷矣。长庆中诗人，元、白并称，《旧书》同在一卷，《新书》何以又不同卷，而以白居易、李义同卷，列在中宗朝桓彦范等之前，不且颠倒时代乎？晚唐诗人温、李并称，《新书》何以《文苑》中只有李商隐，而温庭筠则附其远祖《大雅传》后乎？阳城裂麻一事，不愧真谏官，入之列传可矣。司空图避乱晦迹，入之《隐逸》可矣，乃又创立《卓行》一门以位置之。张易之兄弟，《旧书》附在《名臣·张行成传》后本属不伦，《新书》别无可位置，遂亦附《行成传》后。薛怀义旧附《外戚·武氏传》后固属非类，《新书》以其无可附，遂并不立传。夫《卓行》一门，既可创为之矣，此等独不可立《倖臣传》中。李忠臣、乔琳，旧在列传，《新书》以其晚节受朱泚伪命，遂改入《叛臣传》。夫叛臣必如高骈、朱玫等首倡叛乱者，方专立一传，李等不过从贼耳。从贼中如源休、姚今言等，皆尽力助逆，仅附《泚传》中；而乔、李曾有功于国，晚节一蹉跌，转列为叛首，而并以附泚之蒋镇等附其后传，更觉失当，岂以二人曾为将相，故责之独重耶？……至僧玄奘为有唐一代之佛教大宗，此岂得无传，《旧书》列于《方伎》是矣，《新书》以其无他艺术，遂并不立传。抑思'方'者，方外也，'伎'者，艺术也，无艺术独不可以方外处之乎？余尝谓《新唐书》一部，独缺两僧，一高行之玄奘，一邪倖之怀素，究属史家缺事也。"

《十七史商榷》云："……陈子昂，旧入《文苑》是也，新改列传非也。刘蕡，旧入《文苑》非也，新改列传是也。李巨川，旧入《文苑》非也，新改《叛臣》是也。刘子元之孙滋，旧别为传非也，新改附子元是也。严挺之子武，旧附挺之是也，新改为各立别传非也。阳城大有关系，当入列传，旧在《隐逸》，固系大谬，新改《卓行》，尚嫌偏隘，皆非也。张嘉贞与其子延赏相继为宰相，而俱不得为贤，《旧书》因其事迹颇多而各传固宜，《新书》因其皆无大功大罪而合传亦适，皆是也。邵氏经邦曰：《新书》韩愈、柳宗元不居《文学》，段秀实、颜真卿不列《忠义》，李淳风不归《方伎》，皆非是。按史例，其人其事大者著者为列传，微而不著者别为《文学》《忠义》等传，韩、柳等入列传，正史例也。"

　　旧、新《唐书》于纪传之后，系以论赞，法蔚宗体。《十七史商榷》论之曰："旧论不过文法俳俪，稍嫌板实，然详断精确，自足传之久远。新赞尽黜旧文，驾空凌虚，自成伟议，欲以高情远识奢夸前人，于高祖不说高祖美恶，而统言三百年大势，此脱题文章也。太宗亦不甚着题，转尚论三代诸君，高宗则借周幽王为波澜，此题外生枝也。中宗、睿宗旧虽作一卷，然仍各论，新乃并中宗于武后，睿宗于玄宗，各共为一赞，武后、中宗则先泛说武后之入纪，合《春秋》书法，而中宗直以驾空了之。睿宗、玄宗则但说玄宗，而直略过睿宗，置之不议。其行文多入语助，好用'呜呼'，故为迂回顿挫、俯仰揖让之态，其末辄作复句，云'可谓难哉'，'可不慎哉'，层见叠出，一唱三叹，欲使读者咀之有余味，悠然自得其意于言外，此皆宋人所以求胜《旧书》也。窥其意，恨不得尽改《旧书》为快，但纪传实事有不能尽改者耳，一遇论赞，遂奋笔全易之，幸《旧书》未致泯灭。今日平心观之，《旧书》何可废耶？旧赞虽与本事无益，然衍释其义，谐之以韵，觉文意显畅，要自可存；毅然废之，亦为鲁莽。"

四 《新唐书》得失评论

论《新唐书》之得失，可观曾公亮《新唐书》进表，云："其事则增于前，其文则省于旧。"然刘安世《元城语录》则云："事增文省，正《新书》之失。"亦是确评。夫文日趋烦，势也。若欧阳永叔之专务褒贬，宋子京之刻意学古，必难据事直书，以著其实。以文害史，非信史之道，故书甫颁行，吴缜《纠谬》，即踵之而起，其自序谓："《唐书》纪、志、表则欧阳公主之，传则宋公主之，所主既异，而不务通知其事，故纪有失而传不知，传有误而纪不见。……其始也修纪、志者，则专以褒贬笔削自任，修传者独以文辞华采为先，不相通知，各从所好，其终也遂合为一书而上之。"缜书虽不免苛求，然欧、宋之《新书》，意主文章而疏于考证，牴牾踳驳，所在不免。缜以本证法攻之，所举各失亦深中其病，有裨史学之研究也。

《新唐书纠谬》计二十卷，分二十目，隶事四百余条，其目为：

一、以无为有（五条）

二、似实而虚（五条）

三、书事失实（十条）

四、自相违舛（三十七条）

五、年月时世互差（二十六条）

六、官爵姓名缪误（五十条）

七、世系乡里无法（二十条）

八、尊敬君亲不严（三条）

九、纪志表传不相符合（五十七条）

十、一事两见而异同不完（二十一条）

十一、载述差误（四十条）

十二、事状重复（四十六条）

十三、宜削而反存（十一条）

十四、当书而反阙（十九条）

十五、义例不明（八条）

十六、先后失序（七条）

十七、编次不当（五条）

十八、与夺不常（六条）

十九、事有可疑（十三条）

二十、字书未是（内误用字廿九，不经字十七，讹错字三十四）

吴缜所纠，难谓非是，论者多以为缜初登第，因范景仁而请于欧阳永叔，永叔以其年少轻佻，不许，及《新史》成，作此书诋毁。故钱大昕于《跋新唐书纠缪》文中，又攻其失，举出多条，谓其未达于地理，未达于官制，未达于小学，其结论谓："新史舛缪固多，廷珍（缜字）所纠非无可采，但其沾沾自喜，只欲快其胸臆，则非忠厚长者之道，欧公以轻佻屏之，宜矣。"

《四库提要》亦有持平之论云："其所攻驳，亦未尝不切中其失。然一代史书，网罗浩博，门分类别，端绪纷挐，出一手则精力难固〔周〕，出众手则体裁百异。爰从三史以逮八书，牴牾参差，均所不免，不独此书为然。吴缜所纠，存备考证则可，因是以病《新书》，则一隅之见矣。"

又《十七史商榷》云："《新书》最佳者表、志，列传次之，本纪最下。"亦是确评。至司马光之修《通鉴》，悉据《旧书》，于《新书》无取，或因修旧书时去唐未远，文虽繁冗，史实较为可信耳。

总上所论，新、旧二书，各自短长。《新书》表虽不备，《旧书》并表而无之。《旧书》无兵志，则有唐一代府兵彍骑等制，于何记载？无《选举志》，则明经、进士诸科之沿革，一代选举之规模，于何稽考？新书增之，是矣。新书增《公主传》，则柴绍妻之佐成帝业，安乐公主之弑逆，太平公主之谋变，条分罗列。增《奸臣传》，则李林甫、卢杞、崔昭纬、崔胤、柳璨之奸邪，诚足示诫。增《藩镇传》，则各镇传袭杀夺，一览瞭然。此则不仅取材既富，亦创例之得者也。

第十八章　《旧五代史》

一　《旧五代史》年余成书

　　《旧五代史》一百五十卷,《目录》二卷,宋薛居正等奉敕撰。先时宋太祖开宝六年,诏修梁、唐、晋、汉、周书,监修者为司空同中书门下平章事薛居正,同修者为卢多逊、扈蒙、张澹、李昉、刘兼、李穆、李九龄等,逾年成书。

　　论及薛史者,宋王应麟《玉海》所引《中兴书目》之言较详,其言曰:"《五代史》一百五十卷,薛居正等撰。开宝六年四月二十五日戊申,诏梁、后唐、晋、汉、周五代史,宜令参政薛居正监修,卢多逊、扈蒙、张澹、李穆、李昉等同修。七年闰十月甲子书成,凡一百五十卷,目录二卷,赐器帛有差。凡记十四帝,五十三年,为纪六十一,志十二,传七十七。"但《宋史·薛居正传》则言:"开宝五年,自吏部侍郎参知政事……又兼门下侍郎监修国史,又兼修《五代史》,踰年毕,赐以器币。"与《玉海》所言开宝六年诏修为早一年。至修史之时间,无论以《宋史》言,以《玉海》言,均不过一载,古今来成史之速,除明初修《元史》外,无有逾于此者。其次《五代史》之修,卢多逊、扈蒙等之力为多,居正仅领衔监修而已。复次,诏修者,初为梁、唐、晋、汉、周书,其曰《五代史》者,乃后人总括之名。

考《薛史》成书之速，全采各朝实录。《二十二史劄记》云："五代虽乱离，各朝俱有实录。梁贞明中，诏李琪、张衮郃、殷象、冯锡嘉修《太祖实录》，共成三十卷。寻以事多漏略，又诏敬翔补辑，翔乃别成三十卷，名曰《大梁编遗录》，与《实录》并行（见《薛史》李琪及敬翔传）。此《梁祖实录》，贞明中所成也。后唐明宗天成四年，诏卢质、何瓒、韩彦晖，纂修武皇以上及《庄宗实录》，瓒奏张昭有史才，尝私撰《同光实录》，又欲撰《三祖志》，并藏唐昭宗赐武皇制诏九十余，请以昭为修撰，并其所撰送史馆，从之。昭以懿献及武皇不践帝位，乃为《纪年录》二十卷，《庄宗实录》三十卷上之（见《薛史·唐纪》及《五代会要》，《宋史·张昭传》）。此唐武皇以上《载纪》及《庄宗实录》，乃天成中所成也。清泰二年，命史官修《明宗实录》，次年监修国史姚顗，史官张昭、李祥、吴承范等，修成三十卷上之（见《薛史》《唐纪》及《吴承范传》《宋史·张昭传》）。此《明宗实录》，清泰中所成也。晋在汉前，而晋祖实录，反成在后。后周广顺元年七月，史官贾纬等以所撰《晋高祖实录》三十卷，《少帝实录》二十卷上之。此晋二帝实录，皆周广顺中所成也。汉乾祐二年二月，诏左谏议大夫贾纬等修《高祖实录》，是年十月，监修国史苏逢吉、史官贾纬等修成二十卷上之（见《汉纪》）。此《汉祖实录》，乾祐中所成也。周显德三年，诏兵部尚书张昭纂修《太祖实录》，五年，昭等修成二十卷上之。六年世宗崩，王溥请修《世宗实录》，以扈蒙、张澹、王格、董淳，为纂修官（见《周纪》及《宋史·王溥传》）。此《周太祖实录》，皆显德中所成，而《世宗实录》亦是时所修也。其梁庶人友珪及末帝等实录，亦皆周代所修。显德三年，诏张昭补修梁末帝及唐清泰帝两朝实录，昭奏本朝太祖历试之事在汉隐帝时，请先修《隐帝实录》，以全太祖之事；又梁末帝之上，有郢王友珪弑逆，数月未有记录，请仿《宋书》元凶劭之例，书为"元凶友珪"；唐清泰帝前，尚有闵帝在位四日，亦未有编纪。并请修闵帝实录，其清泰帝，请书为废帝，从之（见《周纪》及《五代会要》、《宋史·张昭传》）。此梁庶人友珪及末帝，唐闵帝、废帝，汉隐帝实录，皆周显德中所补修。可见五代诸帝，本各有实录。薛居正即本之以成书，故一年之内，即能告成。"

　　除上述各朝实录外，尚有范质之《五代通录》，尤为主要蓝本。观王氏《玉海》四十八云："建隆《五代通录》六十五卷，建隆中昭文馆大学士范质撰。以《五代实录》共三百六十卷为繁，遂总为一部，命曰《通录》。肇自梁开平，迄于周显德，凡五十三年。"据此，《薛史》之成，除参考累朝实录外，多本范质《五代通录》，故年余书即告成。

二　今存辑本不无改窜

　　《薛史》因成书过速，剪裁采访之间，难免欠当之处。故欧阳修以薛居正史烦猥失实，重加修定，稿藏于家。修没后，朝廷闻之，于熙宁五年（1072年）诏其家上之，取以付国子监刊行，学者始不专习《薛史》，然二书犹并行于世。至金章宗泰和三年，即南宋宁宗之开禧三年（1274年）十一月癸酉，诏新定学官内削去薛居正《五代史》，止用欧阳修所撰，于是《薛史》遂微。

　　《薛史》初未曾立学，宋人官方"十七史"，并无《薛史》在内，至此遂正式被斥。元明以来，罕有援引其书者，传本亦渐渐湮没，惟明内府有之，见于《文渊阁书目》，故《永乐大典》多载其文，然均割裂分述，淆混莫辨，已非居正篇第之旧。清乾隆间，《四库全书》告成，后四库馆臣校勘《永乐大典》，凡《薛史》之散入于《大典》者，就《玉海》以辨其卷第，就《大典》

以辑其遗文。复从"因韵以求字，因字以考事"之割裂分述中，还其原状，凡《大典》中原文之有"事见某书"，则按代分编以复其旧；凡《大典》中有缺文，则采《册府元龟》、《五代会要》、《通鉴》、《契丹国志》、《北梦琐言》、《通鉴考异》及《五代史料》共百余种，以补其缺。又为分行双注，注明出处，以免与《大典》原文之混淆。至《大典》所载，字句脱落、音义舛误者，则又征引前代各书，参互校订，即五代碑碣尚在者，亦用为参校之资。如此穷搜力索，荟粹编次，十得八九。至辑集用力最勤，总其事者，为馆臣邵晋涵。后又正式立于学官，定为正史之一。

又考《旧五代史》，近有三种辑本。一为乾隆四十九年武英殿刊本，即今之殿本。此辑本无注明《永乐大典》卷数，其特征有三：（1）为遇庙讳则改字。（2）为如"玄"改为"元"，"胤"改为"允"。（3）为删卷九十六南唐《郑玄素传》等。后来湖北官书局刻本，五洲同文局石印本，老同文局重写影印本，以及南沙席氏、新会陈氏刻本等，均同。二为民国十年丰城熊氏影印南昌彭氏藏本，其书有三特征：（1）注明《永乐大典》卷数。（2）遇庙讳缺笔不改字。（3）卷七十一脱《淳于晏传》。三为民国十四年吴兴刘氏刻甬东卢氏藏本，亦从四库馆原辑本出，传写在殿本之前，熊氏本之后，《淳于晏传》已补入，《郑玄素传》未删，其他大体与第二种辑本同。商务百衲本《五代史》，即以吴兴刘氏本影行。

近人陈垣于《旧五代史辑本发覆》序中云："故老相传，殿本《薛史》曾经改窜，熊、刘本出，余尝品校殿本，字句果有异同。最著者，熊、刘本'戎王'二字，殿本悉改为契丹或契丹主。又尝以《册府元龟》校三本，异同之处尤多。其传写脱误、庙讳、改字及率意改窜者，余别有校记。其最可注意者，为'胡虏夷狄'等字，莫不改易或删除也。是以不独殿本然，熊、刘亦莫不然。初以为《册府元龟》引《薛史》时所改窜，然《册府》例不改旧文。又以为《册府》所引有《薛史》与《实录》之殊，然《册府》数门同引一事者，其字句多同，即有不同，而胡、虏、夷、狄等字，并不改讳避，知非关《册府》所引实录之殊也。更以《欧史》及《通鉴》诸书校之，往往有《欧史》、《通鉴》与《册府》同，而与今辑本异者，知改窜实出自辑本，其改窜且不止一次，故有熊、刘本与殿本之殊，凡所改三本皆同者，纂辑时所改者也。殿本异而有挖补痕，或增删字句以就行款者，雕成后所改者也。第一次所改为总纂及纂修官之事，占十之六；第二次及第三次所改，为总校或分校官之事，占十之四，然发纵指示者，仍在总裁也。一百五十年来，学者承诵引据，以为《薛史》真本为此，信奉不疑，而孰料其改窜至如此，今特著其忌改之例，以发其覆。"陈氏举例有一百九十四条之多，可见此书辑本窜改处为数不少也。

三　《旧五代史》之卷帙、内容

唐之末叶，都门之外，尽是方镇。唐社既屋，遂蝉蜕为五代十国，分裂疆土，宰割河山。在中原代易者，有梁、唐、晋、汉、周五朝，共八姓，十三主，五十四年（907—960年）。史家以其为唐宋传统所系，故总称之曰"五代"；又为别于前代，各冠以"后"字。在南北分峙者，尚有前蜀、吴、吴越、闽、南汉、南平、楚、南唐、后蜀、北汉等十国，与五代原无正闰之分，其传世历年，且永于五代；至吴、越、南汉、南平、楚等之享国，则较五代合计为久。惟五代地居中州，承唐启宋，合代表此一时代焉！

《五代史》原书体例，今不可得见，惟于梁、唐、晋、汉、周，逐国各断，各自为书，仿陈寿《三国志》之体，故全书一百五十卷，其分配如下：

《梁书》，第一卷至二十四卷　　廿四卷

《唐书》，第廿五卷至七十四卷　　五十卷

《晋书》，第七十五卷至九十八卷　　廿四卷

《汉书》，第九十九卷至一百九卷　　十一卷

《周书》，第一百十卷至一百卅卷　　廿二卷

《世袭列传》二卷

《僭伪列传》三卷

《外国列传》三卷

《志》十二卷

上共一百五十卷，凡为纪六十一卷，志十二卷，传七十七卷。

纪六十一卷，据《五代史》凡例云："《薛史》本纪沿《旧唐书》帝纪之体，除授沿革，巨纤毕书。惟分卷限制，为《永乐大典》所割裂，已不可考。详核原文，有一年再纪元者，如上有'同光元年春正月'，下复书'同光元年秋七月'，知当七月以后，别为一卷。盖其体例亦仿《旧唐书》，《通鉴》尚沿其例也。今厘定编次，为本纪六十一卷，与《玉海》卷数符合。"因《薛史》多本朝实录，故于本纪书法，若与《欧史》比较，显见回护之处，详见《廿二史劄记》"薛史书法回护处"条。

志十二卷，据凡例云："《薛史》诸志，《永乐大典》内偶有残阙，今俱采《太平御览》所引增补，仍节录《五代会要》诸书，分注其下，以备参考。"

列传七十七卷，据凡例云："五代诸臣，类多历仕数朝，首尾牵连，难于分析。欧阳修《新史》，以始终从一人者，入梁、唐、晋、汉、周臣传；其兼涉数朝者，则创立《杂传》归之，褒

贬严谨，与史法最合。《薛史》仅分代立传，而以专事一朝及更事数姓者，参差错列，贤否混淆，殊乖史例，此即其不及欧史之一端。因篇有论赞，总叙诸人，难以割裂更异，始仍其旧，以备参考，得失所在，读史者自能辨之。"

王鸣盛《十七史商榷》则非之云："……即如晋臣止三人，周臣止三人，太觉寂寥，已为可笑。况彼时天下大乱，易君如置棋，安所得纯臣而传之。晋三人中，桑维翰，唐同光中已登进士第；景延广，梁开平中已在行间；而吴峦，唐长兴中为大同军节度判官，又为唐守城，已非纯晋。况周王朴，汉乾祐中擢第解褐授校书郎，非曾仕汉者乎？妇人屡嫁，以末后之夫为定。援此例，则《薛史》以冯道入《周书》极妥，反嫌他传未能如此划一耳！何必别题作《杂传》？若以其失节而别题之，则以各代之臣为贤于《杂传》中人，而其专事一朝者，其奸佞亦多，欧公已自言之，岂不进退无据？且唐明宗不但与庄宗非一家，并即是庄宗之叛臣；废帝别姓王氏，又系弑愍帝自立者，而其臣历事各主者，概入唐臣，则与名为'杂'者何异哉！"

《薛史》于本纪虽多回护处，但于列传诸臣，不论其与居正同仕前朝，或其子孙与居正同官于宋，记载均不失是非之公，颇多直笔。《廿二史劄记》云："……赵延寿子廷赞，仕宋为卢、延等州节度使，而《延寿传》不讳其背晋附辽，求为辽太子之事。崔协子颂，仕宋为谏议大夫，而《协传》直书任圜讥其没字碑。符存审子彦卿仕宋，封魏王，而《存审传》不讳其少时犯罪，将就戮，以善歌，得妓者救免之事。王继宏子永昌仕宋为内诸司使，而《继宏传》载其曾为唐英将，唐英侍之甚厚，后竟杀唐英、自为留后，曰：'吾侪小人，若不因利乘便，何以得志。'尹晖子勋仕宋为防御使，而《晖传》不讳其反戈推戴唐废帝之事，传赞并谓'因倒戈而杖钺，岂义之士之所为'。赵在礼、孙廷勋仕宋，历岳、蜀二州刺史，而《在礼传》载其在宋州贪暴，及移镇，民相贺曰：'拔去眼中钉矣！'在礼闻之，怒，又乞留宋一年，每户征钱一千，号'拔钉钱'，后契丹入汴，索在礼货财，在礼不胜愤，以衣带就马枥自缢死。安审琦三子，皆仕宋为显官，而审琦妾通于隶人，遂与之通谋杀死审琦之事，传中亦不讳。——此足见其直笔，不以同官而稍有瞻徇也。……"

梁、唐、晋、汉、周书，既逐国各断，今再分述之：

《**梁书**》二十四卷，其分配如下：

《本纪》十卷

　　《太祖纪》七卷　　《末帝纪》三卷

据《凡例》云："《薛史》本纪俱全，惟《梁太祖纪》原帙已阙，其散见各韵者，仅得六十八条。今据《册府元龟》诸书，征引《薛史》者，按条采掇，尚可荟萃。谨仿前人取魏澹书、高氏《小史》补《北魏书》之例，按其年月，条系件附，厘为七卷。"

《后妃列传》一卷

据《凡例》云："《后妃列传》，《永乐大典》中，惟《周后妃传》全帙俱存，余多残阙。今采《五代会要》、《通鉴》、《契丹国志》、《北梦琐言》诸书，以补其缺，用双行分注，不使与本文相混。"

《宗室列传》一卷

《诸臣列传》一卷

《**唐书**》计五十卷，分配如下：

《本纪》二十四卷

　　《武皇纪》二卷　　《庄宗纪》八卷　　《明宗纪》十卷

　　《愍帝纪》一卷　　《末帝纪》三卷

《后妃列传》一卷

　　　《宗室列传》二卷

　　　《诸臣列传》二十三卷

　　《晋书》二十四卷，分配如下：

　　　《本纪》十一卷

　　　　《高祖纪》六卷　　《少帝纪》五卷

　　　《后妃列传》一卷

　　　四库馆臣注："《晋后妃传》，《永乐大典》已佚。今采《五代会要》、《通鉴》、《契丹国志》、《文献通考》所载晋后妃事，分注，以补是书之缺。"

　　　《宗室列传》一卷

　　　四库馆臣注："晋《宗室列传》，《永乐大典》仅有四篇，余多残阙。"

　　　《诸臣列传》十一卷

　　《汉书》计十一卷，其分配如下：

　　　《本纪》五卷

　　　　《高祖纪》二卷　　《隐帝纪》二卷

　　　《后妃列传》一卷

　　　《宗室列传》一卷

　　　《诸臣列传》四卷

　　《周书》计廿二卷，其分配如下：

　　　《本纪》十一卷

　　　　《太祖纪》四卷　　《世宗纪》六卷　　《恭帝纪》一卷

　　　《后妃列传》一卷

　　　《宗室列传》一卷

　　　《诸臣列传》九卷

　　以上为梁、唐、晋、汉、周书。至**《世袭》**、**《僭伪》**、**《外国列传》**，计：

《世袭列传》二卷

据凡例云："《薛史》标目，如李茂贞等称《世袭传》，见于《永乐大典》原文。"传李茂贞、马殷、钱镠等凡七人，另附传十五人。

《僭伪列传》三卷

据凡例云："其杨行密等称《僭伪传》，见于《通鉴考异》。今悉依仿编类，以述其传。"传杨行密、李昪、孟知祥等八人，另附传十二人。惟传多略载伪主事，其臣多无传，此则《欧史》稍详备。

其传外国者有《外国列传》，计：

《外国列传》二卷

契丹一卷　吐蕃、回鹘等十一国为一卷

《志》十二卷，计：

《天文志》一卷：案《天文志序》，原本阙佚，然其日食、星变诸事迹俱存，较《欧史·司天考》为详备。今考《五代会要》所载星变、物异，与《司天考》互有详略。查五代典章散佚，各记所闻，未能划一，参考诸书，当以是书为得其实焉。

《历志》一卷，据《欧阳史·历志》，宋时已阙。

《五行志》一卷：述水淹、风雨、地震、虫鱼、禽兽、蝗及天变灾异。借此警帝皇，以冀其修德补过。

《礼志》二卷：《礼志序》原本阙佚。

《乐志》二卷：述五代乐事沿革之由。

《食货志》一卷：志序原本阙佚。今《食货志序》，系采《容斋三笔》所载《薛史》文。卷中惟盐法载之较详，其田赋、杂税诸门，仅存大略。

《刑法志》一卷：志序原本阙佚。

《选举志》一卷：述五代审官取士之方。

　　《职官志》一卷：述五代官品厘革升除，志中不述往代，即本代亦甚简略，于官制亦少叙述。

　　《郡县志》一卷：志序阙佚。

　　志阙艺文，清顾怀三有《补五代史艺文志》一卷。

　　《五代史》无表，万斯同《历代史表》补之者有十一卷，计十一表：《诸王世表》、《将相大臣年表》、《诸国世表》、《诸国年表》、《诸镇年表》、《吴将相大臣年表》、《南唐将相大臣年表》、《南汉将相大臣年表》、《蜀汉将相大臣年表》、《后蜀将相大臣年表》、《北汉将相大臣年表》。此外，清万光泰有《五代十国世家年谱》，吴廷燮有《五季方镇年表》。

四　《旧五代史》自有价值

　　论《薛史》者，宋初即有人致其不满之词，如《玉海》原注云："其书取《建康实录》为准，胡旦以为褒贬失实。"是宋初或已不甚重其书。观宋之"十七史"，并无《薛史》在内，可为反证。迨《欧史》既成，学者摄〔慑〕于欧阳修之文名，惑于其《春秋》之笔法，加以金章宗以诏令正式削去《薛史》，止用《欧史》，于是《薛史》日就湮没，数百年来鲜道及者。迨明永乐中开馆于文渊阁，辑《永乐大典》，文渊阁藏书中，尚有《薛史》在内，因割裂分述于《大典》中。然自此以后，《薛史》踪迹便杳，书之存否天壤间，学者既鲜道及，亦无人肯定。清初藏书最多者，如虞山钱谦益之绛云楼，其所积几埒内府，亦无《薛史》在内。乾隆中四库馆臣，仍从《永乐大典》中辑出，稍还其旧，而原书终不可得见，然亦未敢其必亡。章太炎《史学略说》，谓皖人汪允中自言家有《薛史》原本，汪没不知其书所在，有谓沦为异域；后乃知归丁乃扬，扬珍惜孤本，不肯示人，世遂无有见之者。设使原书复出，非大快事耶！

四库馆臣，既辑《薛史》成，当时叹为盛事，故《四库提要》云："……遂得依原本卷数，勒成一篇，晦而复彰，散而复聚，殆实有神物呵护，以待时而出者。遭逢之事，询〔洵〕非偶然也。"《十七史商榷》则云："若非旧史复出，几叹无征。"则《薛史》又何可湮没？尝考《薛史》之价值，优于《欧史》者有三：

一曰见闻较近　薛修《五代史》，上距五代之季，不过十有余年；即居正本人，亦曾历官五代。在晋，桑维翰为开封尹，以居正为判官；在周，为三司推官知制诰；宋初，则奉诏监修《五代史》。故对五代纷争之史实，均曾目睹经历者。且振笔于五代新亡之后，收集史料较易。加以助修之人既多，见闻亦周，故文笔虽不及《欧史》，而见闻则广而且周。欧修《五代史》，距五代且越百年，其时旧籍散佚，老成凋谢，采访为难，较之身历其境，如"白头宫女闲话玄宗"，情味亲切，有判然不同者矣。

一曰事实较详　《薛史》取材，多本实录，益以亲见亲闻，故事多详备。欧阳修斥其"烦猥"，不知"烦猥"正薛史之长。曰烦曰猥，则史实必多，取材较富。观《四库总目提要》云："盖修所作，皆刊削旧史之文，意主断制，不肯以纪载丛碎自贬其体，故其词极工，而于情事或不能详备。至居正等奉敕撰述，本在宋初，其时秉笔之臣，尚多逮事五代，见闻较近，纪传既首尾完具，可以征信。故异同所在，较核事迹，往往以此书为证，虽其文体平弱，不免叙次烦冗之病，而遗闻琐事，反藉以获传，实为考古者参稽之助。"

一曰诸志有裨文献　《薛史》有志十二卷，为目十；《欧史》仅《司天》、《职方》两考，寥寥数语，于唐宋之际典章制度因益损革，阙言不详。故《四库总目提要》论之曰："《欧史》止述《司天》、《职方》二考，而诸志俱阙，凡礼乐职官之制度，选举刑法之沿革，上承唐典，下开宋制，一概无征，亦不及《薛史》诸志有裨文献。"

　　总上所论，《薛史》无论以修史之时期言，以取资之材料言，以内容之方面言，均有其本身存在之价值。故《四库提要》云："司马光作《通鉴》，胡三省作《通鉴注》，皆专据《薛史》，而不取《欧史》。沈括、洪迈、王应麟为一代博洽之士，所著述于薛、欧二史，亦多兼采，而未尝有所轩轾。"纵文笔平弱，体欠严谨，而《薛史》决不可废也。

第十九章 《新五代史》

一 欧阳修私撰《新五代史》

《新五代史》七十四卷，宋欧阳修撰。修字永叔，庐陵人。幼敏悟过人，读书辄成诵，及冠，嶷然有声。举进士，试南宫第一，遂以文名冠天下。初入朝，为馆阁校勘，累迁知制诰，龙图阁直学士，河北转运使，又知滁州。嘉祐五年，拜枢密副使。六年参知政事，与韩琦同心辅政，国事日理。后以追崇濮王事，为群小所忌，罢为观文殿学士，知亳州。明年，累迁兵部尚书，年六十，连乞谢事。熙宁四年，以太子少师致仕。五年卒，谥文忠。

修为文，天才自然，丰约中度，其言简而明，信而通，弘物达类，推之于至理，以服人心，超然独务，众莫能及，故天下翕然师尊之。方奉诏修《新唐书》纪、志、表时，私撰《五代史记》，法严词约，多取《春秋》遗旨。书成后藏于家，不轻示人。修殁后，熙宁五年（1072 年）八月十一日，诏其家上之，十年五月庚申，诏藏秘阁，并为刊行。

二 《新五代史》体例、笔法特色

《新五代史》本名《五代史记》，王应麟《玉海》引《中兴书目》云："《五代史记》书目又七十四卷，欧阳修撰，徐无党注，纪十二，传四十五，考三，世家及年谱十，四夷附录三，总七十四卷。修没后，诏其家上之。"故是书原名《五代史记》，后人或称《新五代史记》，或称《新五代史》，或简称《五代史》，随意增减，均非原名，亦无定称。迨《薛史》列为正史，名为《旧五代史》，则欧《五代史》当名《新五代史》矣。

《新五代史》七十四卷，计：

甲，本纪十二卷，列表以明之：

《梁本纪》(907—923)	卷一与卷二	《太和纪》	朱温	开平四乾化三	温，砀山人。初从黄巢，后降唐，赐名全忠，封梁王。天祐四年，篡位于大梁，后迁洛阳都之，在位七年，为其子友珪弑之。
	三卷	《末帝纪》	朱友贞后更名锽又更名镇	贞明龙德	温子，封均王，诛友珪立，在位十一年。唐兵入汴，为其下所杀。
《唐本纪》(923—936)	卷一与卷二	《庄宗纪》	李存勖	同光	沙陀李克用子，本姓朱耶，赐姓李氏。其父以讨巢功封晋王，克用死，嗣晋王位，后灭梁称帝，在位四年，丙戌兵乱，中流矢崩，都洛阳。
	卷三	《明宗纪》	嗣源	天成长兴	代北狄人，克用养子。同光三年，为邺都乱兵所立，在位八年。
《梁本纪》(907—923)	卷四	《愍帝纪》	从厚	应顺	明宗三子，封宋王，在位四月，潞王（废帝）兵入，出奔遇害。
		《废帝纪》	从珂	清泰	明宗养子，本姓王，弑愍帝自立，在位三年，石敬塘兵逼自焚。
《晋本纪》(936—947)	卷一	《高祖纪》	石敬塘	天福	沙陀人，其姓石氏，不知所始。以北京留守举兵，为契丹册立，在位七年，都洛阳，后迁开封。
	卷二	《出帝纪》	重贵	天福开运	高祖兄子，初封齐王，在位五年，契丹入大梁，被执北迁。

《汉本纪》(947—951)	共一卷	《高祖纪》	刘知远	天福乾祐	本沙陀人，世居太原。契丹灭晋，以太原王即帝位于晋阳，入都大梁，在位年余。
		《隐帝纪》	承祐	乾祐	高祖第二子，封周王，在位二年，郭威犯阙弑之。
《周本纪》(951—960)	卷一	《太祖纪》	郭威	广顺显德	邢州尧山人，以邺都留守入汴，自立为帝，在位四年。
	卷二	《世宗纪》	荣	显德	太祖养子，本姓柴氏，后之侄，封晋王，在位六年。
		《恭帝纪》	宗训	不改元	世宗第四子，封梁王，旋禅位于宋。

薛、欧二史，体例不同之点，为一主断代，逐国各断，仿陈寿《三国志》之体；一则综合，远祖《史记》，近法李延寿《南北史》之例。《十七史商榷》极非之，其言曰："史家既自班、范断代为史，体裁已定，准情酌理，百世不可易也。陈氏《三国志》逐国各断，未尝并合，则《南北史》亦宜逐朝各断，而延寿乃合之……其实南北诸朝，各自为代，何可合也。薛居正《五代史》力矫延寿之失，梁、唐、晋、汉、周仍各自为一书，极是。乃欧阳永叔《五代史记》，又大反故辙。……错综记载，若合为一代者然。其所以错综记载，岂非欲效《史记》乎？《史记》意在行文，不在记事，况上下数千年，贯穿数十代，自不能断代为之。若五代，仍《薛史》旧规可矣，何必改作……"王氏之论，未免欠当。五代各朝，均无完全统一中国之事，国祚又短，断代为史，亦有可议之处。《欧史》综合，本是不差；惜其于综合之中，体例未曾划一，如类叙为梁臣、唐臣、晋臣、汉臣、周臣传，又立《杂传》等，自乱体例。

《欧史》于本纪书法，仰师《春秋》，最为严谨褒贬之意，跃然纸上。如同一用兵，有两相攻曰"攻"，如《梁纪》，孙儒攻杨行密于扬州；以大加小曰"伐"，如《梁纪》，遣刘知俊伐岐；有罪曰"讨"，如《唐纪》，命李嗣源讨赵在礼；天子自往曰"征"，如《周纪》，东征慕容彦超。同一得地，易得曰"取"，如张全义取河阳；难得曰"克"，如庞师古克徐州。同一归顺，以身归曰"降"，如冯霸杀潞将李克恭来降；以地归曰"附"，如刘知俊叛附于岐。同一立后，得其正者，曰"以某妃某夫人为皇后"，如《唐明宗纪》"立淑妃曹氏为皇后"；立不以正，曰"以某氏为皇后"，如唐《庄宗纪》"立刘氏为皇后"。凡此，皆先立一例，而各以事从之。褒贬自见。

其他书法，亦各有用意之处。如《梁纪》书"弑济阴王"，王即唐昭宣，不曰"昭宣帝"，而曰"济阴王"者，逊位后梁所封之王，书之以纪其实，又书"弑"以著梁罪。襄州军乱，杀其刺史王班，不书"王班死之"，而以被"杀"为文者，智不足以卫身而被杀，不可以死节予之。杀王师范，不曰"伏诛"，而曰"杀"者，有罪当杀曰"伏诛"；不当杀，则以"两相杀"为文。郢王友珪反，"反"与"叛"不同，"叛"者背此附彼，"反"则自下谋上，恶逆更大；反不书日，反非一朝一夕，难得其实。梁太祖、唐庄宗皆被弑，故不书"葬"；唐明宗考终，宜书"葬"矣，以贼子从珂所葬，故亦不书。《梁纪》，天雄军乱，节度使贺德伦叛附于晋，首系张彦，而书德伦者，责在贵者也；而德伦究不可加以首恶，而可责以不死，故书"叛附于晋"。唐灭梁，敬翔自杀，翔因梁亡而自杀，可谓忠矣，不书"死之"，而但书"自杀"，以梁祖之恶皆翔所为，故不以死节与之。除官，非宰相、枢密使不书，而《唐纪》书教坊使陈峻为景州刺史、内园栽接使、储德源为宪州刺史者，著其授官太滥。《明宗纪》先书皇帝即位于枢前，继书魏王继岌薨，见其即位时，君之子尚在，则其反，不待辨而自明。又书郭从谦为景州刺史，既而杀之，从谦弑庄宗，乃不讨而反官之，见明宗之无君；其罪本宜诛，乃不书"伏诛"，

而书"杀",明宗亦同罪,不得行诛,故以两相杀为文。秦王从荣
以兵入兴圣宫,不克伏诛,从荣本明宗子,以明宗病,恐不得立,
以兵自助,故不书"反",而称"以兵入宫",其罪当诛,故其死
书"伏诛"。《汉纪》隐帝崩,即书"汉亡",隐帝被杀后,尚有李
太后临朝,及迎湘隐公赟嗣位之事,汉犹未亡,而即书"汉亡",
见太后临朝等事,皆周所假托,非汉尚有统也。《周太祖纪》书汉
人来讨,周祖篡汉得位,崇之于周,义所当讨,故书"讨"也。
《世宗纪》,书帝如潞川攻汉,不曰"伐"而曰"攻",曲在周也。
此可见本纪书法,一字不苟也。(《廿二史劄记》)

然亦有可议之处。如李克用,似未便与曹孟德一例。故《薛
史》虽作本纪,称为武皇,削一"帝"字,稍示别异。《欧史》
则以其事入《庄宗纪》,但题为"庄宗",而尽一卷皆叙克用事
实。凡论赞,不云"论曰"、"赞曰",或"史臣曰",而以"鸣
乎"领之,已为可怪。乃梁末帝竟无论赞,意以末帝无大劣迹,
蒙父余孽,为强敌所灭,故置不论。然即以此意论断亦可,何以
阙之,使史体欹侧偏枯?克用事叙毕,既用"鸣呼"唱叹,乃忽
考沙陀种族原委,克用功罪,概置不论。唐庄宗、晋高祖、周太
祖,亦无论赞,则更不可解。唐愍帝、废帝共一纪,而论赞独论
安重悔〔海〕之死与愍帝之见弑,若废帝之得失,不及一语,亦
失体。晋《出帝纪》论赞,痛诋其封父敬儒为王、敬□为皇伯
事。予所未喻者,一篇本纪,缀以论赞,自当详说其政事得失,
与致亡之由,乃独摘一事论之,其余皆置不道,何哉?汉高
祖、隐帝共一纪,而论赞独论高祖黜开运号一事,隐帝则只字
不提,亦非。唐《愍帝纪》,末但云戊辰如卫州,便阒然而终。
徐注云:"不书帝崩者,当于《废帝纪》书弑郢王也。"注虽如
此曲说,其实应并后事书之,使首尾完具,不当作此不了之
笔;即不然,亦宜接一句云:后事在《废帝纪》。今悬空缩住,

全无结构，成何体制。总而言之，欧公以《薛史》为平钝，欲法《史记》，意在别立体裁，决破藩篱。数此纷纷，聊于纪论之余，不具。（《十七史商榷》）

乙，列传四十五卷，悉为汇传，此为《新五代史》所独创，而为他史所无者。计：

《家人传》七卷　内梁《家人传》一卷，唐《家人传》三卷，晋《家人传》一卷，汉《家人传》一卷，周《家人传》一卷。按："家人传"之目，为《欧史》所创，将王子、后妃合叙为一传，传首有序。

梁、唐、晋、汉、周《臣传》　内《梁臣传》三卷，《唐臣传》一卷，《晋臣传》一卷，《汉臣传》一卷，《周臣传》一卷，共计十一卷。卷首序云："呜呼！孟子谓春秋无义战，予谓五代无全臣。无者，非无一人，盖仅有之耳。余得死节之士三人焉！其仕不及于二代者，各以其国系之，作梁、唐、晋、汉、周臣传。其余仕非一代不可以国系之者，作《杂传》。夫入于杂，诚君子之所差〔羞〕，而一代之臣，非必［皆］可贵也，览者详其善恶焉！"观此序，其意甚明，凡专仕一代者概入之；惟虽仕一代，其中亦贤奸并著。

《死节传》一卷　卷止三人，为王彦章、裴约、刘仁瞻。按《欧史》发论，必称"呜呼"，独此传序无之。因五代为乱世，无全臣，感慨颇多，死节之士为难能可贵，例当美之，对王彦章尤褒之不遗余力也。

《死事传》一卷　卷止十人。其序云："吾于五代，得全节之士三人而已。其初无卓然之节，而终以死人之事者，得十有五人焉，而战没者不得与也。然吾取王清、史彦超者，其有旨哉！其有旨哉！"十五人中，五人不得立传，为马彦超、宋令洵、李逊、张彦卿、郑昭业。因马附《朱守殷传》，余见于本纪。按：别

"忠义"为《死节》、《死事》二目,此《欧史》之创例,他史无传焉。

《一行传》一卷 卷止五人,表彰洁身自好之士,嫉世远去而不可见者。

《唐六臣传》一卷

《义儿传》一卷 五代之季,养子渐乱宗法,欧阳见之而作此传,亦为史家创例。惟《十七史商榷》论之谓义儿不当别目,其言云:"欧公既以纯乎一朝者为梁臣、唐臣、晋臣、汉臣、周臣传,仕各朝者为'杂传',乃李嗣昭等八人,别目为'义儿',作一卷,多立名色,体例纠纷。其实嗣昭等本可入《唐臣传》,而五代养子甚多,不独唐有,何以标异之?"

《伶官传》一卷 五代伶官祸亟,欧鉴此作传,以唐庄宗本为英主,徒以好伶人,至身死国灭。

《宦者传》一卷

《杂传》十九卷 其历仕数朝人物,概入《杂传》。因五代倏更,诸人朝秦暮楚,臣节不坚,难于限断,故创此例。然亦有自乱其例者,如氏叔琮、李彦威、李振、韦震,皆只仕梁一朝,应入《梁传》,而入《杂传》;元行钦先事刘守光,继降唐,是应入《杂传》,而反列于唐臣传。

论《欧史》列传之失者,多以别梁、唐、晋、汉、周《臣传》及《杂传》为非。《十七史商榷》云:"……晋臣止三人,周臣止三人,太觉寂寥,已为可笑。况彼时天下大乱,易君如置棊〔棋〕,安所得纯臣而传之。晋三人中,桑维翰,唐同光中已登进士第;景廷〔延〕广,梁开平中已在行间;而吴蛮,唐长兴中为大同军节度判官,又为唐守臣,已非纯晋。况周王朴,汉乾祐中擢第解褐授校书郎,非曾仕汉者乎?妇人屡嫁,以末后之夫为定,援此例,则《薛史》以冯道入《周书》,极妥。反嫌他传未能如此划一耳，何必别题作《杂传》？若以其失节而别题之，则似各代之臣为贤于《杂传》中人，而其实专仕一朝者，其中奸佞亦多，欧公已言之，岂不进退无据？且唐明宗不但与庄宗非一家，并即是庄宗之叛臣；废帝别姓王氏，又系弑愍帝自立者；而其臣历事各主者，概入唐臣，则与名为'杂'者何异哉！"

其次，《欧史》列传，巧立名目，往往自乱其例。如《十七史商榷》云："欧公作王彦章画像记，褒之不遗余力，而《五代史》又为特立一'死节'之目，共只三人，彦章冠之，在彦章差不愧，而待宋、梁则过优。史建塘与父敬思，皆捐驱尽忠，应入《死节》，否亦宜入《死事》，而《欧史》但入《唐臣》。匡翰仕唐，又仕晋，应入《杂传》，乃《薛史》各传，而欧附《建塘传》，则又乱矣。即元行钦、桑维翰，亦死事也，而但为《唐臣》、《晋臣》。立例太多，则不能不乱。王得中为北汉使契丹被护于周，不以情告，世宗杀之，卓然死节，详见《通鉴》，而二史皆遗之，何哉！……总因多立名目，又将五代打和，故多不稳。若如旧史之逐代各断，名目不繁，则无此失。"

然"列传亦有折衷至当者，死节分明。如王彦章、裴约、刘仁瞻，既列之《死节传》矣，尚有宋令徇〔询〕、李遇、张彦卿、郑昭业等，皆一意矢节，以死殉国，而传无之，则以其事迹不完，不能立传故也。然于本纪特书'死之'以表其忠，故不在传之有无矣。张宪留守太原，庄宗被弑后，皇帝存霸来奔，或劝宪拘存霸，以俟朝命，张昭又劝其奉表昭宗，宪皆涕泣拒之，已而存霸为符彦超军士所杀，宪出奔沂州。《薛史》书宪坐弃城赐死，欧独明其不然，然则以其不死于太原，故亦不入于《死事传》，但书宪出奔沂州见杀而已。药彦稠、王思同皆以兵讨潞王从珂，为从珂所执而死，乃思同入《死事传》，而彦稠不入，则以思同词义不屈，系其甘心殉国者，彦稠第被执见杀，不可竟以死节予

之也"。(《廿二史劄记》)

丙，《考》三卷，为目凡二：《司天》《职方》是也。《司天考》二卷，即前史之《天文志》；《职方考》一卷，即前史之地理州郡也，名异而实同。《廿二史考异》论《司天考》云："《司天考》，刘羲叟为予求得其本经，然后王朴之历大备。按：羲叟所得者《步发敛》一篇，欧公已载入矣，其《日缠〔躔〕》、《月离》两篇所言盈缩二历，迟疾二百四十八限乃推步之原，羲叟既尽见之，而此考仍阙而不言，殆欧公厌其繁重而删弃之耳？欧公于推步一家，本未究心，其刊修《唐史》与羲叟同局，《天文》、《历志》皆出羲叟一手，此书《司天考》亦必出于羲叟也。但羲叟于《唐书》告成之后，旋即物故，而《五代史》成书，乃在其后十余年，不及预参订之役，遂致有不应删而删者，使大备之典，终于不备，良可惜矣。"

《十七史商榷》论《职方考》云："欧公改'志'作'考'，而《职方考》每行分六格，横列之即表也。第一行第一格书'州'字，下五格书五代名，第二行以下第一格书州名，下五格每代有者书'有'，无者空；始置者书'有'，无者空，而小注'某帝置'。为都者书'都'，在他国者书'他国'。名本有而后入他国者，先书'有'而又书他国名；先有而后废者，而小字注'罢军''罢州'，存者注'罢军'，都罢者注'罢都'，军名改易者，'有'字下注军名。梁之州多有先书'有'、又书'唐'者，若泽潞直书'唐'，不曰'有'，以其有之甚暂，不足以为有也。观此，益见顾宁人之误。"

欧阳修改"志"为"考"，仅志天文、地理，余则全付阙如，故《四库总目提要》评之曰："《周官》太史掌国之六典，汉法亦天下计书，先上太史。史之所职，兼司掌故，八书、十志，迁、固相因，作者沿波，递相撰述，使政刑礼乐沿革分明，皆所谓国之大纪也。修作是书，仅《司天》、《职方》二考，寥寥数页，余概从略，虽曰世衰祚短，文献无征，然王溥《五代会要》，搜辑遗编，尚裒然得三十卷，何以经修编录，乃至全代阙如？……"此论最为扼要。又，各史志均在传前，考则位居传后，此又排列序次之不同也。

丁，《十国世家》十卷，列表以明之：

《吴世家》 （892—937）	杨行密 渥 隆演 溥	有江淮廿八州，都扬州。	吴自杨行密据扬州，进爵吴王，一传长子渥，再传次子隆演，三传四子溥，称帝，国号吴，后禅位于李昇，凡四主、四十六年。
《南唐世家》 （937—975）	李昇 璟 煜	有长江下流廿一州，都金陵。	自李昇代吴称帝，一传长子元宗景，再传其子后主煜，后降宋，凡三主、三十九年。
《前蜀世家》 （891—925）	王建 衍	有川汉六十四州，都成都	自王建入据成都，唐昭宗时封蜀王，朱温篡唐，建乃称帝，一传至幼子衍，为唐庄宗所灭，凡二主、三十五年。
《后蜀世家》 （925—965）	孟知祥 昶	有山南及剑南四十六州，都成都。	自孟知祥据成都，唐昭宗时封蜀王，后称帝，一传至三子昶，降宋，凡二主、四十一年。
《南汉世家》 （905—971）	刘隐 龑 玢 晟 鋹	有岭南北四十七州，都广州。	自刘隐为广州节度后，封南平王，一传至弟龑〔龑〕，称帝，国号大越，寻改称汉，传子玢，再传弟晟，三传子鋹，后降于宋，凡五主、六十七年。
《楚世家》 （896—951）	马殷 希声 希范 希广 希萼 希崇	有湖南北十州，都长安。	自马殷据湖南，梁封楚王，唐赐谥武穆，传子希声、希范、希广、希萼、希崇，至希崇降南唐，凡六主、五十六年。

《吴越世家》（893—078）	钱镠	有浙东西十一州，都钱塘。	自钱镠为镇海节度使后，封为吴越王，传子元耀〔瓘〕，再传其子佐，三传佐子琮，至俶献地于宋，凡五主、八十六年。
	元瓘		
	佐		
	琮		
	俶		
《闽世家》（893—946）	王审知	有闽中五州，都福州	自王潮据福州，弟审知代为节度，后梁封为闽王，传长子延翰，自称大闽国王，至次子延钧即位称帝，传子昶，又传延羲（审知子），至延政独立于建州，国号殷，并灭于南唐，凡七主、五十四年。
	延翰		
	延钧		
	昶		
	延羲		
	延政		
《南平世家》（907—963）	高季兴	有荆、归、峡三州	南平又称荆南，自高季兴为荆南节度，传长子从诲，后唐封为南平王，历保融、保勖（从诲子），至继冲（保融子）降宋，凡五主、五十七年。
	从诲		
	保融		
	保勖		
	继冲		
《北汉世家》	刘旻	有太原十州，都太原	自刘旻称帝，一传承钧，再传继恩（承钧养子，本姓薛），三传继元（承钧养子，本姓何），凡三姓、四主、二十九年。
	承钧		
	继恩		
	继元		

此外，若岐陇之李茂贞，仅得称王，未遂僭伪之志。若幽州之李守光，虽曾称燕帝，旋即亡于后唐，并祚短土狭，过去史家皆摈诸十国之外。故钱大昕《潜研堂文集》云："世家之例，非欧公所创，梁武帝《通史》叙三国事，别立《吴蜀世家》，实开其先矣！然李茂贞、王岐，与杨行密、王建鼎峙；拓拔李氏，世有夏、绥、银、宥、静五州之地，亦南平王之亚也。皆当列世家之数，不宜散入复传，此又义例之未尽善者也。"

《欧史》于《十国世家》外，另有《十国世家年谱》一卷。谱即表也，欧喜复古，故以谱名。

戊，**《四夷附录》**三卷，一、二两卷记契丹事，三卷记奚、吐浑、达靼等。

三　《新五代史》以严简著称

评论《欧史》者，其说不一，誉之者谓班固复生、史迁再起，远绍《春秋》；然批评之者，亦大有人在，兹略述之。

建安陈师锡颇誉之，序云："五代距今百余年，故老垂绝，无能道说者。史官秉笔之士，文采不足以耀无穷，道学不足以继述作，使五十余年间废兴存亡之迹，奸臣贼子之罪，忠臣义士之节，不传于后世，来者无所考焉！惟卢陵欧阳公，慨然以自任，潜心累年而后成。其事迹实录详于旧记，而褒贬义例，仰师《春秋》，由迁、固而来，未之有也。"

《通考》引李方叔《师友谈记》云："欧公《五代史》，最得《春秋》之法，……故褒贬谨严，虽司马子长无以复加。"

清彭文勤举《薛史》以注《欧史》，而成《新旧五代史记注》，其例言云："欧阳公作《五代史记》，书法学《春秋》，文章学司马迁，自《晋书》以下十六代，未能或之先也。"

《廿二史劄记》云："《欧史》不惟文笔简净，直追《史记》，而以《春秋》书法寓褒贬于纪传之中，则虽《史记》亦不及也。"

其自述其撰书之宗旨云："昔孔子作《春秋》，因乱世而立法。余为本纪，以治法而正乱君，发论必以呜呼曰，此乱世之书，诸臣止事一朝曰某臣传，其更事历代者曰《杂传》，尤足以为世训。"

总上各家之论，一称其文笔简劲，直追班马；二誉其撰次义法，及褒贬远绍《春秋》，《欧史》之长，亦止于此。

论此书之失者，最初王安石即微有不满，据高似孙《史略》

云："神宗尝问欧阳修所为《五代史》如何，玉安石曰：'臣方读数册，其文辞多不合义理。'"清人于考据学、史学发达之际，尤多论其失。如钱大昕《十驾［斋］养新录》云："欧阳公《五代书》，自谓窃取《春秋》之义，然其弊正在乎学《春秋》。如《唐废帝纪》'三年十一月丁酉契丹立晋'，案《春秋》'卫人立晋'，晋者，公子晋也；立者，立其人也。此纪石敬塘事，当书'契丹立石敬塘为晋帝'，方合史例；今乃袭用'立晋'之文，此《史通》所讥，'貌同而心异'者也。"

《十七史商榷》更非之云："《欧史·梁末帝纪》，龙德三年上书'李继韬叛于晋来附'，下书'唐人取郓州'，唐即晋也，一行之中，上下异称，可乎？自应如《薛史》第一卷所云'晋王即唐帝位于魏州'，然后继以唐军袭郓州云云，方是。徐无党乃附会《欧史》为说云：晋未即位，已与梁为敌国，至其建号于梁，无所利害，故不书唐建号而书'唐人'者，因事而见耳！夫既以梁为本纪，凡天下事之大者，皆不可不书，况晋与梁为世仇，其建号何得谓于梁无利害乎？欧阳氏之师心自用，无党之阿私所好，按之史法，其失不小。"

此二条者，均就文笔义法以论其失，可谓攻坚之论。至邵晋涵氏于《五代史记提要》一文，议论更为深切扼要，其言云：

> 修以文章名，为此书自谓得《春秋》遗意，当时推重其书，比之刘向、班固。然朱子已讥其张居翰为失实，陈思道讥其李思恭、思敬为失考，又如王彦章则过事推崇，元行钦、乌震则过为诋毁，褒贬不平。复为李心传诸人所讥议。至年月之参差，纪传之复舛，吴缜《纂误》已详言之矣。

> 以今考之，则前人所指摘者，尚有未尽：

> 夫史家以网罗放失为事，故曰其轶事时见于他说，又曰整齐旧闻。李延寿《南北史》于旧史外时有增益，斯其为可

贵也。修则不善，于旧书任意芟除，不顾其发言次第；而于旧史之外所取资者，王禹偁之《缺文》，陶岳之《史补》，路振之《九国志》而已。所恨于修者，取材之未当也。

修与伊洙同学古文，法《春秋》之严谨。洙撰《五代春秋》，虽行文过隘，而大事不遗。修所撰帝纪，较《五代春秋》已为详悉矣！然于外蕃之朝贡必书，而于十国之事俱不书于帝纪，岂十国之或奉朝贡、或通使命者，反不得同域外之观乎？所恨于修者，书法之未审也。

法度损益，历代相承。五代虽干戈相继，而制度典章，上沿唐而下开宋者，要不可没。修极讥五代文章之陋，只述《司天》、《职方》两考，而于礼乐、职官、食货之沿革，削而不书，考古者亦茫然于五代之陈迹。即《职方考》，于十国之建置，亦多疏漏。所恨于修者，掌故之未备也。

《旧史》但据实录，排纂事迹，无波澜意度之可观，而修则笔墨排骈，推论兴亡之迹，故读之感慨有余情，此其所由掩《旧史》而出其上欤？

此外章实斋亦盛斥之，称《五代史》谓"吊祭哀挽文集，全不可语于著作之林"，则又未免过当。（章学诚《信摭》）至《四库总目提要》所言，其论尚称平允，其言云：

大致褒贬祖《春秋》，故义例谨严；叙述祖《史记》，故文章高简，而事实则不甚注意。诸家攻驳，散见他书者无论，其特勒一篇者，如吴缜之《五代史纂误》，杨陆荣之《五代史志疑》，引绳批根，动中要害，虽吹求或过，要不得谓之尽无当，然则《薛史》如《左氏》之纪事，本末赅具，而断制多疏；《欧史》如《公》《穀》之发例，褒贬分明，而传闻多谬。两家并立，当如三传之俱存。

瑞安宋慈抱《续史通》中《论五代史》亦有同样意见，云：

> 《薛史》据列朝实录，事迹颇详；欧公仿马迁遗文，体
> 例尤谨。《薛史》病于丛脞，《欧史》失在阙遗，二书盖不可
> 偏废。若选举、刑法之详，礼乐、职官之要，上继唐余，下
> 开《宋史》者，能于《薛史》是弃乎？

综上所论，薛、欧二史，各有短长。以论取材丰富，《薛史》
为贵；若言文章书法，《欧史》为长。故不阅《旧唐书》，不知
《新唐书》之综核也；不阅《薛史》，不知《欧史》之严简也。比
较以观，互有优劣。并立之论，斯为得矣！

第二十章　《宋　史》

一　《宋史》悉据国史旧本排次成书

《宋史》四百九十六卷，元托克托等修。初，元灭宋后，世祖至元十六年，命史臣通修宋、辽、金三史，迟之甚久，未有成书；延祐（仁宗）、天历间（文宗），亦屡诏修。元顺帝时，又命托克托等修辽、宋、金三史，自至正三年三月开局，至五年十月告成。以如许卷帙，成之不及三年，其时日较明初修《元史》，更为迫促。

何以前修屡更岁月，又一再重修，均未毕功，其后则仓促成书？考其原因，盖亦有故。其初所以未成书，因是时元廷诸臣，对正统问题意见不一。如《元史·托克托传》云："以义例未定，或欲以宋为《世纪》，辽、金为《载纪》；或以辽立国在宋先，欲以辽、金为《北史》，宋太祖至靖康为《宋史》，建炎以后为《南宋史》。各持论不决。"夫以元承宋，而摈辽、金，汉人学者多主之；但元以北方部族，入据中原，事类辽、金，不能不祖辽、金而祖宋。各据一见，又复多所顾忌，以至虽修而未成。

迨托克托为相，乃主三国各为正统，各系年号，并为其定凡例云：（一）帝纪各史书法，准《史记》、《汉书》、《新唐书》。各国称号，准《南北史》。（二）各史所载，取其重者作志。（三）表与志同。（四）列传（后妃、宗室、外戚、群臣、杂传），人臣有大功者，虽父子各传，余以类相从，或数人共一传。三国所书事，有与本朝相关涉者，当稟。金、宋死节之臣，皆立合传，不须避忌。其余该载不尽，从总裁官与修史官临文详议。（五）疑事传疑，信事传信，准《春秋》。以上五例，即修三史时之义例。此议定后，托克托自为都总裁，铁睦尔达世、贺惟一、张起岩、欧阳玄、吕思诚、揭奚斯、李好文、杨宗瑞、王沂等为总裁官。其中又有分工，除铁、贺、张、欧阳四人总裁三史外，吕思诚则专总裁《辽史》，揭奚斯则总裁辽、金二史，李好文、杨宗瑞、王沂则总裁宋、金二史。而纂修官则三史各异，《辽史》四人，《金史》六人，《宋史》二十三人。《宋史》成书最后，时托克托已罢相，由继任右丞相阿鲁图表上，未几即镂板行世。观《进宋史表》云："世祖皇帝，拔宋臣而列政途，载《宋史》而归秘府，既编戡定之勋，寻奉纂修之旨。"可见世祖时即已修订，其后延祐、天历间，又屡诏修。及至三史义例已定，及着手编排，纪传表志，本已完备也。

有宋一代史材，最为详备，有起居注，有时政记，有日历，有编年体之实录，有纪传体之国史。观《宋史·汪藻传》疏云："书榻前议论之词则有时政记，录柱下见闻之实则有起居注，类而次之谓之日历，修而成之谓之实录。"此近代国史底本大概。故宋代各帝，有一帝必有一帝日历；日历之外，又有实录；实录之外，又有正史，足见记载之备。每遇诸帝崩后，嗣君即命大臣纂修实录。太宗时命史官李昉、沈伦修《太祖实录》，共成五十卷；又诏军国政要，合参知政事李昉等，录送史馆。真宗初，命钱若水等修《太宗实录》，凡八十卷；杨亿与其事，又独成五十六卷。仁宗时，诏吕夷简、夏竦修先朝国史，王曾为提举，天圣八年书成，夷简上之。英宗时，命韩琦修《仁宗实录》。神宗时，命学士吕公著修《英宗实录》，修成后，又诏修《仁宗》、《英宗

史》。惟《神宗实录》，因党派纷争，史臣好恶不同，有《元祐本
实录》，为吕大防等纂修，主司马光者；有《绍圣本实录》，以蔡
卞为修撰，党王安石者。徽宗时，诏修《神、哲二朝实录》及二
朝史，而蔡京、蔡卞主其事。迨高宗时，又命改修，并谕朱胜非
曰：神、哲两朝，史多失实，宜召范冲刊定。冲乃为《考异》一
书，凡旧文以墨书，删去者以黄书，新修者以朱书，世号《朱墨
史》。《哲宗实录》又别为一书，名《辨诬录》。《徽宗实录》则绍
兴八年始修，十一年书成，秦桧上之。《钦宗实录》则隆兴中蒋
芾所修。而高宗和议成，先命史馆编修《靖康建炎忠义录》，后
又有魏杞等所上神、哲、徽《三朝正史》，陈俊卿、虞允文等上
神、哲、徽、钦《四朝会要》，赵雄等上神、哲、徽、钦《四朝
国史志》，王淮等上神、哲、徽、钦《四朝列传》，则皆孝、光两
朝所续成。《高宗实录》始修于孝宗淳熙十五年，宁宗庆元三年
书成。嘉泰（宁宗）陈自强等，又上《高宗实录》及《正史》，
其孝、光、宁《三朝实录》，皆成于理宗时。后又有李心传所修
高、孝、光、宁《四朝国史》，史嵩之所上《中兴四朝国史》，谢
方叔上《中兴四朝志传》，亦皆理宗时成书。《理宗实录》成于度
宗咸淳四年，度宗亦有《时政记》七十八册，此又见宋朝史事之
大概。

　　其他士大夫所著之书，如高宗时汪藻尝编元符（哲宗）庚辰
至建炎（高宗）己酉三十年事迹；孝宗时李焘著《续通鉴长编》，
自建隆（太祖）至治平（英宗）一百八十卷，后又续成六百八十
七卷。洪迈入史馆，修四朝帝纪，又修一祖八宗一百七十八年为
一书。理宗瑞〔端〕平二年，又诏太学陈均编宋长编纲目；淳祐
十一年，龙图阁学士楼昉所著《中兴小传》百篇，《宋十朝纲目》
并《掇要》二书。又王偁有《东都事略》，李丙有《丁未录》，徐
梦莘有《三朝北盟会编》，此皆收入史馆，以资纂订者。其他私

家著作，更多。

故宋一代史迹，本极详备，此项史料，元兵入临安，以董文炳主留事，曰："国可灭，史不可灭。"又曰："宋十六主，有天下三百余年，其太史所记，具在史馆，宜悉收以备典礼。"乃得《宋史》及诸记注，归之元都国史院。人但惊《宋史》成书之速，不知其悉据宋国史旧本排次以成书。今其迹有可推见者，如《道学传序》云："旧史以邵雍列于隐逸，未当，今置于《张载传》后。"《方技传序》云："旧史有《老释》、《符瑞》二志，及《方技传》，今去二志，独存《方技》。"《外国传序》云："前《宋史》有《女真传》，今既作《金史》，义当削之。"此可见元人就《宋史》另为编订之迹也。

二 《宋史》卷帙及创例

《宋史》凡四百九十六卷，计：

(一) 本纪四十七卷，凡十六帝二王：

《太祖纪》（三卷）　　　《太宗纪》（二卷）

《真宗纪》（三卷）　　　《仁宗纪》（四卷）

《英宗纪》（一卷）　　　《神宗纪》（三卷）

《哲宗纪》（二卷）　　　《徽宗纪》（四卷）

《钦宗纪》（一卷）（以上北宋）

《高宗纪》（九卷）　　　《孝宗纪》（三卷）

《光宗纪》（一卷）　　　《宁宗纪》（四卷）

《理宗纪》（五卷）　　　《度宗纪》（一卷）

《瀛国公》（二王附，一卷）（以上南宋）

宋太祖代周而王，削平群雄，五代纷争割据局面，至此复归一统。历传九主，至汴京沦陷，徽、钦被掳，凡一百六十八年，史家称谓北宋。高宗南渡，建都临安，传至帝昺，凡九主，一百五十二年而亡，史家称谓南宋。合而计之，共享国三百二十年。

《廿二史考异》曰："本纪自宁宗以后，繁简无法，而度宗、瀛国公两纪，尤冗杂。若咸淳四年，黄镛言守边急务，非兵农合一不可，事当入《兵志》。德祐元年六月，王应麟言开庆之祸始于丁大全，请凡大全之党，在谪籍者皆无宥，从之，等事，当入《应麟传》；七月，京学生刘九皋等伏阙言陈宜中误国，将甚于贾似道，此事已入《陈宜中传》，唯不载九皋名耳。"又其《十驾斋养新录》中亦云："《瀛国公纪》繁冗无法，盖采访务博，而不知删汰之失，唯纪末附益、卫二王事为得之。"又《瀛国公纪》中，对诸臣赐谥，亦书入，然同一情形又或书、或不书。若以史法言之，诸臣赐谥，皆当入列传；登诸帝纪，重复，非体，且有载又不载，又难免挂一漏百之诮矣。

（二）志一百六十二卷，为目十五：

《天文》（十三卷）	《五行》（五卷）
《律历》（十七卷）	《地理》（六卷）
《河渠》（七卷）	《礼》（二十八卷）
《乐》（十七卷）	《仪卫》（六卷）
《舆服》（六卷）	《选举》（六卷）
《职官》（十二卷）	《食货》（十四卷）
《兵》（十二卷）	《刑法》（三卷）
《艺文》（八卷）	

例目无新创者，仅并《律历》为一志，分《礼乐》为二志。《礼志》叙述尤详，多至廿八卷，内吉礼十二卷，嘉礼六卷，宾礼五卷，军礼一卷，凶礼四卷。《艺文志》八卷，按：此合三朝、

两朝、四朝、中兴国史，汇而为一。当时史臣无学，不能博涉群书，考其异同，辨其伪〔讹?〕误，致重复、脱漏、伪〔讹?〕误，分类失当，书不胜书。钱大昕于《廿二史考异》详言之。而宋人撰述不见于志者，又复不胜枚举，钱氏《十驾斋养新录》"艺文志脱漏"条，举其曾寓目，阅四五百年尚存者略言之，亦得六十余种，而当时史臣转未著录，亦可见疏漏之甚。

补《宋史》之志者，有清钱大昕《宋辽金元四史朔闰考》，清倪灿有《宋史艺文志》，卢文弨《校正》，近人聂崇岐有《宋史地理志考异》。

（三）**表**三十二卷，为目凡二：

宰辅（五卷）　　　　宗室世系（二十七卷）

《宋史》卷帙几及五百，然为表凡二。盖表少而传不得不多，传愈多而文愈繁冗。如《金史》有《交聘表》，凡与宋、夏、高丽和战庆吊之事，俱见于表中。与宋为邻者，比金尤多，反缺《交聘表》。即此一端，可见《宋史》卷帙之多，非无故也。

补《宋史》之表者，有宋徐自明《宋宰辅编年录》，明吕邦耀《续宋宰辅编年录》，另宋失名撰《宋中兴三公年表》及《宋大臣年表》，清吴廷燮有《北宋经抚年表》、《南宋制抚年表》。

（四）**列传**二百五十五，计：

《后妃列传》二卷

《宗室列传》四卷　按：三卷以上为诸王。

《公主列传》一卷　按《南齐书·檀超传》：超掌史职上条例，立《帝女传》，谓帝女体自皇宗，立传以备甥舅之重。《宋史》本此而立《公主传》。

《北宋诸臣列传》一百九卷　凡八百九十余人，附传不计。

《南宋诸臣列传》六十八卷　凡四百四十余人，附传不计。

《循吏列传》一卷　凡十二人，但南宋无一人。

《道学列传》四卷　第一卷为周敦颐、二程、张载、邵雍，第二卷为程氏门人，第三卷为朱熹，第四卷为朱氏门人。按：《宋史》立此传，分别程、朱二氏门人，盖仿《史记·仲尼弟子列传》之例，以程、朱绍仲尼也。传凡二十四人。

《儒林列传》八卷　凡七十一人。《宋史》志在表章道学，特别"道学"于"儒林"，凡不入《道学》者，则入《儒林传》。

《文苑列传》七卷　凡八十五人。特详北宋，而南宋止载周邦彦等数人。

《忠义列传》十卷　凡二百四十九人。

《孝义列传》一卷　凡七十六人。

《隐逸/卓行列传》三卷　凡《隐逸传》四十三人，《卓行传》五人。《卓行传》在第三卷，与《隐逸》合传。

《列女列传》一卷　凡三十九人。

《方技列传》三卷　凡三十九人。

《外戚列传》三卷

《宦者列传》四卷

《佞幸列传》一卷　凡十三人。

《奸臣列传》四卷

《叛臣列传》三卷

《世家列传》六卷

《周三臣列传》一卷　传韩通、李筠、李重进。韩与宋太祖并肩事周，而死于宋未受禅之顷，《五代史记》不为立传；二李《旧史》书"叛"。此三人者，所谓"洛邑之顽民，而殷之忠臣"，故为立传。

《外国列传》八卷　《吐蕃传》、《交趾传》、《占城、真腊十国传》、《流球等五国传》、《高丽传》、《大理传》、《天竺九国传》、《西夏传》。

《蛮夷列传》四卷

《诸臣列传》凡一百七十七卷，除附传外，多至一千三百余人，可谓繁冗。论理应再无遗漏，然南渡后诸臣传，颇多不备。如《循吏传》，无南宋一人；《文苑传》，南宋仅周邦彦等数人，可谓略矣。盖《宋史》述南渡七朝事，烦冗无法，不如北宋各朝之完善；宁宗以后四朝，又不如高、孝、光三朝之详。盖由史臣迫于期限，草草收局，未及参订讨论之故。《四库提要》云："其书以宋人国史为稿本，宋人好述东都之事，故史文较详，建炎以后稍略，理、度两朝，宋人罕所记载，故史传亦不具首尾。"

《宋史》以表章道学为主，乃创《道学传》，此例为前史所无。其意以洛、闽诸大儒，讲明性道，自谓直接孔孟之传，故凡言性理者，别为《道学》；谈经术者，入之《儒林》。又以同乎洛、闽者进之《道学》，异者置之《儒林》，仿佛经术为粗，性理为密；程、朱为正学，杨、陆为异端，隐寓轩轾进退之意。后之论者，咸认《儒林》可以统《道学》，而《道学》不足以概《儒林》。如史臣必欲尊之，则可详叙传道诸大儒之学术源流所自，及一代学统演变，及其功绩，览者自然一目瞭然。善乎钱大昕《十驾斋养新录·跋宋史》之言曰：

> 自史迁以经师相授受者为《儒林传》，而史家因之。泊〔洎〕宋，洛、闽诸大儒讲明性道，自谓直接孔孟之传，嗣后儒分为二，有说经之儒，有讲学之儒。《宋史》乃创为《道学传》，列于《儒林》之前，以尊周、二程、张、邵、朱六子，而程、朱之门人附见焉；豫章延平非程氏弟子，以其得程之传而授之朱氏，亦附见焉。其他讲学宗旨小异于朱氏

者，则入之《儒林》，不得与于《道学》，其去取予夺之例，可谓严矣。愚读之而不能无疑焉！夫刘彦冲、胡源仲、刘致仲，朱子之师也，而不与；吕东莱、陆子静，朱子之友也，而不与。其意以为非亲受业于程、朱者，皆旁支也，不得以干正统也。而独进张南轩一人，南轩非受业于程氏者也，南轩与东莱俱为朱子同志，进南轩而屏东莱，此愚之所未解也。程氏弟子，首称游、杨、吕、谢。而吕叔兄弟独不与，以附书《大防传》故也。列传固有附见之例，然南轩不附于父，二吕独附于兄，一篇之中，忽变其例，谓非有意抑吕乎？此又愚之所未解也。朱氏门人多矣，独进黄榦六人，而蔡元定父子、叶味道、廖德明，只列之《儒林》。夫蔡氏父子之学，自黄直卿外，殆鲜其匹，而屏之不与《道学》之例，此亦愚所未解也。邵伯温不附于《康节传》，而张戬附于《横渠传》，此亦史例之未一，而愚之所未解也。……虽然，周、程、张、朱之学，固高于宋诸儒矣，史家欲尊之何如而可？曰史家之例，凡道德文艺显著者，各有专传，其列于《儒林》《文苑》者，皆其次焉者也。孔子与七十二弟子，《史记》未尝列于《儒林》也；汉之董仲舒，唐之韩愈，皆自有传；元儒无出许衡、吴澄之右者，亦自为传。愚以为周、程、张、朱五子，宜合为一传，而于论赞中著其直接圣贤之宗旨，不必别之曰"道学"也。自五子而外，则入之《儒林》可矣。若是则五子之学尊，而五子之道乃愈尊；五子不必辞儒之名，而诸儒自不得并于五子。彼修《宋史》者，徒知尊道学，而未知其所以尊也。

此论最为允当。

欧公仿《史记》"世家"例，于《五代史》立《十国世家》，以记吴、蜀诸国。元修《宋史》，亦承其例。盖以群雄割据，非中

朝所得而臣，既不可编诸列传，乃借《世家》以名之。其《世家
序》云："王偁《东都事略》，用东汉隗嚣、公孙述例，置孟昶、
刘鋹等于列传。今仿欧阳修《五代史记》，列之《世家》，凡诸国
治乱之源，天下离合之势，有足鉴者，悉著于篇；其子孙诸臣事
业，有可考者，各疏本国之下，作《列国世家》。"《廿二史考异》
非之云："序称今仿欧阳修《五代史记》，列之《世家》。按：梁武
帝《通史》，叙三国事，别立《吴蜀世家》，欧史盖用其例，以十
国非五代所得而臣，其传授世次，较于五代，亦称长久，列于世
家颇为允当。艺祖削平僭伪，南唐、西蜀、南汉诸国，既无世可
传，而犹仍史之目，甚无谓矣。李煜、孟昶、刘鋹、刘继元，当
依陈胜、项籍、世充、建德之例，列于开国功臣之前；钱俶、陈
洪进，纳土入臣，其初本未僭号，可援窦融之例，与功臣并列。
惜乎柯维骐辈见不及此也。"又《宋史》将《世家》杂置于《列
传》之中，在体例上亦有未合。《总目》又未标名"世家"，《四库
提要》解释为出于偶遗。论者谓此世家乃冠于列传之世家，非
《史记》、《五代史》以世家与本纪、列传并列之旨也。

三　《宋史》缺点数端

论《宋史》者，每讥其草率从事，依旧史著录，而无剪裁损
益之功；病其繁芜，南宋理、度二朝，又失之疏略；编次失当，
前后矛盾。兹申论之。

（一）立传失当

（1）一人两传者。如："程师孟已见列传第九十卷，而《循
吏传》又有程师孟，两篇无一字异。又《李光传》末，附其子孟
传事一百十五言，而又别为孟传立传。李熙静已见列传第百十
六，而第二百十二《忠义列传》，又有李熙靖，"靖静"同音，实

一人也。"（《十驾斋养新录》）

（2）不必立传而立传。《宋史》列传多至二千余人，其有不必立传而立传者，如："侯益、张从恩、扈彦珂、药元福、赵昂、李穀、窦贞固、李涛、赵上交、张锡、张铸、边归谠、刘涛等，皆历仕五代，宋初不过仍其旧官，毫无功绩，何必一一列之。其意以为《五代史》既不载，不得不于《宋史》存之也？然如李穀、李涛等，在五代尚有事迹可记，其余本不足书，乃一概入之列传，仍不过叙其历官，如今仕途之履历而已，此亦成何史册乎？况薛怀让等并未仕于宋，而入之《宋史》乎？"（《陔馀丛考》）

（3）宜附见而立专传。"史家之病，在乎立传太多。祖孙父子事迹可比附者，当连而及之，如陈密可附其父《俊卿传》，王素可附其父《旦传》，刘瑾可附其父《沆传》，鲁有开可附其父《宗道传》，张璪、张琰可附其祖《洎传》，吴遵路可附其父《淑传》而以子瑛次之。王尧臣可附其叔父《沫传》，杨寅可附其兄《察传》。"（《廿二史考异》）

又如张宪、牛皋、杨再兴，皆岳飞部将，旧史本附《飞传》，后元人修史，另编为卷。刘子羽、胡世将与吴玠兄弟，在蜀同功共事，应与玠、璘相次，今亦各为传。解元、成闵，皆韩世忠部将，宜附世忠后；郭浩、杨政皆吴氏部将，用兵与吴氏相终始，宜附玠、璘后，今皆另编为卷。秦桧据国十九年，凡居政府者，莫不以微忤斥去，惟王次翁，始终为桧所怜，则次翁应附《桧传》后；陈自强之附韩侂胄，与次翁之附秦桧一也，则自强应附侂胄后，乃皆编入列传，不著奸党。

（4）无传而谓有传。如《钱端礼传》末云，孙象祖自有传；《王安节传》云，节度使坚之子；《吕文信传》云，文德之弟。是钱象祖、王坚、吕文德三人，本拟立传，而今皆无之。又《张昌元传》，"父秘自有传"，今《宋史》亦无《秘传》。

（5）立传编次体例失当。如权邦彦，徽、钦时人，卒于高宗绍兴三年，乃厕于宁宗诸臣之列；汪若海、张运、柳约，亦皆钦、高时人，而厕于理宗诸臣之列；林勋、刘才邵等，皆高、孝时人，并厕于德祐末造李庭芝诸人之列，不几颠倒时代乎？又郑毂、仇愈、高登、娄寅亮、宋汝为，皆高宗朝人也，而次于光宁朝臣之后；梁汝嘉亦高宗朝人也，而与胡位、何澹诸人同传，且殿之卷末。此皆任意编次，不唯年代不同，亦贤否莫辨。《南唐世家》既立《韩熙载传》矣，刘仁赡、皇甫晖、姚凤皆完节于南唐者，何以不为立传，以附于《熙载传》后？南唐徐铉、北汉杨业，后仕于宋，既入之宋臣传矣；南唐之周惟简，西蜀之欧阳迥〔迥〕，亦皆仕宋，历官多年，何以不入宋臣传，而仍附南唐、西蜀世家之后？此皆自乱其例者。

（6）立传自非失当。如："史弥远握权卅余年，威焰甚于京、桧，且有废立大罪，而不预奸臣之列。郑清之亦预废立之谋，及端平入相，首议出师汴洛，妄启迹〔边〕衅，遂失四蜀，宋之亡实肇于此，而本传略不一言。至如赵范襄阳偾事，赵葵洛京覆师，传皆讳而不书，何以彰是非褒贬之公乎？王坚守合州，蒙古倾国来攻，宪宗亲临城下，围数月不能克，宋季武臣，无出其右者，为贾似道所忌，功大赏薄，未竟其用，而史家又不为立传，此亦可为长太息者也。（《十驾斋养新录》）又赵嗣不应入《奸臣传》，《王伦传》亦褒贬失平，《廿二史劄记》已详言之。

（7）数人共事传各专功。如："贝州王则之乱，讨平之者明镐、文彦博也；而《郑骧传》则云王则反，讨平之竟似骧一人之功矣。又《杨燧传》谓燧攻贝州，穴城以入，贼平，功第一；《刘阗传》又谓阗从攻贝州，穿地道，阗先入贝州，平，功第一。夏竦卒，赐谥文正，司马光、刘敞俱驳之，《光传》曰：光谓谥之美者，莫如文正，竦何人，足以当之，乃改谥文庄，略不及敞之同议，则似光一人所驳矣；《敞传》又曰：敞疏三上，乃改谥文庄，亦略不及光，又似敞一人所改矣。"（《廿二史劄记》）

（二）叙事重杂繁冗

（1）一事屡见。如太祖建隆二年六月二日，皇太后杜氏崩于滋德殿。按：诸后妃崩薨、谥号、祔庙前后之序，已有《后妃传》，其月日本纪复详书之，而《礼志》"园陵"篇又一一载入，此重复之甚也。

《选举志》载苏轼《论选举疏》，《轼传》亦载此疏。

《职官志》："太师、太傅、太保谓之三师，太尉、司徒、司空谓之三公，凡除授则自司徒迁太保，自太尉迁太傅，检校亦如之。"此文已见本志"三师三公"篇，又见"合班"篇，一志之中，前后三见。

凡此之类，《二十二史考异》记之极详，仅举数条，余可参阅。

（2）多载无用之文。如《考异》云："按列传所载文，如王问之《公默先生传》，夏侯嘉正之《洞庭赋》，朱昂之《广闲情赋》，路振之《祭战马文》，罗处约之《黄老先六经论》，词既不工，亦无关劝戒，皆可删也。"

（3）侈叙先代官资与重举籍贯等事，尤举不胜举。如《陶节夫传》，晋大司马侃之裔也，《刘温叟传》云唐武德功臣政会之后；《刘熙古传》，唐左仆射刘仁轨之十一世孙等是。皆承用志状之文，未及刊削。史传与碑志不同，不能侈叙先世，应立断限。故《四库提要》云："诸传载祖父之名，而无事实，似志铭之体；详官阶之迁除，而无所删节，似甲状之文。然好之者，或以世系官资，转可藉以有考。及证以他书，则《宋史》诸传，多不足凭。如《晁补之传》云：太子少傅迥〔迥〕五世孙，宗悫之曾孙也，父端友，据黄庭坚为补之父端友撰志铭云：晁氏世载远矣，有讳迥者，以太子少保致仕，谥文元。君之曾王父，讳迪，赠刑部侍郎；王父讳宗简，赠吏部尚书；父讳仲偃，库部员外郎，刑部枢文元母弟也。是补之实非迥五世孙。又《晁迥传》云：迥子宗悫，据曾巩《南丰集》，宗悫父名遘，是补之实非宗悫曾孙。《谢绛传》云：祖懿文，父涛，据范仲淹撰谢涛志铭，懿文生崇礼，崇礼生涛，涛生绛，是谢绛实为懿文曾孙。然则所述世系，岂足信哉！《洪迈传》云：乾道二年，知吉州，六年知赣州，辛卯岁饥，十一年知婺州，十三年拜翰林学士，淳熙改元，进焕章阁学士，据本纪，淳熙十四年，有'翰林学士洪迈言'，则'淳熙改元'，当作'绍熙改元'，乾道无十三年，传云辛卯岁饥为乾道七年，则'十三年'上当加'淳熙'二字，又迈以淳熙十年知太平州，今《瑞麻赞》、《姑孰帖》，尚在太平，而传文阙载。然则所叙官资，又岂可尽信哉？"此则佟叙先世而又误者。至重举籍贯，亦成繁废，如韩琦父国华，已有传矣，而《琦传》复书相州安阳人，琦曾孙《肖胄传》复书相州安阳人；司马光父池，已有传矣，而《光传》复书陕州夏县人。

此外如《李纲传》多至两卷，又可谓载其奏议；若李全，叛贼而亦两卷，此尤繁而无理者。

（三）事迹遗误

如彭义斌忠义勋绩，冠绝一时，其事迹散见于贾涉、李全、赵范及《元史》严实等传，《宋史》不为立专传，岂非阙漏。又吴缜作《新唐书纠谬》，至今尚传其书，而《宋史》无传。刘克庄诗集、文集，为宋末一大家，今亦无传。又如蜀城王均之乱，讨平之者，杨怀忠之功居多，而其事仅附见《雷有终传》。此皆疏漏。

又如叶梦得既入《文苑传》，则其著述如《石林燕语》、《避

暑录话》之自应叙入，乃通篇但述吏绩，无一语涉文字，则何以列之《文苑》乎？是应记之事不记。（《劄记》）

《刘应龙传》，帝怒吴潜不已，应龙朝受命，帝夜出象简书疏稿授应龙，使劾潜。按：理宗使应龙劾潜，则应龙必召谏也。传不言除某官，而遽言受朝命乎？此必有脱文矣。（《十驾斋养新录》）

宋师伐辽，高凤以易州来归，见《北盟会篇〔编〕》，而《宋史》误作郭药师；绍兴中，赵鼎以奉国军节度使出知绍兴府，见《宰辅编年录》，而《宋史》误作忠武军。失载王坚之守城不降，与林同之题壁自尽，忠义之士，尚多阙略，尤为疏漏之大者。（《四库提要》）

此外事迹遗漏，及应详不详之处甚多。大抵《宋史》详于北朝，南渡后七朝，宁宗以后四朝，不如高、孝、光三朝之详，而理、度两朝事迹，尤多缺漏。

（四）回护失实

《廿二史劄记》云："元修《宋史》，度宗以前，多本宋朝国史，而宋国史又多据各家事状碑铭，编缀成篇，故是非有不可尽信者。大奸大恶如章惇、吕惠卿、蔡确、蔡京、秦桧等，固不能讳饰，其余则有过必深讳之，即事迹散见于他人传者，而本传亦不载；有功必详著之，即功绩未必果出于是人，而中有相涉者，亦必曲为牵合。此非作史者意存忠厚，欲详著其善于本传，错见其恶于他传，以为善善长而恶恶短也。盖宋人之家传、表志、行状以及言行录、笔谈、遗事之类，流传于世者甚多，皆子弟门生，所以标榜其父师者，自必扬其善而讳其恶，遇有功处则迁就以分其美，有罪则隐约其词以避之。宋时修国史者，即据以立传，元人修史又不暇参互考证，而悉仍其旧，毋怪乎是非失当也。昔吴缜作《新唐书纠缪》不旁采他书，即《新唐书》自为牴悟者，抉摘以资辨证，今亦仿此例，摘出数十条，观者可以览焉。"仅节录数条如下：

《何铸传》 铸尝与罗汝楫劾岳飞（见《罗汝楫传》）；又尝为秦桧劾王居正，为赵鼎之党，遂夺职奉祠（见《王居正传》）；又劾张九成党赵鼎（见《张九成传》），又劾廖刚与陈渊等为朋比（见《廖刚传》）。今《何铸传》皆不载，反云治岳飞狱，力辩其冤，谓不当无故杀一大将，似能主持公道者。

《岳珂传》 珂守当涂，制置茶盐，自诡兴利，横敛百出，商旅不行，国计反诎于初。又置贪刻吏，开告讦之门，以罔民而没其财。民李士贤，有稻二千石，囚之半载（见《徐庆卿传》）。袁甫劾珂贪黩无检，总饷二十年，焚林竭泽（见《袁甫传》）。今《珂传》俱不载。

《史弥远传》 宁宗崩，史弥远在禁中，宣贵诚至柩前，举哀毕，即皇帝位，封皇子竑为洛阳王，出居湖州。《宁宗本纪》不著其废立之罪，而《弥远传》亦但书"宁宗崩，拥立理宗"七字，而此等奸谋逆节，绝无一语载入。

（五）事实谬矛

如《曹友闻传》，元兵攻武休关，败都统李显忠军，遂入兴元。按：显忠系绍兴中归宋，卒于乾道中，距友闻与蒙古兵战时已六七十年，安得尚统军耶？或另有一李显忠，然史又不分析言之。又《陈宜中传》遣张全合尹玉、麻士龙，援常州，玉与士龙皆战死，合不发一矢奔还，文天祥请诛之，宜中释不问。《文天祥传》亦谓朱华、尹玉等战五牧，败兵渡水，挽全军舟，全军斩其指，皆溺死。不发一矢走归，是张全并未战也。而《尹玉传》乃云淮将张全，广将朱华，大战于五牧，则全又在力战之内矣。

功罪混淆，莫此为甚。又《吕蒙正传赞》，谓国朝三次入相，惟赵普及蒙正；然蒙正后，又有王钦若、张士逊、吕夷简、文彦博、陈康伯，亦皆三次入相，蔡京并至四次入相，《蒙正传赞》所云未深考。

　　纪、志、传前后矛盾之处尤多。如《四库提要》云："《高宗纪》绍兴十三年八月戊戌，洪皓至自燕，而《洪皓传》作七月见于内殿；《朱倬传》宣和五年登进士第，据《徽宗纪》则宣和六年策进士，是为甲辰科，实非五年。此纪、传之互异也。《宋准传》云：李昉知贡举，擢准甲科，会贡士徐士廉击登闻鼓，诉昉取舍非当，太宗怒召准覆试，后遂行殿试；据《选举志》，则开宝六年，御殿，给纸笔别赐殿试，遂为常制，是太祖时事误作太宗。《苏舜钦传》云：康定中，河南地震，舜钦诣甄通疏；据《五行志》，则地震在宝元元年，康定止一年，无地震事。此志、传之互异也。《杜太后传》云母范氏，生五子三女，太后居长，而《杜审琦传》则云：审琦，昭宪皇太后之兄，太后昆仲五人，审琦居长。又《太后传》云：生太祖、太宗、秦王、廷美；据《廷美传》，则其母为陈国夫人耿氏。《张俊传》云：俊擢殿中侍御史，驾幸东南，后军统制韩世忠所部，逼逐谏臣，坠水死，俊奏夺世忠观察使；据《韩世忠传》，世忠乃为左军统制，非后军统制。（按本纪后军统制为张焕，又云后军将孙琦等作乱，逼左正言卢臣中堕水死，不言世忠。）又《滕康传》，世忠以不能戢所部坐赎金，康复论世忠无赫赫功，诏降世忠一官。是奏夺世忠观察使者，乃滕康，非张俊。此传文前后之互异也。"

　　以上各点，仅略举一二示例，其详可参阅《廿二史考异》、《廿二史劄记》、《陔馀丛考》诸书。

四 宋史之重修

《宋史》缺点既略如上述，后之学者，纷纷企图改作。元末，周以立因三史体例未善，有志重修而未果。明正统中，其孙叙，思继先志，乃请于朝，英宗诏许自撰，数年未成而卒。嘉靖中，廷议重修，以礼部尚书严嵩董其事，复未成书。惟王洙私撰《宋史质》一百卷，柯维骐独成《宋史新编》二百卷。《宋史新编》合三史为一史，以宋为主，辽、金为附，义例虽胜于旧史，惜其见闻未广，有史才而无史学，故亦未能厌学者之望。又祥符王淮俭尝苦《宋史》芜秽，手自删定一书。据《列朝诗序》，谓其家图籍沉于汴梁之水，其本稿吴兴潘昭度曾抄得副本；而《曹学佺传》谓潘曾纮巡抚赣南，得淮俭所修《宋史》，邀晋江曾异撰、新建徐世溥更定，未成而罢，则此副本亦终归散失。复有吴门陈黄中成《宋史稿》，钱氏大昕曾为之跋云：

> 吴门陈征士和叔《宋史稿》，本纪十二，志三十四，表三，列传一百七十，共二百十九卷。其纠旧史之失，谓韩琦与陈升之、王珪同传，薰莸无别；陈东、欧阳澈与宋季一僧一道士同传，拟于不伦。康保裔战败降契丹，官节度使，而以冠《忠义》；杜审琦卒于天成二年，而以冠《外戚》；凌唐佐本纪既书降金，而又入之《忠义》；李谷、窦贞固皆五代遗臣，入宋未仕，不应立传，皆确不可易。于《奸臣传》进史弥远、嵩之而出曾布，颇与鄙意合。若王安石之立新法，引金人，虽非宋祸，而本无奸邪之心；郑清之虽党于弥远，其在相位，亦无大恶，和叔俱以奸臣目之，未免太甚矣！此稿增删涂乙，皆出叔和手迹，然前后义例，不能尽一，纪传无论赞，志无总序，盖犹未定之稿。较之柯氏《新编》，当

在伯仲之间耳。

观此跋，则此稿在当时尚未镂板，内容亦可见一般。此外则归有光、汤显祖、顾炎武、黄宗羲、邵晋涵等六人，各从事改修，俱未完成。而清代史学大师章学诚，欲自以义理重修《宋史》，以明其学说之非空言，而亦未能实现。近人方壮猷氏，在南北各大学讲授《宋、辽、金、元四史》，历十有余年，将四史分类剪贴合为长编，已成初稿数十巨册；今更扩大范围，搜集全部有关史料，剪贴编排，先为长编。计划甚伟，想正在努力中，若此书杀青，可为《宋史》奠一新基础也。

兹更录方壮猷氏《宋史类编》及《宋史校注》中论宋代文化之灿烂一段，作为此篇之殿焉。其言曰：

> 赵宋一代三百二十余年中，实为我中华民族文化史上最光辉灿烂的时期之一。论哲学思想，则有胡瑗、孙复、周敦颐、邵雍、张载、程颢、程颐、杨时、李侗、朱熹、张栻、陆九渊、九韶等所代表的理学。论史学，则有司马光《资治通鉴》，集编年体的大成；袁枢的《通鉴纪事本末》，为史学界创新体；郑樵《通志》及马端临《通考》，为通史及制度史之巨著；李焘《续通鉴长编》，李心传《系年要录》，为编年体的材料。论文学，则有欧阳修、王安石、曾巩、三苏等所代表的散文，杨亿、刘筠、宋庠、宋祁等所代表的四六，欧、王、苏轼、黄庭坚、秦观、张耒、尤袤、杨万里、范成大、陆游等所代表的诗，柳永、张先、周邦彦、辛弃疾、姜夔、吴文英、张炎、周絜、朱淑贞、李清照等所代表的词；此外长篇章回小说及杂院剧本，亦皆起于此时。论美术，则有李成、范宽、董源、巨源、米芾等所代表的山水画，李公麟、米芾所代表的人物画，徽、米等所代表的花鸟画等。

论科学，则秦九韶之《数学九章》，首创立天元一法之名，为后世代数之学开其端。论印术，则有毕昇之活字排印法，发明于仁宗庆历之世，而宋代雕板印书之精，且多尤为后世所称。论建筑学，则有李诚之《营造法式》，撰于哲宗时；而喻浩之《木经》三卷，为建筑家所取法。论陶瓷工器，则有景德镇之出品，精美极妍；此外定、汝、官、哥等窑，各具特色。论髹漆工艺，则有嘉兴的镶金镶银法，吉安的螺钿法，广东沿海一带的蚌蛤壳镶嵌法等。论纺织工艺，则有定州的刻丝法，［单］州的薄缣法，开封的四时景等，各显异彩。论货币，则有北宋的交子、钱引，南宋的关子、会子、公据等，为后世纸币的开端。论政制，则有王安石所创的保甲、保马、青苗、免役、均输、市易、方田、均税、农田水利诸法，虽曾见诋于当时，然见称于后世。论教育制度，则有白鹿洞、岳麓、应天、嵩阳诸书院，开后世书院讲学制之先河。论社会制度，则有社仓、义仓诸法，利民于百世。此外良法美意，不可胜举。要而言之，此三百二十余年之文物制度，光芒万丈，固为后世学界所公认者也。

第廿一章　《辽　史》

一　《辽史》取材旧著不及一年成书

《辽史》一百一十六卷，元托克托等奉敕修撰。元顺帝至正三年，诏修辽、金、宋三史，《辽史》起自是年四月，迄翌年三月成书，不及一年，由托克托等表进之。

辽制书禁甚严，凡国人著述，惟听刊行于国内，有传于邻境者，罪至死，故书籍流传于后世者绝少。现存之辽著述，仅《龙龛手镜》四卷，僧行均撰；《星命总括》三卷，耶律纯著；《续一切音义》，僧希麟作，三书而已。况契丹文学〔字〕，现已不存，非若女真、蒙古文，遗留至今，故元好问云："今人语辽事，至不知起灭凡几主，下者不论也。"在当时已如此，史料之缺乏可见。然非谓辽全无国史记述，《辽史·百官志》有起居舍人院，《道宗纪》上欲观起居注，修注郎不撍及忽突堇等不进，各杖二百罢之，此则有起居注之证。《圣宗纪》诏修日历官，毋书细事，此则又有日历之证。兴宗时，耶律孟简上言本朝之兴，几二百年，宜有国史，以垂后世。帝始命置局编修，其时有耶律古裕、耶律庶成，及萧罕嘉努，实任编纂之事，乃录约尼氏以来事迹，及诸帝实录共二十卷上之，圣宗以前事略备。道宗大安元年，史臣进太祖以下七帝实录，则又本耶律古裕所编而审订之。至天祚帝乾统三年，又诏耶律俨纂太祖以下诸帝实录，共成七十卷，于是辽世事迹粗备，辽之国史，亦惟此本号为完善。金熙宗尝于宫中阅《辽史》，当即此本。

金灭辽后，遂据辽之记注、实录，以修《辽史》。金熙宗皇统中，初诏耶律因、伊喇因、伊喇子敬等，续修《辽史》，未成；萧永祺继之，共成纪卅卷，志五卷，传四十卷，此萧永祺《辽史》，即第一次修成之本也。迨章宗即位，以《萧史》未善，乃命官重修，以耶律履、党怀英、郝侯等为刊修官，伊喇益、赵渢等七人为编修官，后增编修官三人，有改除者，听以书自随。又因党怀英致仕，太和六年七月，复诏陈大任继成之。翌年十二月，《辽史》成，此陈大任《辽史》，为第二次修成之本也。《陈史》前后费时十有八年，迟迟未刊行者，因德运之说未定，当时诸臣或主以金继唐，或主辽继，或主宋继，议论纷纷，莫衷一是。《金史·章宗纪》"《辽史》成"一语，正为罢修《辽史》，因而结束之。

金亡以后，辽实录为耶律楚材所藏，故得不亡。后据以重修《辽史》，殆即耶律俨所修之《皇朝实录》七十卷，萧本《辽史》即就俨书排纂而成。今本《辽史》，绝不言及萧本。俨书号称实录，实有纪、志，有传，悉如正史体裁。元修《辽史》，迨即据俨本及陈大任本而成。《后妃传序》云：俨、大任《辽史·后妃传》大同小异，酌取以著于篇；而历象闰考中，并注明俨本某年有闰，大任本某年无闰，可见一般。又托克托《进辽史表》云："天祚自绝，大石苟延，国既丘墟，史亦芜弗。耶律俨语多避忌，陈大任辞乏精审。《五代史》系之终编，宋旧史垺诸载记，予夺各徇其主，传闻转失其真。非世祖皇帝一视同仁，深加愍恻，尝敕词臣撰次三史，首及于辽。"观此，则知取材多本俨及大任二书，而德运之说，亦告解决。

《辽史》本太简略，对所记契丹上世之事，则更缺乏，间亦取材于《魏书》、《周书》、《隋书》、《北史》、《新唐书》、新旧《五代史》、《通鉴》；而于天祚帝天庆二年以后事，多采自叶隆礼之《契丹国志》。盖修史苦于史料缺乏，多录原文，勉强杂凑。然宋人名著，若江少虞《皇宋类苑》，李焘《续通鉴长编》，李心传《建炎系年要录》、《朝野杂记》，徐梦莘《三朝北盟会编》，马端临《文献通考》，乃竟未采取，岂有所忌讳，抑由时日迫促，无暇参订乎？

耶律俨、陈大任，均有著述。大任无所表见。俨本传称其析津人，本姓李氏，迁知枢密院事，以俊才莅政，所至有能誉，修《皇朝实录》七十卷，略具一代治乱。然传多微词，至云："善称人主意，妻邢氏，有美色，出入禁宫中，俨教之曰'慎勿失上意'，由是权宠益盛。"故论中有"但其能固宠，不能以礼正家，惜哉"之论。以斯人修史，宜乎托克托进书表，云耶律俨"语多避忌之论"也。

二 《辽史》卷帙及新例

《辽史》一百一十六卷，计：

（一）本纪三十卷，实仅九帝，列之如下：

《太祖纪》（二卷）　　《太宗纪》（二卷）

《世宗纪》（一卷）　　《穆宗纪》（二卷）

《景宗纪》（二卷）　　《圣宗纪》（八卷）

《兴宗纪》（三卷）　　《道宗纪》（六卷）

《天祚纪》（四卷）

辽兴于唐末，本号契丹，为东胡之一支，初受唐册封，然叛服无常。至五代时，耶律阿保机始统一契丹各部，称帝，时为五代梁贞明二年（916 年）。方其盛时，幅员万里，东至海，西至阿尔泰山，南至今河北省拒马河，北至外蒙古克鲁仑河。至天祚帝二十五年，即徽宗宣和七年（1125 年），而亡于金，享国共二百一十年。辽亡后，辽将耶律大石西奔，据克埒木（即今俄领塔什干）称帝，号为西辽，传国百余年，与金相终始。今之《辽史》，不载西辽事。

辽与金同，二代之兴，皆经祖宗数世开创，始成帝业。《金史》于《太祖本纪》前，先立《世纪》，以叙先世，最为明析。《辽史》则开卷即作《太祖本纪》，而其祖宗递传之处，反附见于本纪赞内，故所叙太简；肃祖、懿祖、元祖、德祖四代，其妻已立传于后妃内，其夫反无专纪而附于赞内，岂不详略两失乎？赞中所叙，又不甚明了。（节《廿二史劄记》）

（二）**志**三十二卷，为目凡十，各志又标细目，列之如下：

《营卫志》 三卷，第一卷宫卫，第二卷捺钵、部族上，第三卷部族下。序云："有辽始大，设制尤密，居有宫卫，谓之干鲁朵；出有行营，谓之捺钵；分镇边圉，谓之部族。有事则以攻战为务，闲暇则以畋渔为生，无日不营，无在不卫，立国规模，莫重于此，作《营卫志》。"按：《辽史》旧本有《部族志》，最后定本，以之并入《营卫志》而仍存其目，实则论部族者，无与营卫。

《兵卫志》 三卷，第一卷兵制，第二卷御帐亲军、宫卫骑军、大首领部族军、众部族军，第三卷五京都乡丁、属国军、边境戍兵。

《地理志》 五卷，第一卷上京道、边防城，第二卷东京道，第三卷中京道，第四卷南京道，第五卷西京道。序云："太宗以皇都为上京，幽州为南京，改南京为东京；圣宗城中京；兴宗升云州为西京，于是五京备焉。又以征伐俘户，建州襟要之地，多因旧居名之，加以私奴置投下州，总京五，府六，州、军城百五

十有六，县二百有九，部属五十有二，属国六十。东至于海，西
至金山，暨于流沙，北至胪朐河，南至白沟，幅员万里。”

《历象志》　三卷，第一卷历，第二卷闰考、朔考上，第三
卷朔考下、刻漏官星。序云：“历书法禁，不可得求。大明历，
元得祖冲之法于外史，冲之法，辽历之所本也。”

《百官志》　四卷，一、二两卷北面部，三、四两卷南面。
序云：“辽国官制，分北南院，北面治官帐、部属国之政，南面
治汉人州县、租赋军马之事，因俗而治，得其宜矣。”

《礼志》　五卷，第一卷吉仪，第二卷凶仪，第三卷军仪、
宾仪，第四、五两卷嘉仪。

《乐志》　一卷，分国乐、诸国乐、雅乐、大乐、散乐、鼓
吹乐、横吹乐。

《仪卫志》　四卷，第一卷国舆、汉舆，第二卷国服、汉服，
第三卷符印、符契，第四卷国仗、渤海仗、汉仗、卤薄仪仗、人
数马匹。序云：“文谓之仪，武谓之卫，足以成一代之规模，考
辽所有舆服、符玺、仪仗，作《仪卫志》。”

《食货志》　二卷。序云：“若农谷、租赋、盐铁、贸易、坑
冶、泉币、群牧，逐类摭采，辑而为篇，以存一代食货之略。”

《刑法志》　二卷。

考前各志，例目新创者《营卫》、《兵卫》二志，余与前史
同。惟各志所载，均极简略。如《历象志》，全录前史祖冲之历，
盖以材料缺乏，勉强凑数也。

补《辽史》之志者，清李慎儒有《地理志考》；补《艺文志》
者有多家，清倪灿及金门昭均有《补辽金元三史艺文志》，黄任
恒有《补辽史艺文志》，王仁俊有《艺文志补证》。

（三）表八卷，为目凡八，列之如下：

《世表》　其序云：“自述契丹先世，自汉至唐，虽世次不可

考，就其所知者，作《世表》。"按：此表仿《史记·三代世表》之例，序辽之先世，与《魏书·序纪》同例，名虽为表，而不用旁行斜上之体。

《皇子表》　其序云："摘其功罪杰然者，列诸传；无他可书者，略表见之。"

《公主表》　此表为创例，其序云："男女有别，不能与皇子同列，故别为表。"

《皇族表》　其序云："终辽之世，其出于横帐、五院、六院之间者，大憝固有，元勋实多。不表见之，莫知源委。"

《外戚表》　其序云："《辽史》耶律、萧氏，十居八九，皇室外戚，势均力敌，相为唇齿，以翰邦家，是或一道，然以道而兴，亦以道而亡。"

《游幸表》　其序云："朔漠以畜牧射猎为业，犹汉人之劭农，生生之资，于是乎出。自辽有国，建立五京，置南北院，控置诸夏，而游田之习，尚因其旧。太祖经营四方，有所不暇；穆宗天祚之世，史不胜书。今援司马迁列书封禅例，列于表，观者固作以鉴之。"

《部族表》　其序云："辽氏与诸部相通，往来朝贡，及西辽所至之地，见于纪传，亦岂少也哉？其事则书于纪，部族则立于表。"按："部族"为与"属国"对待之词，复具二义，一谓契丹本族，兼契丹与奚言之；一为契丹本属以外之诸部，族亲而部疏。

《属国表》　辽以本族之各部为部族，部属以外而臣服之者为属国，但界限本不甚分明，细按之，部族表中阑入属国，属国表中亦阑入部族。

《辽史》立表最多，《二十二史劄记》云："《辽史》最简略，二百年人物列传仅百余篇，其脱漏必多矣。然其体例亦有最善者，在乎立表之多，表多则传自可少。如皇子、皇族、外戚之类，有功罪大者，自当另为列传，其余则传之不胜传，若必一一传之，此史之所以繁也。惟列之于表，既著明其世系、官位，而功罪亦附书焉，实足省无限笔墨。又如内而各部族，外而各属国，亦列于表，凡朝贡、叛服、征讨、胜负之事，皆附书其中，又省却多少外国等传。故《辽史》列传虽少，而一代之事迹亦略备。惟与宋和战交际之事，则书于《本纪》，而不复立表，盖以夏、高丽、女真之类，皆入于《属国表》，宋则邻国，不便列人也。然《金史》特立《交聘表》，凡与宋交涉之事，一览瞭如。《辽史》虽旧无底本，而元人修史时，既于《金史》立此表，独不可于《辽史》亦立此表乎？且《辽史》与宋交涉之事，书于本纪者，前后不划一，澶渊既盟之后，凡两国遣使、生辰、正旦，以及庆弔等事，不特逐年详书，即使臣姓名，亦一一不遗；及兴宗再定和议，加增岁币之后，则惟书弔大丧、贺即位之事，其余生辰、正旦等使一概不书，何其详前略后也。若立《交聘表》，则此等皆可于表内见之，前既免于繁冗，后亦不致简略矣。而《辽史》无之，此又修史诸人之失也。"

补《辽史》之表者，万斯同有《辽诸帝统系表》、《辽大臣年表》、《西辽纪年表》，吴廷燮有《辽方镇年代》，清汪远孙有《辽史纪年表》。

（四）列传四十五传。

按：托克托进《辽史》表云："列传四十六卷。"今《辽史》目录及《四库提要》亦云四十六卷。其云四十六传者，误以《国语解》为列传，列传实止四十五卷，如《辽史》目录"卷一百一十五列传第四十五　外纪"，"卷一百一十六　《国语解》"，《国语解》之非列传甚明。列传中汇传有：

《后妃》（一卷）　　　　　《宗室》（一卷）

《文学》（二卷）　　　　《能吏》（一卷）

《卓行》（一卷）　　　　《列女》（一卷）

《方技》（一卷）　　　　《伶官宦官》（一卷）

《奸臣》（二卷）　　　　《逆臣》（三卷）

《外纪》（一卷）

例目无新创者，仅改《良吏》为《能吏》。各汇传记载人物，寥寥可数：《文学传》仅六人，而分为二卷；《能吏》亦六人；《卓行》三人；《列女》则分贤女、列女，前二后三，亦共五人；《方技》仅五人，《伶官》一人，《宦官》两人而已。

又诸臣列传，凡二百卅余人，附传不计在内。其中宗室姓耶律者，一百十余人；后族姓萧者，六十余人，合占十分之七八。所谓《辽史》，特皇族、外戚之家史耳。

又《外纪》一卷，述高丽、西夏二国事，按性质列于列传之中，似非其伦；仿之世家、载纪，亦有未当。此则本纪之变体，而非世家之本然也。

《国语解》一卷，体例最善。观其序云："史之所载官制、宫卫、部族、地理，率以国语为之称号，不加注释以辨之，则世何从而知，后何从而考哉？今即本史，参互研究，撰次《辽国语解》，以附其后，庶几读者无龃龉之患。"立意虽善，但其中译音讹舛，所在不免，后《辽金史国语解》，《辽史》部分以索伦语正《辽史》，厘订伪讹，尤便学者。

三　《辽史》疏漏及补注

《辽史》材料缺乏，修订草率，无庸讳言。其疏漏之甚者，如：

《东都事略》记辽太宗建国大辽，圣宗即位，改大辽为大契丹，道宗又改大契丹为大辽。改号、复号，一朝大事，而《辽史》不书。

圣宗统和二十四年，幽皇太妃呼纽于恒州，囚夫人伊兰于南京，余党皆生瘗之；明年，赐皇太妃死于幽所。查皇太妃有拓土之大功，靖边之长策，何事幽死，《后妃传》内当立专传，乃并无其人。

圣宗统和十九年，圣宗元配纳皇后萧氏，以罪降为惠妃。究以何事得罪，后系何人之女，《后妃传》内似宜有专传，亦不见其人。

《本纪》书攻战之事，自称为辽军，一似他国记载而称契丹为辽军者，修史时未及改正。（《廿二史劄记》）

又《辽史》人名本于译音，亦欠正确，其中有名同人异者，如：

耶律不挞也有三人，一在卷九十二，一在卷九十九，一在一百一十一（挞作塔）。

萧韩家奴有二人，一在卷九十六，一在卷一百三《文学传》。

萧塔烈葛在卷八十五，萧塔剌葛在卷九十。

《四库提要》更论之曰："五京兵燹之后，遂至旧章散失，澌灭无遗。观袁桷修《三史议》，苏天爵《三史质疑》，知辽代载籍，可备修史之资者，寥寥无几。故当时所据，惟耶律俨、陈大任二家之书。见闻既隘，又蔵功于一载之内，无暇旁搜，潦草成篇，实多疏略。其间左支右诎，痕迹灼然。如每年游幸，既见书于本纪矣，复为《游幸表》一卷；部族之分合，既详述于《营卫志》矣，复为《部族表》一卷；属国之贡使，亦具见于本纪矣，复为《属国表》一卷。义宗之奔唐，章、肃之争国，既屡见于纪、志、表矣，复屡书于列传。《文学》仅六人而分为两卷，《伶官》、《宦官》本无可记载，而强缀三人。此其重复琐碎，在史臣非不自知，特无米之炊，足穷巧妇，故不得已而缕割分隶，以求卷帙之盈，势使之然，不足怪也。……然其书以实录为证，无所粉饰。如《宋史》载太平兴国七年，战于平州，据此书则云宋使请和；《宋史·忠义传》有康保裔，据此书则云保裔被擒而降，后为昭顺军节度使，审其事势，《辽史》较可征信。"

《辽史》在三史中，最为疏略。清厉鹗有《辽史拾遗》二十四卷，采摭群书，至三百余种。对《辽史》有注有补，窃比于裴松之之注《三国志》。其书集各种材料，以旁见侧出之文，参考而求其绪端。年月事迹，一一钩稽，凡有异同，详为考证。其补唐中和诸人之传，及《礼志》之补幡胜，《乐志》之补聒帐，《舆服志》之补金冠窄袍，《食货志》之补赋税名目，皆采辑散佚，足备考证；对辽境四至、风俗物产，亦多所补辑。虽尚有可议之处，要不失为《辽史》之功臣也。

第廿二章　《金　史》

一　《金史》撰修多取实录、旧作

《金史》一百三十五卷，元托克托等奉敕修撰。元之修辽、金二史，初在世祖中统二年，因王鹗奏请，以左丞相耶律铸、平章政事王文统监修，寻诏史天泽亦监修。宋亡，命史臣统修宋、辽、金三史，岁月因循，未能成书。直至顺帝至正三年三月，右丞相托克托奏请设局，《辽史》先成，四年十一月《金史》告成，时托克托已罢相，由继任右丞相阿图鲁表上，仍列托克托名，因其为都总裁也。

女真文化较契丹稍高，故记注亦似较完备。《金史·百官志》有记注院，修起居注，掌记言动；又秘书所领之著作局，掌修日历。按完颜勖及宗翰传，女真初无文字，祖宗时并无记录，宗翰好访问女真老人，多得先世遗事。太宗天会六年，令勖与耶律迪延掌国史，勖等自始祖以下十帝，综为叁卷。熙宗皇统八年，勖等又进《太祖实录》二十卷。世宗大定中，修《睿宗实录》成，世宗曰：当时旧人，惟古云在，令史官持往就问之，多所更定。卫绍王被弑，记注无存。元初，王鹗修《金史》，采当时诏令及金令史窦详所记二十余条，杨云翼日录四十卷，陈老日录二十余条，及女官所记资明夫人授玺事，以补之。可见《金史》旧底，固已确核。

《金史·文艺传》谓刘祁作《归潜志》，以纪金事；又谓元好问晚年，以著述自任，金亡后，累朝实录，在顺天张万户家，好问言于张，欲据以撰述，后为乐夔所沮而止。乃构野史亭，著述其上，凡金源君臣遗言往行，采撷所得，辄以片纸细字，记录至百余万言。其成书者，有《中州集》及《壬辰杂编》，为修《金史》时所采用。《元史·张柔传》载，柔攻下金汴京，独入史馆，取金实录及秘府图书。后张柔以万户率兵镇顺天，即元好问所见之顺天张万户也。时王鹗馆万户家，得尽读金实录。迨柔献实录于世祖，而鹗适官翰林学士承旨，兼领国史院，建议修辽、金二史。鹗之言曰："自古有可亡之国，无可亡之史。盖前代史册，必代兴者与修，是非予夺，待后人而后公故也。"其后阿鲁图进书表云："张柔归《金史》于其前，王鹗辑金事于其后，是以纂修之命，见诸敷遗之谋，延祐申举而未遑，天历推行而无意。"至至正重修之《金史》，即据鹗稿为底本，鹗稿又根据实录及元好问之《壬辰杂编》，宣、哀以后事，又多据《归潜志》，盖此书于金末之事，多有足征。因二人身历，南渡后，或游京师，或仕朝廷，庙谋疆事，耳闻目睹，记载真确。元人王恽《玉堂嘉话》载王鹗所拟《金史》大纲，备有太祖、太宗、熙宗、海陵庶人、世宗、章宗、卫绍王、宣宗、哀宗九帝纪，《天文》、《地理》、《礼乐》、《刑法》、《食货》、《百官》、《兵卫》七志，《诸王》、《后妃》、《开国功臣》、《忠义》、《隐逸》、《儒林》、《文艺》、《列女》、《方技》、《逆臣》诸列传。恽又谓鹗亲笔作史大略付恽，如帝纪、列传、志表卷帙皆有定体，足见对《金史》之劳绩。故《金史》材料虽不如《宋史》之繁富，亦不似《辽史》之缺略，既有实录可资依据，又有元好问、刘祁之作以供参考，宜其远出宋、辽二《史》之上也。

二　《金史》卷帙及创例

《金史》一百三十五卷，计本纪十九卷，志三十九卷，表四卷，列传七十三卷，列之如下：

（一）本纪十九卷

《世纪》（一卷）　　　　　《太祖纪》（一卷）

《太宗纪》（一卷）　　　　《熙宗纪》（一卷）

《海陵纪》（一卷）　　　　《世宗纪》（三卷）

《章宗纪》（四卷）　　　　《卫绍王纪》（一卷）

《宣宗纪》（三卷）　　　　《哀宗纪》（二卷）

《世纪补》（一卷）

金即女真，古代之肃慎，为契丹东北部之东胡民族，亦即近世满洲之先祖。宋初，女真尚弱，居塞内者入辽籍，为熟女真；居塞外者，为生女真。酋长姓完颜氏，世奉辽命，为女真节度使。辽天祚帝时，生女真尊长吴雅束有异志，其子阿骨打袭位，叛辽胜之，称帝建国，于徽宗政和五年（1115 年）元旦，即帝位于爱新水（今牡丹江），建号曰金。太宗吴乞买复灭北宋，传九世，享国一百二十年。至南宋理宗端平元年，为蒙古及宋兵灭之（1234年）。

金凡九主，附九帝纪外，先有《世纪》，仿《魏书·帝纪》例，叙金之先世，至世祖止。后有《世纪补》，此纪追尊诸帝，列帝纪之后。追尊者，旁支入承大统，追尊其所生也。追尊别立一篇，为元、明二史所取法，惟彼置传首，于例尤协，亦史例之创格。

《二十二史劄记》云："本纪之前，先列《世纪》，叙世祖以下世次，及缔造功业，而本纪后又有《世纪补》，则叙熙宗父宗峻，世宗父宗辅，章宗父允恭，皆以子登极，追尊为帝者也。（宗峻追谥景宣帝，庙号徽宗。宗辅追谥简肃帝，庙号睿宗。允恭追谥先孝帝，庙号显宗。）此等追尊之帝，本宜各为一传，冠于列传之首，如《元史》睿宗、裕宗、显宗、顺宗，《明史》兴宗、睿宗之例，最合体裁。《金史》以太祖以前十一君，皆系追谥之帝，已入《世纪》，此三人亦系追谥之帝，不使入列传，故又为《世纪补》，附于本纪之后，亦创例之得者也。然海陵篡立，亦追尊其父宗幹为睿明皇帝，庙号德宗；后因海陵废为庶人，遂并其父追尊之帝号，亦为削夺，而列于宗本等传。此因当时国史记载如是，及异代修史时，则海陵一十三年御宇，既不能不编作本纪，其追尊之父，亦何妨附于《世纪补》，以从划一。况宗幹开国元勋，其功烈迥在宗峻、宗辅上，即世宗登极，亦尝改谥明肃皇帝，后因允恭之奏，始降封辽王；若以其降封，遂不入《世纪》，则海陵登极时，亦尝降封宗峻为丰王，乃一升一降，歧互若此。"

（二）志三十九卷，为目凡十四：

《天文》（一卷）	《历》（二卷）	《五行》（一卷）
《地理》（三卷）	《河渠》（一卷）	《礼》（十一卷）
《乐》（二卷）	《仪卫》（二卷）	《舆服》（一卷）
《兵》（一卷）	《刑》（一卷）	《食货》（五卷）
《选举》（四卷）	《百官》（四卷）	

《金史》志目与宋、元二《史》同，无新创者，仅少《艺文志》耳。《四库提要》论其特点云："《历志》则采赵知微之《大明历》，而兼考浑象之存亡；《礼志》则掇韩企光等之《大金集礼》，而兼及杂议之品节。《河渠志》详于二十五埽，《百官志》之首叙建国诸官，咸本本元元，具有条理。《食货志》则因物力

之微，而叹其初法之不慎；《选举志》则因令史之正班，而推言仕进之弊末……皆切中要机，意存殷鉴，卓然有良史之风。"

补《金史》之志者，清卢文弨有《金史礼志补脱》。

（三）表四卷，为目凡二：

　　《宗室》（一卷）　　　《交聘》（二卷）

宋、辽、金三《史》，惟《金史》有《交聘表》，凡与宋、夏、高丽和战庆吊之事，一览瞭然。惟其中颇多错误之处，《廿二史考异》论之甚详。又以金人多二名，一从本国名，一从汉名，颇多姓同名异者。至《交聘表》数宋人之三失，而惜不知守险、不能自强，而切中时机，尤属中肯扼要之论。

补《金史》之表者，万斯同有《金诸帝统系表》、《将相大臣年表》、《金衍庆宫功臣表》，清黄大华有《宰辅年表》，吴廷燮有《方镇年表》，陈述有《金史氏族表》。

（四）列传七十三卷，除诸臣列传外，汇传有：

　　《后妃》（二卷）　　　　　《世戚》（一卷）

　　《忠义》（四卷）　　　　　《文艺》（二卷）

　　《孝友隐逸》（合一卷）　　《循吏》（一卷）

　　《酷吏佞幸》（合一卷）　　《列女》（一卷）

　　《宦者方技》（一卷）　　　《逆臣》（一卷）

　　《叛臣》（一卷）　　　　　《外国》（二卷）

《金史》无《儒林》、《道学传》，但改《外戚》为《世戚》，改《文苑》为《文艺》，余与前史同。金与辽，虽同以武力得国，但金之文风较辽远胜，世宗、章宗之世，儒风丕变，庠序日盛，士由科第位至宰辅者踵接，故《文艺传》中，多至三十七人，亦不似辽之零落。

《十驾斋养新录》："《金史》酷吏止二人，高闾山死于国事，可掩其酷刑之咎，则《酷吏传》可不立也。宣宗以后，近侍颇预政事，然金之近侍，皆世家子弟为之，与宦者无预也。宦者亦止二人，梁疏可入佞倖，宋珪可附见《奉御泽山传》，则宦者亦可不立也。张邦昌、王伦，《宋史》有传，不当又入《金史》；崔立当入《叛臣传》，不当侪于列传；张谨言非叛党，不得附《张觉传》。"

列传之失者，如崔立杀宰相、劫后妃等，以汴京降蒙古，乃不入叛臣中，而仍在列传，与完颜奴申同卷，此编次之可议者。张邦昌、刘豫俱受金册封，宇文虚中亦仕金官至特进，《金史》固宜立传；吴牺叛宋降金，已册封为蜀王，其死也又赠以太师，招魂葬之，乃《金史》为刘、张、宇文三人立传，而牺独无之。时青虽阴受金官，而身在宋，屡以宋兵攻金，其叔时金则仕金为同签枢密院事，屡为金侵宋，是宜传金，而以青附，乃反传青而金附，亦属倒置。又韩常为金初一大将，累有战功，《金史》必宜有传，乃竟无之，亦属挂漏。完颜素兰在宣宗前面劾术虎、高琪之奸恶，既详于《素兰传》，而《高琪传》又备载之，累幅不尽，又属叙述繁复。

三 《金史》之疏失与优长

论《金史》者之得失，各家异词。夫金源一代，年祚不及契丹，舆地不及蒙古，文采风流不及南宋，然《金史》之作，亦有可观。顾亭林考其史裁大体，文笔甚简，非《宋史》之繁芜；载述稍备，非《辽史》之阙略；叙次得实，非《元史》之伪谬。顾官局修史，成非一时，体例不同；作非一手，优劣互见；传非一刻，亥豕不免。原其病有三：一曰总裁失检，一曰纂修仳〔纰〕缪，一曰刊写错误，三者皆不免焉。此则论《金史》之长有三，即文笔甚简，载述稍备，叙次得实。然其失亦有可述者。

（一）记载可议者。如刘豫为金子，皇帝则属国也。天会十年，豫徙都汴；十二年，金、齐合兵侵宋，皆金国大事，《金史》一概不书，此失记也。又金《太祖本纪》，拒辽兵于鸭子河，甲士三千七百，至者才三之一，俄与敌战大胜。辽人常谓，女真兵若满万，则不可敌，至是始满万云。上既云"三千七百，至者三之一"，下即云"满万"，殊属语病。《卫绍王纪》，大安二年九月，忽书京师戒严，盖因蒙古兵入也，然上文从未见蒙古起兵之事，使阅者茫然不知何处之兵；直至大安三年四月，始书大元太祖来征，一似上年之戒严，别有兵祸，而非蒙古者。

（二）避讳回护。如辽天祚帝遣萧实讷将（萧习泥烈）等册金主为东怀皇帝，金以册文无兄事之语，不称大金，而曰东怀，乃小邦怀其德之义，遂不受，以书复之，事载《辽史》，而《金史》不书。宋刘锜顺昌之捷，金葛王乌绿从乌珠（兀术）来攻，亦大败而去，《宋史·本纪》及《琦〔锜〕传》载之甚详，葛王即金世宗也，而《世宗本纪》不叙其事。宣宗即位，乃赫舍哩、呼沙呼（统〔纥〕石烈、胡沙虎）弑绍卫王后，图克坦镒（徒单镒）劝其迎立也，而宣、绍二纪皆不载。珠格高琦（尤虎高琪）为相，专宠作威，与高汝砺相倚，高琪主机务，汝励掌利权，附己者用，不附己者斥，而《汝砺传》绝不见其党附高琪之处。《张邦昌传》，亦但云金立邦昌为大楚皇帝，时二帝已出汴京，邦昌出质始回，康王入归德，邦昌劝进于归德，后以隐事诛之；传中并不见僭位称号之事，一若金册立后，即向康王劝进，而康王杀之，不免冤抑者，则并邦昌亦为之回护矣。又关于宋金交战事，如金天眷三年（宋绍兴十年），宗弼再取河南，《金纪》但书五月河南平，六月陕西平，《宗弼传》亦不书战败之事；然是年六月以后，宋刘锜有顺昌之捷，岳飞有郾城、朱仙镇之捷，韩世忠有淮阳之捷，张浚有永城、亳州之捷，王德有宿州之捷，《金史》皆不书，此亦回护之处。

（三）记载误处。《辽史》天祚帝命宰相张琳、李处温，与秦晋国王耶律游〔淳〕守燕，帝遁入夹山，命令不通，奚机勒博（《辽史》名回离保）、耶律达实，及李处温、左企弓、虞仲文、曹勇义、康公弼等立淳为帝，改元建福，未几淳死，众又立其妻德妃萧氏为太后，主军国事，将迎天祚次子秦王定为帝，皇太后称制，改元德兴；而《金史·左企弓传》乃云天祚帝亡保阴山，秦晋国王耶律淳自立于燕，改元德兴，则以其妻之年号为淳之年号矣。又《辽史》左企弓、曹勇义、虞仲文、康公弼等降金后，遇平州张瑴（《金史》名觉），数以十罪，皆缢杀之；而《金史》仅《企弓传》记其为张觉所杀，其他各传均叙其官阶、死谥，俱不见被害之迹，一似考终于官者，加以各传中，多杂辽事，亦有失断限。

（四）人名不划一。金、宋二《史》人名不符，尚有可说。若同在《金史》，同一人名，亦有彼此互异者。如同一撒离喝，《熙宗纪》作撒离合，《睿宗纪》作撒离喝（《宋史》作撒离曷）。一合达蒲阿，本传作合达蒲阿，《讹可传》又作合打蒲阿。一阿忽带也，《冯璧传》作阿虎带，《讹可传》又作阿禄带，其下又云阿鲁带。一撒合辇也，一传中忽作撒合辇，忽作撒曷辇。讫〔纥？〕石烈执中，即胡沙虎也，乃纪、传忽而讫石烈执中，忽而胡沙虎，忽而讫石烈胡沙虎。此皆因修史时仓促成书，不暇刊正之故。亦有人异名同者，为挞懒一在卷六十六，一在卷七十二（又名殸英），一在卷七十七。又有一人异名，如太祖阿骨打，又名旻；太宗吴乞买，又名晟；哀宗宁甲速，又名守绪，此帝皇之二名。如撒改之名思敬，斡里雅布之名宗望，兀术之名宗弼，阿鲁补之名宗敏，此皇族之一人二名。又如布萨忠义之本名乌者，唐括安礼之本名斡鲁古，富察世杰之本名阿散，此又庶姓之一人二名。此则因金人初名其本国语，及入中原，遂用汉字制名。

　　《金史》虽有上列各失，然其书法亦有特佳者。如金初灭辽，取宋中间，与宋和战不一，末年又为蒙古所灭，故用兵之事，较他朝独多，其胜败之迹，若人人铺叙，徒滋繁冗。《金史》则每一大事，即于主其事之一人详叙之，而诸将之同功一体者，可以旁见侧出，故有纲有纪，条理井然。如出河店（《辽史》作出店河）之战，太祖自将，则书于《本纪》；获辽主、取宋帝，则详于《宗翰》、《宗望传》；渡江追宋高宗，则详于《宗弼传》。富平之战，则详于《宗弼》及《赤盏晖传》；正隆用兵，则详于《海陵本纪》及《李通传》。大定中复取淮泗，则详于《仆散忠义》、《纥石烈志宁传》；汴城之攻围，则详于《博索》、《奴申》及《崔立传》。归德之窜，则详于《白华传》；蔡州之亡，则详于《完颜仲德传》。各就当局一二人叙其颠末，而同事诸将，自可以类相从，最得史法。又如辽将和尚、道温二人之忠于辽，宋将徐徽言之忠于宋，则但书其殉节，而死事之详，听其入《辽史》、《宋史》可矣。乃不忍没其临危不屈之烈，特用古人夹叙法，附书道、温二人于《宗望传》后，徐徽言于《娄室传》，使诸人千载后，犹有生气，而文法亦不至枝蔓，尤见修史者斟酌裁剪之苦心。（以上各段，节《廿二史劄记》。）

　　赵翼称《金史》叙事最为详核，文笔亦极老洁，迥出宋、元二《史》之上。近人钱基博对《金史》文笔，尤多誉词，云："元修宋、辽、金三《史》，论者所不贵。然余谓文章放笔为直干，赡而得老，约而能肆，得太史公之意者，二十四史中，当以《金史》为最。不为宋子京轧苗为古，亦异欧五代之摇曳弄姿。其宣、哀以后，诸将列传尤佳，以取材元好问手笔为多也。"

　　论述《金史》既竟，尚有二义：第一，宋、辽、金三国，南北鼎峙，其间和战交聘之事，无岁无之，三《史》所载，不仅互有出入，且颇多不符。故欲彻底明了三国史实，当相互参观，以究其真。同时，三《史》记载人名、地名，多不划一，如《宋史》所记金人名，考之《金史》，相同者不过十之一二，其余竟无一可核对者。再究宋、金二《史》，亦当参考《元史》，因金、宋、元三《史》，记载又有不符之处，此则不可不注意者。其次，元丞相托克托对德运之说，主三国各与正统，其见甚卓；独对世居西北之西夏，三《史》各视为属国，与高丽等。故《宋史》有《夏国传》二卷，《辽史》《西夏外纪》一卷，《金史》《西夏列传》一卷。三《史》记载，各据所知，参以他说，不相关顾，脱误疏漏，当然不免。夫西夏雄踞西北，历代增廓，奄有地方二万余里，为州郡凡二十有二，计自元昊建国称帝至末帝晛，共历十世，享国一百九十三年。以边郡荒塞，一隅区域，砥柱宋、辽、金三大国。赵元昊时，国势尤盛，两挫辽军，三败宋军。复自制文字，兴学养士，不仅武功极盛，文化亦彬彬可观。亦应如三国例，别立专史。此则托克托之失，后人所当注意补救者也。

第廿三章　《元　史》

一　《元史》亦是仓猝成书

《元史》二百十卷，宋濂、王袆等奉敕撰。明太祖洪武二年，诏修《元史》，集三十史官从其事，以宋濂、王袆总其成。当时诏将燕京所遗元代图籍，橐载而南，得元《十三朝实录》，即于是年二月开局于天宁寺，八月成书。而顺帝一朝史犹未备，乃命儒士欧阳佑等往北采遗事。明年二月，诏重开史局，至七月书成。计两次开局修史时间，第一次为一百八十八日，续修时间为一百八十三日，综前后仅一年有零。古今修史之速，除《宋书》外，未有如《元史》者。

据宋濂序，第一次，凡成纪三十七卷，志五十三卷，表六卷，传六十三传。顺帝时无实录可征，未得为完书，复诏有司征采史事，以续成之。故第二次，又成纪十卷，志五卷，表二卷，传三十六卷。两次修书，总裁虽为宋濂、王袆，而始终任纂辑之任者，则为赵埙。

今考《元史》目录，本纪四十七卷，其卷三十八以下，则续成之《顺帝纪》也。志、表之次第不动，续成之志五卷，列入志第三下为《五行》二，第十七下为《河渠》三，第二十七下为《祭祀》六，第四十一下为《百官》八，第四十五下为《食货》五；续成之表二卷，列入第五下为《三公》二，第六下为《宰相》二。至列传，初修六十三，续修三十六卷，合为九十九卷，于今本卷数多二卷，想于合编时有并卷，否则续修之三十六卷，当为"三十四"之误。今案列传三十一二卷，已载元末死事诸臣泰不华、余阙等传，乃三十三卷以后，又以开国时之耶律楚材、刘秉忠、史天倪、张柔、张宏范等传编入，次于元末诸臣之后，前后倒置，可为续修之证。盖三十二卷以前系初次进呈，三十二卷以后系二次进呈。当时修史诸臣，鉴于太祖威严，恐干烦渎，不敢呈请将前后两书重相编订。加以两次修史时日迫促，成书太速，缺略重复，芜杂舛漏，所在不免。故书成不久，即有朱右作《拾遗》，解缙作《正误》，而解缙致吏部侍郎董伦书云：谓《元史》舛误，承命改修云云。今两书皆不传，足证《元史》在告成之后，公私均已感不满矣。

元起朔漠，初无文字，开国以后，亦鲜记载。今考元人自述其事最早之书，曰"《脱必赤颜》"（"必"一作"卜"）。此书以蒙古文字记载，述太祖成吉思汗以往之事迹甚详。元仁宗时，尝用汉文迻译，名曰《圣武开天纪》。又有《圣武亲征录》，亦自《脱必赤颜》译出，纪太祖初起及太宗时事。波斯人拉斯特撰《蒙古全史》，亦据《脱必赤颜》以成书。想当时金匮副本，必然颁及宗藩，惟已多修改。明太祖洪武十五年有重译本，称曰《元朝秘史》。今所传《秘史》译本，出于《永乐大典》，钱大昕在清乾隆中抄得之。元修宋、辽、金三《史》时，因事迹不备，奎章阁学士虞集等，请以《脱必赤颜》参订。时翰林学士某，谓此书事关秘禁，非可令外人传写，乃止。《脱必赤颜》而后，殊少记述。世祖中统三年，始诏王鹗集廷臣议史事，鹗请以先朝事付史馆。至元十年，敕翰林院采累朝事迹，以备纂辑。迨成宗即位，诏完泽监修世祖《实录》。至元贞（成宗）七年，国史院进太祖、太宗、定宗、睿宗、宪宗《五朝实录》。武宗时，诏国史院纂修顺宗、成宗《实录》；仁宗时，纂修武宗《实录》及累朝《后妃、功臣传》，俾百工各上事迹。英宗诏修仁宗《实录》及《后妃、功臣传》。泰定帝诏修英宗、显宗《实录》，文宗时又诏修英宗《实录》，顺帝时诏修《累朝实录》。

　　明初，得元修《十三朝实录》，据此以辑《元史》。据钱大昕《艺文志》所考，元有十五帝之《实录》，称"十三朝"者，因睿宗、顺宗皆由追谥，身未为帝，故置而不数。又元人所撰之《经世大典》、《大一统志》，于一代之典章及舆地，记载颇详明。初，其书俱在，得据之以撰诸志，加以累朝后妃、功臣列传，亦必为当时修史时之参考资料。故《元史》成功之易，亦非无因。今考徐一夔《始丰稿》，于重开史局时致王祎书云：

　　　　近代论史者，莫过于日历，日历者，史之根底也。至起居注之设，亦专以甲子起例，盖记事之法，无逾此也。元则不然，不置日历，不置起居注，独中书置时政科，遣一文字椽掌之，以事付史馆，及易一朝，则国史院据所付修实录，而其于史事固甚疏略。幸而天历（文宗年号）间，虞集效《六典》法，纂《经世大典》，一代典章文物粗备。是以前局之世，既有《十三朝实录》，又有《经世大典》可以参稽，廑而成书。若顺帝二十六年之事，既无实录可据，又无参稽之书，惟凭采访以足成之，窃恐事未必核，言未必驯，首尾未必贯穿也。

　　据上以观，《元史》所据之材料，本纪依据元朝历代《实录》，书、志依据《经世大典》，列传采取《后妃、功臣列传》及当时诸家所撰之行状墓志等；最重要之《元朝秘史》，则未供参考。

　　然《元史·奸臣传》序云："旧史往往详于记善，略于惩恶，盖史官有所忌讳，而不敢直书故也。"是元之《实录》，亦难称为信史；名人撰述之行状，又多谀墓之文。修《元史》者，据以成书，毋怪乎后之批评者多也。

二 《元史》起讫及卷帙内容

元为蒙古族，论该族之来源，异说甚多，莫衷一是。考蒙古为后起民族，人数众多，确难断其为纯属何族。满蒙一带之地，二三千年来为匈奴、鲜卑、突厥、回纥竞争角逐之场，诸族接触频繁，极易产生混血种。蒙古族大概为先住民族如东胡、匈奴、突厥等系之混合。至南宋时，以漠北一部落崛起，南并中国，西侵欧洲，声威之盛，疆土之广，中外历史，殆罕其匹。然曾不旋踵，国社坵墟。元亡后，蒙古人仍遁居故地，分为鞑靼、瓦剌两部，明清之世，叠为盛哀。

今日吾人之所谓《元史》者，仅自忽必烈（世祖）入主中国后，迄脱欢帖木耳（顺帝）之以蒙古大汗兼为中国皇帝者而言。至若未入中国为帝之成吉斯汗（太祖），阿阔台（太宗）、贵由（定宗）、蒙哥（宪宗）之尚未定中国者，与钦察汗国、窝阔台汗国、伊儿汗国、察哈尔〔台〕汗国离中国而建都西域、欧洲者，皆不得名之曰元朝。故实际吾人之所谓《元史》，地域仅及中国本部疆域，时间则自元世祖灭宋入主中国，经十世而至顺帝倾覆之八十九年。若自太祖创业至天顺帝北走（1206—1368年），则共为十五主，凡一百六十三年。现今《元史》，仅详于元世祖以后及中国本部，余则略焉。

今按《元史》：

（一）**本纪**共四十七卷，凡十四帝纪，其目如下：

《太祖纪》（一卷）　　　　《太宗、定宗纪》（一卷）
《宪宗纪》（一卷）　　　　《世祖纪》（十四卷）

《成宗纪》（四卷）　　　《武宗纪》（二卷）

《仁宗纪》（三卷）　　　《英宗纪》（二卷）

《泰定帝纪》（二卷）　　《明宗纪》（五卷）

《文宗纪》（一卷）　　　《宁宗纪》（十卷）

《顺帝纪》（一卷）

本纪中对蒙古先世种族源流，及太祖、太宗、定宗、宪宗四朝兼并各部及其政绩，殊少记述。《金史·世纪》叙先世事，至盈一卷；而《元史》述蒙古先世，未立《世纪》，仅于《太祖纪》中，述其先世自孛瑞叉儿以下十世，不过千余字。据《元秘史》，孛瑞叉儿之前，尚有十一世，史臣未见《秘史》，故于元初世系颇多缺略。世祖以前四朝之事迹，仅及三卷，异常芜略，《皇元圣武亲征录》亦未据以参考。世祖以后各朝，失于繁冗，惟帝纪定宗以后、宪宗以前，阙载者三年。泰定天历之间，尤多曲笔。

（二）志五十三卷，为目凡十三：

《天文》（二卷）　　《五行》（二卷）　　《历》（六卷）

《地理》（六卷）　　《河渠》（三卷）　　《礼乐》（五卷）

《祭祀》（六卷）　　《舆服》（三卷）　　《选举》（四卷）

《百官》（八卷）　　《食货》（五卷）　　《兵》（四卷）

《刑法》（四卷）

例目无新创者，仅合礼、乐为一志，又分祭祀、舆服为两志，此皆不合前史遗规。又以《仪卫志》附于《舆服志》后。《四库提要》云："《历志》载许衡、郭守敬之《历注》，李谦之《历议》，而并及庚午元历之未尝颁用者，以证其异同。《地理志》附载潘昂霄《河源考》，而取宋思本所译《梵字图书》分注于下。《河渠志》则北水兼及于芦沟河、御河，南水兼及于盐官、海塘、龙山河道，并详其濬浚之宜，未尝不可为考古之证。"

《廿二史劄记》云:"其《天文》、《五行》诸志,则有郭守敬所创简仪、仰仪诸说;《职官》、《兵刑》诸志,又有虞集等所修《经世大典》;《水利》、《河渠》诸志,则有郭守敬成法及欧阳元《河防记》以为据依,故一朝制度,亦颇详赡。"

《日知录》云:"诸志皆案牍之文,并无镕范。如《河渠志》耿参政、阿里尚书,《祭祀志》言田司徒、郝参政,皆案牍中之称谓也。"

此外不志艺文,而将艺文收入列传之中,遂使无传之人所著多不可考。《四库提要》评谓"尤为乖迕"。此亦前史所无之例也。清钱大昕有《补元史艺文志》。

其他如《百官志》、《刑法志》、《选举志》、《兵志》,尤多可供研究之处。如官制以蒙古人为之长,汉人、南人为之贰,故一代之制,未有汉人、南人为正官者。《刑法志》中可见蒙、汉待遇不平等。又禁止汉人、南人私藏铁器,有私藏十件者处死之禁令。《选举志》中蒙古人考试,较汉人、南人为易,考取后服官亦不同。《兵志》中说兵制分四种:本种人为蒙古军,诸部族人为探马赤军,镇戍中原要地;得中原后,发民为卒,为汉军;继得宋军,号新附军,以之镇戍淮江以南之藩郡。兵籍,军机重务,兵数多寡,汉官莫有知者。以上各志中,可见元代蒙古人种族观念之强。复将全国人民分为四等,首为蒙古;次为色目,即西域诸国人;三为汉人,即契丹、高丽、女真等族;四为南人,即南宋人民。显分等级,其详于志传中可见,若悉心研究,随处可发现不平等之等遇。

(三)**表**八卷,为目凡六:

《后妃》(一卷)	《宗室世系》(一卷)
《诸王》(一卷)	《公主》(一卷)
《三公》(二卷)	《宰相》(二卷)

分三公、宰相为两表，不合前史遗规。《宗室世系表》对元初世系颇多漏略，盖因史臣未见《秘史》之故。

补《元史》之表者，清钱大昕有《元史氏族表》，清黄大华有《西域三藩年表》、《元分藩诸王世表》，吴廷燮有《行省丞相平章政事年表》。

（四）列传九十七卷，首为《皇后传》；次为《睿宗》、《裕宗》、《显宗》、《顺宗传》；再次为睿宗等四人之后传，因睿宗等四人本出追尊，故次《皇后传》之下，居诸臣列传之前，位置甚当。列传中汇传有：

《儒学》（二卷）　　　《良吏》（二卷）　　　《忠义》（四卷）

《孝友》（二卷）　　　《隐逸》（一卷）　　　《列女》（二卷）

《释老》（一卷）　　　《方技》（一卷）　　　《宦者》（一卷）

《奸臣》（一卷）　　　《叛臣》（一卷）　　　《逆臣》（一卷）

《外国》（三卷）

例目仍旧，无新创者。《元史》因成于仓促，列传伪〔讹？〕误尤多，如：

（1）一人两传

速不台卷一百廿一，即雪不台卷一百廿二。

完者都卷一百卅一，即完者拔都卷一百卅三。

石抹也先卷一百五十，即石抹阿辛卷一百五十二。

阿答赤见卷一百卅二，《杭忽思传》又别立传，卷一百卅五，"杭忽思"改为"昂和思"。

忽剌出见卷一百廿二，《直脱儿传》又别立传，卷一百卅三。

昂吉儿见卷一百廿三，《也蒲甘传》又别立传，卷一百卅二。

重喜见卷一百二十，《塔不已儿传》又别立传，卷一百卅三。

阿朮鲁卷一百二十三，又附见《怀都传》卷一百三十一。

谭澄见卷一百六十七,《谭资荣传》又别立传,卷一百九十二。

（2）人名不划一

速不台,另传作"雪不台",又作"唆伯台"。《按扎儿传》。

八思巴自有传,又作"八合思八",《阿尼哥传》又作"八哈思巴"。《萨理传》。

和礼霍孙自有传,又作"火鲁霍孙",《刘正传》又作"和鲁火孙"。《昂吉儿传》。

肖乃古自有传,又作"笑乃",《史天泽传》又作"笑乃带"。《王玉传》。

（3）列传中同名之人

帖木儿不花—一在卷一百一十七,一在卷一百三十二。

脱脱—一在卷一百一十九,一在卷一百三十八。

伯颜—一在卷一百二十七,一在卷一百三十八,一在卷一百九十。

和尚—一在卷一百三十四,一在卷一百三十五。

张荣—一在卷一百五十,一在卷一百五十一。

（4）编次繁简失宜

开国元勋耶律楚材、刘秉忠、史天倪、张柔、张宏范等,理宜编在列传之首。《元史》则次于元末死事诸臣泰不华、余阙等传后,均列在列传三十三以后,编次前后倒置。列传卅二以前多蒙古人,三十三以下多中国人。中国人传中而又详于文人,以文人各有传志之类存于世,蒙古人无之,而事迹反阙。

（5）记载事实互歧

《史天泽传》谓,太宗三峰山战胜后,即北还,留睿宗总兵围汴。《塔察儿传》与《睿宗传》载太宗与睿宗同还河北,未尝留京围汴,是《天泽传》误。

《郑鼎传》载鼎从宪宗征大理,擒其主平之;《本纪》宪宗二年命皇弟忽必烈（世祖）征大理,三年平之。是征大理者为世祖，而非宪宗，鼎或随世祖征大理，而以为宪宗者误。

《阿塔海传》谓，宋殿帅张彦与都统制刘师勇袭吕城，怀都击之，斩彦；但《怀都传》与《忽喇出传》谓殿帅攻吕城，忽喇出与辉图生擒之，未尝被杀，是《阿塔海传》误。

《六里迷失传》谓，从阿里海牙、唆都征吕城，战失利，唆都死焉。但《唆都传》则谓至元二十三年征交趾，唆都力战死之。又考之《吕城传》，二十一年三月唆都已自占城领兵回，则其死在交趾无疑，是《六里迷失传》误。

诸如此类，自相歧互者甚多。

（6）附传重复

《竺迩传》已详述家世，而其孙《赵世延传》复重叙之。

《月乃合传》末叙曾孙马祖常事，而祖常实自有传。

《直脱儿传》详载其从子忽刺出事，而忽刺出亦自有传。

《杭忽思传》详载其子阿塔出事，而阿塔出亦自有传。

三　繁冗芜杂，后人公论

《元史》繁冗芜杂，后人已有公论。魏源氏著《元史新编》，其凡例中评其失曰："本纪之敝，世祖以前四朝，失于芜陋；世祖以后七朝，失于繁冗。列传之敝，于开国功臣失之疏，而世祖以后诸臣失之冗。"又曰："太祖、太宗所平漠北西域数十部，无一传。"又曰："列传既疏冗重复，而其大臣数篇，则又讳其所短，与他传牴牾。"又曰："其表、志之谬陋，更有出情理外者。"又曰："人名冗俚，由修史者不谙翻译，不定体例所致。"章实斋《信摭》云："《元史》二百十卷，而纪、志先去其百，不待观书，而知其无节度矣。"

又旧例对于外族之入主中国，多详述其种族先世，如《魏书·序纪》、《辽史·世表》、《金史·序纪》，考证其种族之元始。独旧《元史》无之，既不于纪前立《序纪》，又无《氏族表》。且其叙述，直从太祖发端，而于蒙古先世，并无一语叙述，关于蒙古氏族支派及其源流，遂使治《元史》者，茫然无知，亦其失也。

如《本纪》，忽于开国以前，及开国初之四朝；顺帝事迹，虽经采补，仍复不详。各志如《刑法》、《食货》、《百官》，全同案牍，最为荒芜。列传则重复者颇多，有已见附传又别立专传，或一人而两传，或开国元勋而无传。

《廿二史劄记》虽有论是书之失，然亦多称许之辞，如云："……《元史》大概亦尚完整，则以旧时纂修实录者，多有熟于掌故之人……明初修史诸人，即抄撮成书，故诸列传，尚多老笔，而无酿词。……一朝制度，亦颇详赡。顺帝一朝，虽无实录，而事皆明初修史诸人所目击，睹记较切。故伯颜、太平、脱脱、哈麻孛罗、蔡〔察〕罕、扩廓等传，功罪更为分明。末造殉节诸人，则又有张翥所集《忠义录》以资记载。故一部全史，数月成书，亦尚首尾完具，不得概以疏略议之也。"

总上所论，《元史》得失，粗具梗概。犹有论者：

第一，取材未广。《元史》之修，多本《十三朝实录》。元人所撰之《经世大典》、《大一统志》，于一代之典章及舆图，颇多记载，明初其书尚在，想亦据以参稽。然最重要之《元朝秘史》，《皇元圣武亲征录》——此书记太祖、太宗两朝事迹，最为详备，钱大昕跋云："有论次太祖、太宗两朝事迹者，其必于此书折其中。"明初修撰《元史》，因急于成书，未及参考，故对于蒙古源流及太祖、太宗，历定宗、迄宪宗平定西域诸部落及三次西征事实，均绝少记载，或语焉不详，至记载疏漏。其他如宋、元人有关于蒙古、西域之著作，如宋彭大雅、徐霆之《黑鞑事略》，孟拱之《蒙鞑备录》，以及元代之材料，如邱处机《长春真人西游记》，陶宗仪《辍耕录》，耶律楚材《西游录》，均有丰富之材料可供参考，修史时亦未注意。

　　第二，范围太隘。《元史》范围，时间详于世祖以后，地域以中国本部为主，对于离中国而建邦西域之钦察汗国、伊儿汗国、察哈台汗国三大藩之史实，殊少记载。自世祖入主中国后，虽宗藩叛乱频仍，然仍多入觐朝贡，是世祖之元朝，仍为全蒙古帝国之中心。今《元史》偏重中土，忽略其余，实际上仅及蒙古全史十之二三耳。故论蒙古史者，亚洲（特别是中国本土）为其直属统治，欧洲为兵力所及，非洲为使聘所至，疆域之广，关系之复杂，亘古未有。治《元史》者，当就时空面面顾及，不当详于世祖以后，限于中土之内也。

　　第三，《元史》疆土范围既如斯之广，则其内涵之问题亦特多。如蒙古本身虽无显著文化，然其三次西侵，马蹄所及，无意中对于东西文化上之接触交流，发生极大影响。其次，元代因疆土辽阔，对于东西交通极为发达，陆路则自天山南北路越中亚、里海以达欧洲，或越波斯、阿拉伯、叙里亚以达非洲，人物往来，商旅相接；水路则福州、泉州、厦门等地，船舶云集。其交通之广，远轶汉、晋、唐、宋，而迈明、清。此则对于东西交通史上之贡献者。再者，元代种姓杂居，宗教并行，回教、喇嘛教、基督教，杂然并峙，互争雄长，互相交通，互相同化。此则对于研究宗教史，及人种同化史，不可不注意者。又次，元代西北三大藩中，除察哈台汗国在今新疆外，钦察汗国在俄境，伊儿汗国在波斯，两国除对东西交通、回耶两教势力消长及文化交流有关外。如钦察汗国史实，为研究西比利亚史及俄国先世建国史极有关系，伊儿汗国史则与中亚各国史有关。

　　凡此所云，均就其大者而言。旧《元史》以仓卒成书，时代所限，均未注意，此则有待后人之补订也。

第廿四章 《新元史》

一 柯修《新元史》博采约取

《新元史》二百五十七卷，近人山东胶州柯劭忞撰。柯字凤荪，前清进士，曾预修《畿辅通志》。其毕生精力，致力于《元史》之研究。《新元史》之成，阅时三十年，至民国九年始全部脱稿。初刊为铅印本，讹字颇多，未几镂为木板，并由政府命令列入正史。日本东京帝国大学文学部东洋史学系教授，对此书亦极为重视，曾组织审查会，研究此书。据审查结果，认著者于此书学识该博，精力绝伦，授以文学博士学位，可见东邦人士之推重其书。著者成书虽在民国，其署衔则称"赐进士出身日讲起居注官翰林院侍读国史院纂修"，论赞则称"史臣曰"，此则因柯氏入民国后并未出仕也。

柯氏成书之前，学者鉴于《元史》芜杂，研究者颇不乏人。有清一代为最，康、乾间肇其端，至清末同、光间，对西北地理及《元史》之研究，蔚成风气。加以元代版图辽阔，欧西及俄国史学家专究《元史》者尤多。因此《元史》之补订改修，显有迹象可寻。

第一，专就中国固有之史实，侧重中国本土之范围，增益旧闻，补正脱讹，别图改造者为一派。第二，以元代整个强域为范围，别考西欧史料，以证明中国所未闻，以补中国所未备，另造新史者，又为一派。前者以邵远平、钱大昕、魏源、何秋涛、李文田为代表，后者以洪钧、屠寄、柯劭忞为代表。

邵远平著《元史类编》四十二卷，书成于清初。其书有纪传，无表志，于一代经制，阙略未详。然邵氏能取《经世大典》诸书，以补正史，亦不无订正之功。其后，钱大昕对于《元史》致力尤深。初得《元秘史》刊行之，认论次太祖、太宗两朝事迹者，必于此书折其中。尝有志改撰《元史》，惜其未成。部分成书者，有《补元史氏族表》、《补元史艺文志》、《元史拾遗》、《元史考异》诸书，广搜博采，参考得失，详审异同，功力独深。

继之者，有魏源之《元史新编》。源生于嘉庆间，生平研心于域外地理及当代掌故，其所著有《海国图志》、《圣武记》诸书。又成《元史新编》九十五卷，凡本纪十四卷，列传四十二卷，表七卷，志三十二卷。其书独出心裁，自创体例，以《凡例》、《语解》冠其首。《凡例》述《旧元史》之缺失，与本书改善补正之点；《语解》则解释繙音之方法，命名之原义。其拟进呈此书表中，又自叙其工作之方，取材所自。其书与《旧元史》异者，以元之疆域，远轶汉、唐，西北所及，尤应详载，乃立《太祖三朝平服各国传》；至中叶以后，号令不逾金山，萧墙内哄，立《东北叛藩传》，此皆旧史所未详。列传以分类相从之法，于旧史诸汇传外，增以《遗逸》、《释老》、《群盗》诸目。于原有各专传，悉改为合传，为《开国功臣》、《文臣》、《武臣》、《平宋》、《平金》等《功臣传》。又以诸相臣、文臣、言臣，皆冠以世祖、中叶、元末等称，分标专目，为往史之变例。本纪自世祖以下，袭用邵氏《类编》。《艺文志》、《氏族表》全取之钱大昕，征考博引，记载详审。较之《旧元史》，确可当"事增于前，文省于旧"之称。所增者，以今日眼光观之，如西域诸国，不免疏略，此为时代所限，囿于见闻所致。而所省者，亦间有挂漏之处。然其对《元史》用力之勤，发愤改造之功，实开近代研究《元史》之先声。至文笔雅洁，议论明快，犹其余事。

继魏源氏之后，有何秋涛、李文田，以汉学考据校勘精神，一一施之于研究《元史》。何氏研究西北地理极精，著有《朔方备乘》八十卷；其于《元史》，有《圣武亲征录校正》，逐字逐句，详为校正，用力辛勤。李文田有《元秘史注》十五卷，征引繁博，将书中地理、年代、史实，悉就其所搜弋之史料，详细参订，考证无遗，成为治《元史》者一重要史料。

以上诸家，均就中国已有史料作收辑、补注、订正而企图改造《元史》者。至刊用域外史料来增益中土旧闻者，最初则有洪钧氏。洪以甲科高第，奉使西欧，愤力搜集西方元史材料，成《元史译文补证》三十卷，藉以证中国之所未确，补中国之所未闻。全书精绝，惜天不假年，书未成而旋就殂，其中有目无书者十卷。洪氏以西方资料，以证中国之事实，并扩大《元史》之范围，识见雄伟，不独为《元史》功臣，且其所用方法，亦开近代研究历史之先路。至其所据之材料，多取波斯人拉斯特，蒙古人阿卜而几锡，西域人志费尼，法人多桑，英人霍渥儿特，俄人贝勒津之著作，博观约取，断制审慎。此则为前史家所未有之举也。

继洪氏之后者，有屠寄氏。屠氏之于《元史》，可谓别树一帜者矣！其书曰《蒙兀儿史记》，初本仅八册，继增至十四册。屠氏卒后，家人整理遗稿，共一百六十卷，分订廿八册，民国廿八年刊成。屠氏认为蒙古史迹范围广大，"元"之称号，仅足涵盖忽必烈入主中国以后之事迹，其自成吉思汗迄忽必烈初年之事，与西域三大汗国之事，均不得称曰"元史"。加以成吉思汗初起，国号本称蒙古，至世祖八年，始改称大元，故所著以"蒙兀儿"名其书，本《旧唐书·室韦传》之蒙古、室韦，称名甚古，读音亦正。内容详于太祖初起时所平西域诸部落，与西域三大汗国之史实，更详于窝阔台汗国（为元太宗封地，后并入中国本部，与三大汗国无关）之盛衰；其漠北三大汗《诸子列传》，则于西域汗国之盛衰沿革，记述甚详；又有《宗室世系表》、《西北三藩地理通释》、《成吉思汗诸弟列传》，增人所无，详人所略。其意欲所撰为蒙古一部族之史，体例亦有异于历代正史。其书于人名译音，颇与魏源、洪钧立异，如斡〔幹〕歌歹即阿阔台，古余克即贵由，蒙格即蒙哥等是。书中又用自注之法，正文之下有分注，一篇虽简，包括甚多，搜辑之广，用力之勤，亦可见矣！近人孟森序其书曰："先生之书，所得固多出于旧史，然其参订旧史以综合新材，无一字不由审订其地、时、日而后下笔。故叙述皆设身处地，作者心入史中，使读者亦不至身落史后，较之心不与史浃，而以其剪裁饾饤之文诏后人，不免孟子所谓'以其昏昏，使人昭昭'矣！"惜其书未成而身殁，故缺卷尚多。

继屠氏之后，有柯劭忞氏，其所著《新元史》，实集各家之大成。其所收材料，有出于《元史》及邵远平者，有得之于钱大昕、魏源者，有得之于何秋涛、李文田者，有得之于洪钧、屠寄者，有参考西方史料者。广收慎用，博采约取，以成一家之作，虽多有所本，然排此纂辑增删亦正不易也。

二　《新元史》卷帙及创例

《新元史》计二百五十七卷，计：

（一）本纪二十六卷，列之如下：

《序纪》（一卷）	《太祖》（二卷）	《太宗》（一卷）
《定宗》（一卷）	《宪宗》（一卷）	《世祖》（六卷）
《成宗》（二卷）	《武宗》（一卷）	《仁宗》（二卷）

《英宗》（一卷）　　《泰定帝》（一卷）　　《明宗》（一卷）
《文宗》（二卷，下卷与宁宗合）
《惠宗》（四卷，下卷与昭宗合卷）

　　本纪，太祖以前事为《序纪》，略如屠书之《世纪》。此仿
《魏书》、《金史》之例，最为得体。又改《顺帝纪》为《惠宗
纪》，补撰《昭宗纪》，叙顺帝太子爱猷识理达腊事。《旧元史》
疏于世祖以前各朝事迹，本书根据各家已成著述，弥此阙失。

　　（二）表七卷，为目凡五：
《宗室世系表》（一卷）　　《氏族表》（二卷）
《三公表》（一卷）　　　　《宰相表》（一卷）
《行省宰相表》（二卷）

　　宗室世系与诸王合编一表，名《宗室世系表》，取材尚完备。
《旧元史》无《氏族表》，钱大昕有《补元史氏族表》，其表根据
《元秘史》及陶宗羲〔仪〕《辍耕录》所云蒙古七十二种、色目三
十一种之材料而成。魏源《元史新编》之《氏族表》，亦根据钱
氏所采材料而成。柯氏《氏族表》二卷，则不用钱、魏二氏之
说，另据孟珙《蒙鞑备录》，遵奉其鞑靼有黑、白、野三种区分
之论，又参以波斯人拉斯特之说而成。故柯氏《新元史·氏族表
序》云："盖拉施特所述蒙古支派如此，今列而序之，参以《秘
史》，证其差别，为《蒙古氏族表》。至色目氏族，则以见以史传
者为据。陶宗仪所称蒙古七十二种、色目三十一种，舛讹重杂，
不为典要，故勿取焉。"《三公表》、《宰相表》仍《元史》之旧，
而材料加多。《行省宰相表》为新创，其所纪曰："世祖至元十二
年，始分立行中书省，凡行省十；至正以后，增淮南、福建、山
东为十三行省。"表中所纪，以中区大臣而兼辖行省，实明、清
两代督抚之权舆，而又为后来行省制之奠基。

（三）志七十卷，为目凡十三：

《历》（七卷）　　　《天文》（二卷）　　　《五行》（三卷）

《地理》（六卷）　　《河渠》（三卷）　　《百官》（九卷）

《选举》（四卷）　　《食货》（十三卷）　　《礼》（九卷）

《乐》（四卷）　　　《舆服》（三卷）　　　《兵》（四卷）

《刑》（二卷）

例目无新创者，仅分礼、乐为二，名《礼志》、《乐志》；合祭祀、舆服二志为一，名《舆服志》。志中材料增加独多者，如《百官志》、《食货志》、《兵志》、《刑法志》。

（四）列传一百五十四卷。

首为《后妃传》一卷，次为《列祖诸子》及《太祖以下诸帝诸子传》（自列传第二至第十一）。以下为《诸臣列传》，因时代之前后立文武诸臣传。自列传第一百二十二至一百二十四，凡三卷，记韩林儿、张士诚等，元末揭竿起事之人。

列传第一百二十五卷为《帖木儿传》，述帖木儿汗国事。洪钧氏拟为作补传，有目无书，屠寄氏续成之。帖木儿生于元末，明初崛起西域，平定察哈台、伊儿二汗国，侵略钦察汗国，建国都于撒〔撒〕马儿干，其兵力所及，深入印度、波斯诸地。暮年以二十万众，向中国而趋，中道病死，未遂所愿；设其不死，则明之存亡，正未可知。故帖木儿中道之死，与中国之关系极大。至其所建帝国，幅员之广大，几有成吉思汗之半，实蒙古帝国之余波，衰亡前之回光返照。论《元史》者不可以无传，故柯氏传而论之曰："蒙古三大汗国，帖木儿灭其二，惟求尤赤之后，廑有存者。《明史·西域传》略见帖木儿本末，然挂漏已甚，故论次其事著于篇。"

列传中于三宗藩之后裔，如钦察汗之事迹，太祖孙巴都首建金顶行帐，子孙世袭，曰金帐汗；其兄鄂尔达之子孙，曰白帐汗；其弟昔班之子孙，曰蓝帐汗。其后蔓衍分合之史迹，不易清理。如伊儿汗自不赛因以后，子孙式微，宗族争夺，其间事迹皆繁琐难考。洪钧、屠寄二氏之书，亦未详记。柯书则参考西籍，将其分合衍变之迹，粗列眉目。

列传一百二十六以下，则为汇传。计有：

《循吏》（一卷） 　《忠义》（四卷） 　《儒林》（三卷）

《文苑》（四卷） 　《笃行》（二卷） 　《隐逸》（一卷）

《艺术》（一卷） 　《释老》（一卷） 　《列女》（三卷）

《宦者》（一卷） 　《蛮夷》（云南、湖广、四川等处）

《外国》（九卷）

例目无新创者，分类略有变化，析《儒林传》为《儒林》、《文苑》二传，改《良吏》为《循吏传》，《孝友传》为《笃行传》，删去《奸臣》、《叛臣》、《逆臣》三传，新增《蛮夷传》。

三 《新元史》特色及不足

论《新元史》者，颇多褒美之辞。如曰：柯氏承袭诸家之后，参考诸家之著述，修改《元史》，事等于群雄割据迭兴之后，而成统一之功。又曰：《元史》之有柯氏书，正如集百川之归流，以成大海；集众土之积累，以成高峰。日本东京帝国大学博士审查会，更详论其书之特色，亦兼指其缺点。论其特色曰：

第一　参照西方之史料，如拉斯特、多桑等诸家之著作，以补旧史之阙漏，正旧书之误谬是也。著者虽未必阅过原书，然当然读过译本，例如卷首《序纪》中录开国传说之异闻，与研究未开化民族以好资料。又如将太祖以下四帝之本纪，与《外国传》之后半，及速不台、者别、耶律楚材以下之诸传，联合参考，又可以证明经略西域之本末。又如《氏族表》中，分蒙古民族为黑、白、野三鞑靼，将根据《元秘史》为蓝本之钱氏《氏族表》推翻，提供新史料。此外如改新《宗室世系表》，使几近于完全详叙西方三大藩察哈台、钦察汗、伊儿汗之盛衰兴亡。又于特薛禅、阿剌兀思剔吉、忽里、巴尔木、阿而忒的斤注罕、大阳汗诸传中，叙明翁吉剌汪吉、畏五儿、客烈亦、乃蛮诸民族之传说沿革。又载绰儿马罕、贝住成帖木儿、阿儿浑、牙剌儿赤诸传等，皆受西方史料之赐也。

第二　参考蒙古史料之《元朝秘史》，以补订旧史之阙是也。《秘史》经李文田等校注，又经那阿通世之重译考证，成为《成吉思汗实录》。魏源《元史新编》虽采用《秘史》，然对于开国人杰传中博尔忽、赤老温二人事迹甚为失考。屠寄《蒙兀儿史记》中，虽参考《秘史》，以补纪传之处甚多，然仍有不足之处。著者特置重于《秘史》，自博尔忽、赤老温列传起，补订前史脱误之处甚多；又新添太祖之敌人，如札木合王罕、大阳汗等，及其创业之功臣，如者勒蔑答、阿里台、亦鲁该等二十余人列传。对于太祖之功业，胪列详明，毫无遗憾，皆利用《秘史》之结果也。

第三　参照中国史料《经世大典》之一部，如《国朝典章》等，以增补旧史之阙是也。邵远平《元史类编》虽似乎参考《大典》，魏源之《元史新编》则似全未顾及。著者采用此书，使志类之面目一新。如《百官志》之末，补入冪官、封赠、荫官、注官、守关、起任、程限、给假、丁忧、任养等。又如《兵志》中关于马政，加入和买马、括马、抽分养马三项，又加入军粮一门。《刑法志》中，屡引《至元新格》以下条文；"名刑篇"之末，补入狱具及其他载以下条格、断例、诏制三者之定义等。又如《食货志》，自至元二十三年颁行之立社条规起，以后凡关于社之法令，无不备载；又辑补关于茶、盐、酒、醋、市船四课，及和籴、斡〔斡〕脱钱、官钞法之通行，画缗钞，钱法等之资料。"海运"之条，占去一卷；赈恤之条，对于内外诸仓，常平、义仓二项，亦大加增补。凡此，皆旧史之远不及也。

虽然，本论文中亦尚不无可指摘之点：

第一 取舍添删之处，尚有未尽得宜者。例如删略本纪之繁冗，或编入志、表中等，虽不得谓为失当，然而关于禁止汉人武器之记事，可以证明蒙古对汉政策之一斑，本论文则一概省略之。《艺文志》可以征一代之文献，钱氏补述于前，魏氏采取于后，本论文一概删除之。又于《释老传》中，仿照旧史补入数人，自当认为得当，而如缺也里可温之记事，谨录载于本纪中，而不载基督教传教师拍〔柏〕朗嘉宾、高未诺之小传，又关于库鲁泰及怯薛社会阶级等之制度，较之《元史新编》所载并未增加。此其遗憾一也。

第二 考证究属尚有未尽之处，例如《太祖本纪》中所记参加征伐塔塔儿金军之年次，定甲寅明昌四年；又如太祖自西域班师，还幸哈喇屯行宫之地点，误书和林行宫。《地理志》中误以为分乃蛮故地，定四大斡〔斡〕耳朵，开元路之治所，误以为即金之会宁府；又于本纪及列传中误以蒲鲜、万双最后之根据地为会宁府。此其遗憾二也。

要之，本论文虽有二条遗憾，而不能掩其三大特色。改修《元史》一节，为向来文学家屡作而未成之事，著者以平生之苦心毅力，成此大著，不可谓非千秋不朽之盛业也。《元史类编》之长处在博引旁搜，其短处在烦琐冗漫。《元史新编》之长处在文章雅洁，论断明快，其短处在记事简略，史实不备。本论又兼有二书之长，而无二书之短，自非学识该博，精力绝伦，安能得此。

以上所论，极为允当，然尚非无可议者：第一，柯氏《新元史》虽能应用西方材料，而仍多阙略。如钦察汗国自札尼别以后，伊儿汗国自不赛因以后，子孙式微，部众分裂，其事迹湮没不详，或仅有人名而无事实，或并人名而无之。较之霍渥而特之《蒙古史》叙述钦察金帐汗之世系，每人之下，皆有专篇，虽详略不等，然决无缺名缺事情形。此缘柯氏于搜集西方材料之际，未能直通原文，加以为见闻所囿，故仍多阙略。第二，元代宗教，喇嘛、回回、耶教、道教，杂然并峙，《新元史》仅有《释老传》，殊不能包括。对耶教殊少记载，且误认耶教宗派也里可温，为回回教之一支派，亦欠考证。元代耶教盛行，聂思脱里（Nestorians）教派势力极盛，其后多米尼教派（Dominicanis），佛朗西斯教派（Franiscains），亦皆传布。蒙古人对此等耶教宗派，概以"也里可温"呼之。即就《释老传》中所传，亦仅喇嘛教若八思巴之流，道士若长春真人邱处机及李志常之流，区区数人，纵能代表喇嘛、道教，殊不能总括土地广大、宗教复杂之元代。此点《新元史》材料阙略殊甚，二也。旧史本纪，多采自元《十三朝实录》，柯氏则取其繁冗者改入各志，本自不差，然因其剪裁取舍，至本纪中不易寻其首尾，三也。《艺文志》《元史》无之，钱氏补之甚详，《元史新编》采之，而柯书不取，未得为备，四也。

此外，论者谓其：（一）取材未周，不免疏略。（二）引书未见出处，覆查不易。（三）体例虽仍旧贯，叙述别裁，缺乏新识。故近人孟森于序屠寄《蒙兀儿史记序》中有云："作者心入史中，使读者亦不自谓身落史后，较之身不与全史浃，而以其剪裁饾饤之文诏后人，不免孟子所谓'以其昏昏，使人昭昭'矣!"后之所论，正以暗讥柯氏也。

其他小疵，间亦不免，如《旧元史・瞻思传》中叙其先世云："其先大食国人。"而柯氏《新元史》传中，则改作"其先西域人"，将《旧元史》中确定其为大食国人改为含混不明之西域人。柯氏苟无反证其为非大食国人，则当遵从《旧元史》之文，不应笼统以西域人称之。又回教于元代颇盛行，以伊儿汗国及钦察汗国为甚。柯氏《新元史》中，每以行文方便，漫无定名，或曰回回教，或曰谟罕默德教，一篇之中，诸名杂出，但图行文之方便，不顾名词之统一。又三十四卷《历志》，柯氏仍本旧日推步，认回历纪元为中历之隋文帝开皇十九年己未。据近人陈垣氏之考证，回历纪元之年乃唐高祖武德五年壬午，其差误凡二十三年，亦欠深考也。

元代历史著作，自官修之《元史》开其端，初经邵远平氏之改作，加以钱大昕、洪钧之专门著述，又经何秋涛、李文田等精密考证，魏源氏有志改造全史，其《元史新编》，体例秩然，惜以限于时代，限于材料，闻见未广，漏略极多。屠寄氏对元代史实，作广深之研究，别树一帜，规模宏远。迨柯氏出，仍本旧史之体裁，采各家之成果，撰《新元史》，可谓集其大成矣。然元代史实，千头万绪，如近人梁任公云："成吉思汗以漠北一部落崛起，数十年间几混一东半球，曾不百年，子孙沦灭，退伏沙漠，正如世界历史上一飓风。"其言最为切当。故吾人今日对于《元史》，当从世界观点来研究此国别朝代史，明此飓风之来，而迹其所去，详其原因，论其影响，一也。柯氏《元史》，虽有成绩，尚不得为完书。今后当广收西方对于《元史》之著作，从各个问题（如种族同化，文化交流，东西交通，各种宗教），或有关国家之历史，及蒙古政府组织、经济制度等等（如中古俄罗斯史，西伯利亚史，及中古波斯、阿拉伯史等），"注"其所"误"，"补"其所"遗"，仿裴松之之注《三国志》，及褚少孙之补《史记》之例，使《元史》成为更完美之书；否则仿西方史体裁，不用纪表志传之旧例，另造新史亦可，二也。总之，蒙古帝国，时间虽短，然其所发生之影响最大，所遗留之史绩最奇，千头万绪，正有待于学者之努力耳。

最后，尚有一言，研究蒙古史者，除有史学之修养外，对于文字，亦不可忽。首先，能自由参考中国之《元史》材料；其次，如西欧文字及俄文，亦不可不通；其三，蒙古文字及西域各国文字，亦必具备几分知识。环观中外，元史学者，尚无其选，故理想之蒙古史，有待来者！

第廿五章 《明 史》

一 《明史》"经名人三十载用心"修成

《明史》三百三十二卷，清张廷玉等奉敕撰。初，康熙十八年（1679年），诏修《明史》，以大学士徐元文为监修，纂修五十八人，皆博学宏词诸臣。元文延明遗民万斯同至京师，以布衣参预史局，诸纂修以稿至，皆送斯同覆审。元文去后，张玉书、汤斌、陈廷敬、王鸿绪、张英等，先后为总裁官。当时诸纂修者，皆博学能文、论古有识之士。后玉书任志书，廷敬任本纪，鸿绪任列传，仍请万氏主其事。至康熙五十三年，王鸿绪传稿成，表上之，而本纪、志、表尚未就；鸿绪又加纂辑，至雍正元年，始行脱稿，复表上之，于是《明史》始有全稿。计本纪十九，志七十九，表九，列传二百有五。初未畅行，迨鸿绪卒后，其子收入《横云山人集》，题曰《明史稿》。

雍正中，张廷玉受诏为总裁，就鸿绪原本，选词臣再加订正，直至乾隆四年，始正式进呈。其进《明史》表云："聚官私之记载，核新旧之见闻，签失虽多，牴牾互见。惟旧臣王鸿绪之《史稿》，经名人三十载之用心，进在彤闱，颁来秘阁，首尾略具，事实颇详。在昔《汉书》取裁于马迁，《唐书》起本于刘昫，苟是非之不谬，讵因袭之为嫌，爰即成篇，用为初稿。"是廷玉等纂修之《明史》，多本鸿绪之《明史稿》，而鸿绪之《史稿》，又多经斯同之手笔，所谓"经名人三十载之用心"，实暗指斯同。而乾隆刊行之《明史》，以总裁张廷玉领衔，而无徐元文、王鸿绪，仅以当日在史馆诸臣为限。

追乾隆四十二年，高宗以《明史》本纪所载事实，尚多疏略，特派大臣考覈添修，并谕以亲阅鉴定，重刊颁行。其后乃以改订之本，刊成本纪二十四卷。近年始由北平故宫博物院自清宫觅得，影印行世。校其所增补者，仅涉文辞之细，于史事殊少出入。又乾隆间，亦尝为《明史》撰《考证》，观光绪中王颂蔚直军机日，于方略馆搜得《考证》正本、稿本、进呈本三种，皆限于列传，因据以撰《明史考证捃逸》四十二卷，是当日所修改者，不限于本纪可知。按《明史》计自创议初修至完成之日，凡历六十余年，古来修史之日久功深，未有如此者。修成后，高宗复病其疏略，更一再添修，亦足见注意之深也。

现今《明史》，多本于王鸿绪之《明史稿》，至史稿又多经万斯同之手笔，此前已论之。盖万氏熟悉有明一代史实，年近六十，为当时修史诸公延至京师，以布衣参修《明史》。万氏于有明一代实录，悉能默识暗诵，观方苞《万季野墓表》述万氏之言曰："吾少馆于某氏，其家有《列朝实录》，吾默识暗诵，未有一言一事之遗也。长游四方，就故家长老求遗书，考问往事，旁及郡志、邑乘、杂家传志之文，靡不网罗参伍，而要以《实录》为指归。盖"实录"者，直载其事与言，而无可增饰者也。因其世以考其事，核其言而平心以察之，则其人之本末可八九得矣。然一言之发，或有所由，一事之端，或有所起，而其流或有所激，则非他书不能具也。凡《实录》之难详者，吾以他书证之；他书之诬且滥者，吾以所得于《实录》者裁之。虽不敢具为可信，而是非之枉于人者，盖鲜矣。昔人于《宋史》已病其繁芜，而吾所述将倍焉！非不知简之为贵也，吾恐后之人务博而不知所裁，故先为之极，使吾所取者有可损，而所不取者必非其事与言之真而不益也。"由此可观万氏修《明史》时，取材之广博，审订之严谨，惜其书今不传。而鸿绪之《明史稿》，即由其书饾饤剪裁而成，不仅有所顾忌，且欲取媚时君，必不及万氏史稿之征信。然万《史稿》今不传，据曾预史馆纂修之杨椿，在其《孟邻堂集》中《上明鉴纲目馆总裁书》云："万稿与王稿颇有异同，是王稿亦不尽出万稿。且时预修《明史》者，多博学宏词，如汤斌、倪灿、尤侗、黄虞稷、朱彝尊、潘来〔耒〕、吴任臣等，亦皆有所著述。如《汤斌文集》中亦有《明史稿》若干篇，朱彝尊有《史馆上总裁书》多通，究修史义例。是稿亦不必尽出万氏，惟稿悉经其删定，盖不容否认。"

至万氏之取材，第一根据实录。按明代诸帝，各有实录，惟惠帝及思宗无实录，《景帝实录》附入《英宗实录》中，例载诸臣列传。典章制度，又有《明会典》可据。其次则名家著作，如郑晓之《吾学编》，朱国桢《明史概》，邓元锡《明书》，薛应旂〔旂〕《宪章录》，何乔远《名山藏》，陈建之《皇明通记》，王世贞《史料》，谈迁之《国榷》，傅维麟之《明书》，于慎行之《罪惟录》——此皆成于修史前，虽未能尽如人意，然亦具体而微。

至明末黄宗羲作《明史案》二百四十四卷，其立例有三：一曰国史取详年月，二曰野史当取是非，三曰家史备官爵世系，典章文物，一代渊薮。《明史》规模，创始于宗羲弟子万斯同，又以布衣纂修史局，而成一代著作。今修《明史》，实基于此，故论《明史》者，谓自斯同之《明史稿》，一变而为王鸿绪之《明史稿》，再变而为现今之《明史》。

至孰为优劣，世人多谓斯同以明遗民而修史，又深佩其淹博，故对之多褒词。后之论者，谓修史馆臣，轻于改窜，不免

"点铁"之讥。然杨椿论其书，谓纪、表不如志，志不如传，弘、正前之传，不如嘉、隆以后，想见其书而为此持平之论。至王稿与现今《明史》之优劣，誉王稿者谓不可增损；非之者，又多诛心之论。

汪由敦《松泉文集》有《答明史馆某论史事书》曰："《王本》列传，集数十辈之精华，费数十年之精力，后来何能追躅万一？若存诋诽之见，非愚则妄。但就其中如韩林儿四人为一传，张士诚四人为一传，似专以卷帙多寡而定，非别有义例也。去冬高安先生（朱轼）谓韩（林儿）、郭（子兴）不应同传，退而思之，太祖曾用龙凤年号，似不必为讳，且用龙凤年号称宋后，亦何损于太祖得天下之正。今议其不当用可也，以为不足存而删之，则史之非议者，当概删耶？似非所以传信也。昨因重费商量，谬拟'群雄混合'之说，亦因《王本》与韩、郭与徐（寿辉）、陈（友谅）同传，亦无不可。与张（士诚）、方（国珍）诸人同传，虽曰调停，实仍旧贯。今若以韩林儿与群雄同列，而子兴独为一传，或与高安意允协。盖滁阳封王立庙，原与林儿不同，亦有义例，非敢模棱也。"按：今《明史》不同《王稿》，亦不用汪议。

又曰："杨宪奸险小人，《王本》以官爵列《李善长传》后，人实不伦，应否别附，均裁定。"又云："《王稿》视《名山藏》、《明书》诸本，不啻远胜。今若无所依据，信笔增损，则其行文疵谬颇少，读至终篇，一无可议，然但略改文法，益足形其浅陋。惟有考证事实，或有脱漏互异，及前后倒乱之处，补其不逮，庶为王氏功臣。但稗官野史，脞说丛谈，无足证信；而实录编年系月，事迹厘然，虽是非褒贬不足为凭，而一人之出处，及所建之言，所任之事，首尾具在，明白无疑。故查实录以改原文，视臆断较有把握。外间推崇《王本》太过，遂谓不可增损。

今即以行文而论，《江陵传》自是神宗朝第一大传，而《王稿》竟就《史料·首辅传》删节成文，其中描写热闹处，皆弇州笔。弇州逞才使气，抑扬轩轾之间，往往过情，平心观之自见。且私书不妨装点，而乃据为信史，即令弇州知之，恐亦未免失笑。神光以后，此类甚多。"

又嘉庆间，礼亲王昭梿为《啸亭续录》中，有论《王稿》一条，曰："向闻王横云《明史稿》笔法精善，有胜于馆臣改录者。近日读之，其大端与《明史》无甚出入；其不及史馆完者，有数端焉！惠宗逊国，事本在疑似之间，今王本力断为无，凡涉逊国之事，皆为删削，不及史臣留程济一传以存疑。永乐以藩臣夺国，今古大变，王本于燕多恕辞，是以成败论人，殊非直笔，然则吴濬、刘安辈，亦足褒耶？不及史臣厚责之为愈。至于李廷机与沈潅、沈一贯、毕自严与陈新甲同传，未免鸾枭并栖，殊无分析，不如史臣之分传也。周（延儒）、温（体仁）二相，为戕贼国脉之人，乃不入奸臣，而以顾秉谦辈龌龊当之，亦未及史臣本也。其他谬戾处，不可胜纪，史臣皆为改正。盖首创者难工，继述者易善也。惟《三王（福、唐、桂三王）本纪》，较史本为详。至于奏牍多于辞令，奇迹罕于庸行，二史病处正同，殊有愧于龙门，惟视宋、元二史，为差胜也。"又曰："王尚书（鸿绪）左袒廉王（康熙之子）以谋夺嫡，读《明史稿》于永乐纂逆，及姚广孝、茹瑺诸传，每多恕辞；而于惠帝，则指摘无完肤。盖其心有所阴蓄，不觉流露于书。故古人不使奸人著史，以此王司徒（允）之言，未可厚非也。"

总之，《王稿》经"名人三十载之用心"，可称精审。史臣改审增损，亦极矜慎；间有立异，斟酌再三，义例亦较胜于前。《啸亭续录》所云不为无见，惟诛心之论，未免过苛也。

二　《明史》卷帙与创例

《明史》三百三十二卷，计：

（一）本纪二十四卷，列之如下：

　　《太祖》（三卷）　　　　《惠帝》（一卷）

　　《成祖》（三卷）　　　　《仁宗》（一卷）

　　《宣宗》（一卷）　　　　《英宗前纪》（一卷）

　　《景帝》（一卷）　　　　《英宗后纪》（一卷）

　　《宪宗》（二卷）　　　　《孝宗》（一卷）

　　《武宗》（一卷）　　　　《世宗》（二卷）

　　《穆宗》（一卷）　　　　《神宗》（二卷，光宗附）

　　《熹宗》（一卷）　　　　《庄烈帝》（二卷）

　　明自太祖洪武元年（1368年），至崇祯帝十七年（1644年）殉国，共十六帝，二百七十六年，是明北都亡。但是年旧历五月，明遗臣迎福王由崧即位于南京（后谥安宗）；明年宏先〔弘光〕元年五月，清兵攻陷南都，福王寻殂。是年六月，唐王聿键立于福建（绍宗），七月一日以后，为隆武元年。明年八月，清兵攻陷汀州，唐王蒙难。十月，桂王由榔立于肇庆（昭宗），以明年（顺治四年）为永历元年。以后桂王避桂、避滇，最后逃入缅甸，为缅酋执献于吴三桂，永历十六年四月，三桂行弑，桂王崩于滇都。又有鲁王以海，称监国于顺治三年，先后居于绍兴、舟山、厦门等地十年，去监国号，归于郑成功。郑成功赐姓朱，于永历十五年，从荷兰人手中，恢复台湾，建为东都，仍奉永历正朔。成功殁，子经嗣；经殁，子克塽嗣。直至永历三十七年八月，施琅入台湾，明祚全尽。

现今《明史》，对此登极建号正统之余绪，并无安排，亦未仿《宋史》附二王于《瀛国公纪》之例，仅附由崧事于《福王常洵传》，聿键事于《唐王桂传》，由榔事于《桂王常瀛传》，以海事于《鲁王植传》，而于目中不著其名，且所叙事迹极略，避讳尤多。而王本《明史稿》，尚为福、唐、桂三王立专传，此足可见一再改修，无非为取悦当朝而已。故余杭章太炎于其所著之《检论》中曰："《明史》以圣安、思文及永历帝杂诸宗室诸王。夫本纪犹经，诸臣列传犹传记，此史官之大律也。明末三帝不列于纪，而其臣史可法、瞿式耜及二朝将相四十余人，皆有列传，此其所事者何主，所立者谁之朝耶？去本干而存枝叶，首尾冲决，遂至于此，文义为不通矣，纵存忌讳，不当纰谬若是甚也。"

《英宗实录》，附景泰七年事，称"郕戾王"而削去其号，此当时史臣用笔。今将《英宗本纪》分前后二卷，中为《景帝纪》，不仅公允，斟酌最为尽然。

（二）志七十五卷，为目十五，列之如下：

《天文》（三卷）　　《五行》（三卷）　　《历》（九卷）
《地理》（七卷）　　《礼》（十四卷）　　《乐》（三卷）
《仪卫》（一卷）　　《舆服》（四卷）　　《选举》（三卷）
《职官》（五卷）　　《食货》（六卷）　　《河渠》（六卷）
《兵》（四卷）　　　《刑法》（三卷）　　《艺文》（四卷）

《四库提要》云："其间诸志，一从旧例。而稍变其例者二：《历志》增以图，以历生于数，数生算，算法之勾股面线，今密于古，非图则分割不明。《艺文志》惟载明人著述，而前著录者不载，其例始于宋孝王《关中风俗传》，刘知几《史通》则反覆申明，于义为允，唐以来勿能用，今用之也。"

《艺文志》著述，以明人为断，前世著述一概不录，盖长洲尤侗之所创，此为特例，侗有《明艺文志》五卷别行。

（三）**表**十三卷，为目凡五：

《诸王表》（五卷）　　　《功臣表》（三卷）

《外戚表》（一卷）　　　《宰辅表》（二卷）

《七卿表》（二卷）

《四库提要》云：“表从旧例者四，刱新例者一，曰《七卿》。盖明废左右丞相，而分其政于六部，而都察院纠核百司，为任亦重，故合而为七也。”按：《七卿表》盖取《汉公卿表》之意。明时阁部权重，虽有九卿之名，而通政、大理非政本所关，则略之。南京九卿亦闲局，无庸表也。

补《明史》之表者，清刘廷銮有《建文逊国之际月表》，黄大华有《七卿考略》，吴廷燮有《督抚年表》，清傅以礼有《残明宰辅年表》，毛乃唐有《季明封爵表》。

（四）**列传**二百二十卷

第一、第二为《后妃列传》，第三为《兴宗孝康皇帝、睿宗献皇帝列传》。按传赞曰：“据《元史·裕宗睿宗列传》之例，别为一卷，而各以后附焉。”第四至第八为《诸王列传》，第九为《公主列传》。第十至第十一为郭子兴、陈友谅等传，皆元末称雄之人，本《汉书》为胜、广、项籍立传之意。但以郭子兴、韩林儿同传，陈友谅、张士诚、方国珍、明玉珍同传，因韩、郭为太祖之所事且资以兴起者也，陈、张等为太祖之所敌，各从其类，较之混合叙述，义例实为允当。自十三以下，为诸臣列传。其类传则有：

《循吏》（一卷）　　《儒林》（三卷）　　《文苑》（四卷）

《忠义》（七卷）　　《孝义》（二卷）　　《隐逸》（一卷）

《方技》（一卷）　　《外戚》（一卷）　　《列女》（三卷）

《宦官》（二卷）　　《阉党》（一卷）　　《佞倖》（一卷）

《奸臣》（一卷）　　《流贼》（一卷）　　《土司》（十卷）

《外国》（九卷）　　《西域》（四卷）

例目新创者三：曰《阉党》，曰《流贼》，曰《土司》。故《四库提要》云："列传从旧例者十三，剏新例者三：曰《阉党》，曰《流贼》，曰《土司》。盖貂珰之祸，虽汉、唐以下皆有，而士大夫趋势附膻，则惟明人为最夥，其流毒天下亦至酷，别为一传，所以著乱亡之源，不但示斧钺之诛也。闯、献二寇至于明亡，剿抚之失，是为炯鉴，非他小丑之比，亦非割据群雄之比，故别立之。至于土司，古谓羁縻州，不内不外，衅隙易萌，大抵多建制于元，而滋蔓于明，控驭之道，与牧民殊，与御敌国又殊，均自为一类焉。"

按：明代阉党为祸之烈，前代所无。中叶以前，士大夫知重名节，虽以王振、汪直之横，党与未盛。至刘瑾窃权，焦芳以阁臣首与之比，于是列卿争先献媚，而司礼之权，居内阁上。神宗之世为祸之烈，至天启而流毒穷极矣。故较之佞倖又下一格，特书以儆人臣。土司叛服无常，既不可列于外国，又不可厕于列传，故皆别置之。计有：湖广土司，四川土司，云南土司，贵州土司，广西土司。石砫秦良玉，以妇人而列武臣之传，嘉其义切勤王，不以寻常土司例之，此为例之得者。

三 《明史》较前此官修各史完善

赵翼称近代诸史，自欧阳公《五代史》外，《辽史》简略，《宋史》繁芜，《元史》草率，惟《金史》行文雅洁，稍为可观，然未如《明史》之完善者。修史去前朝未远，见闻尚接，故事绩原委，多得其真。非同《后汉书》之修于宋，《晋书》之修于唐，徒据旧人记载，而整齐其文也。又经数十年之参考订正，或增或删，或离或合，故事益详，而文益简；且是非久而后定，执笔者无所徇隐于其间，益可征信。论其优点，有如下列：

（一）排次得当　《明史》立传，各随时代之前后。除徐达、常遇春等子孙，即附本传，此仿《史记》、《汉书》之例，以叙功臣世次；杨洪、李成梁等子孙，亦附本传，则以其家世为将，此又是一例。至祖父子孙，各有大事可记者，如张玉、张辅，父子也，而一著其功于靖难，一著功于征交，则各自为传；以及周瑄、周经、耿裕、耿九涛、杨廷和、杨慎、瞿景淳、瞿式耜、刘显、刘铤等，莫不皆然。其无大事可记者，始以子附父，以父附子，否则如杨肇基及子御蕃各有战功，则御蕃可附《肇基传》矣？而以其功在登、莱，则宁附于同事之《徐从治传》。其他又有稍变通者，徐寿辉僭号称帝，应列"群雄传"，而以其不久为陈友谅所杀，则并入《友谅传》，而寿辉不另传。姚广孝非武臣，而以其为永乐功臣之首，则与张玉、朱能等同传；黄福、陈洽等皆文臣，柳升、王通等皆武臣，而以其同事安南，则文武同卷。李孜省、陶仲文各擅技术，应入《方技传》，而以其借此邀宠，则另入《佞幸传》。

（二）编纂得当　《明史》数十人共一事者，举一人立传，而同事者即各附一小传，于此人传后，即同事者另有专传，而此事不复详叙，但云"语在某人传内"。如孙承宗有传，而柳河之役，则云"语在《马世隆传》中"；祖宽有传，而平登州之事，则云"语在《朱大典传》"是也。否则一人而兼叙同事者，如《陈奇瑜传》云与卢象昇同破贼乌林关等处，《象昇传》亦云与奇瑜同破贼乌林关等处是也。甚至熊廷弼、王化贞一主战、一主守，意见不同而事相涉，则化贞不另传，而并入《廷弼传》内；袁崇焕、毛文龙一经略、一岛帅，官职不同，而事相涉，则文龙不另传，而并《崇焕传》内。此编纂得当，较之《宋史》数人共事者，人各一传，传中又不彼此互见，繁简不可以道里计也。

（三）附传得宜 附传义例最为精审，凡其人其事之相类似者，则附于一人传后；凡祖孙父子各有大事可记者，不从父附子、或子附父之例而另传。如《扩廓传》附蔡子英等，《陈友定传》附靳义等，《方孝孺传》附卢原则等，以其皆抗节也；《柳叔传》附崔聚等，以其皆征安南同事也；《李孜省传》附邓常恩等，以其皆以技术宠幸也。至末造殉难者，附传尤多，如《朱大典传》附王道焜等数十人，《张肯堂传》附吴钟峦等数十人。而《史可法传》既附文臣同死扬州之难者数十人，若再附武臣，则篇幅太冗，乃以诸武臣尽附于《刘肇基传》。以及《忠义》、《文苑》等，莫不皆然。又《孝义传》，既案其尤异者各为立传，而其他曾经旌表者数十百人，则一一见某氏名于传序内。又如正德中诛南巡罚跪午门杖谪者，一百四十余人；嘉靖伏阙争大礼者，六百四五十人，皆一一载其姓名。盖人各一传，则不胜传；概删之，则尽归泯灭，此正修史者之苦心。又高倬后，附书南都殉难者张捷、杨维垣、黄端伯、刘成治、吴嘉允、龚廷祥六人，而所附小传但有端伯以下四人，捷、维垣独缺，则以此二人本阉党，其事已见各列传中，不屑为之附传，此则附传中又自有区别。

（四）立传多存大体 如解缙、李仕鲁疏，多有刘基、徐达见忌于明祖。《龙兴慈记》载徐达病疽，帝赐以蒸鹅，疽最忌鹅，达流涕食之，遂卒。但《明史》达、基二传，则帝始终恩礼有加，全不及此。盖其时功臣多不保全，如达、基之令终，已属仅事，故不复稍著微词。又据陆粲《庚巳编》谓，张辅从英宗北征，土木之难逃归，与家人诀而缢死于先墓。今《明史》辅传，但谓从英宗北征，死土木之难，盖辅四朝勋德，白首无间，故著其所优，而略其小疵。

（五）考订审慎　如袁崇焕之死，今日固人知其冤，然在当日，上下群以奸臣卖国目之。清修《明史》时，参校《太宗实录》，始悉乃清之设间，谓崇焕密有成约，令所获宦者杨姓者知之，阴纵还朝，告于帝，帝深信不疑，遂磔崇焕于市。今传内直书其事，而冤始白。设修史时不加详考，则卖国之说，久已并为一谈，谁复辩其诬者。其余李东阳、徐阶、高拱、张居正、沈一贯、方从哲、熊廷弼、陈奇瑜、熊文灿、杨嗣昌等，均功罪互见，枉倖并呈，轻重务得其平，虽篇幅稍多，而非此不足以尽其曲折也。

（六）附载原文　如嘉靖中大礼之议，毛澄等之主考孝宗者，张璁等之主考兴献王者，各有一是，则并存其疏，使阅者彼此参观，而是非自见。《李善长传》末载王国用为善长讼冤一疏，以见善长被诛之枉。《于谦传》末载成化中复官赐祭诰词，以见谦被害之冤。《熊廷弼传》末载韩旷《请给其首归葬一疏》，议论公平，廷弼功罪，于此而定。此外，蒋钦之劾刘瑾，沈錬、杨继盛之劾严嵩，吴中行、赵用贤等之劾张居正，杨涟之劾魏忠贤，皆载全文，此修史者表彰深意。

总上六点，均著《明史》之长，故张廷玉之《进史表》云："发凡起例，尚在严谨；据事直书，要归忠厚。……或详或略，或合或分，务核当时之心迹。文期共喻，扫艰深鄙秽之言；事必可稽，黜荒诞奇邪之说。"此纪实也。

然《明史》亦非无可议者。近代治《明史》者，列举其矛盾、互异、事误、重出、脱文、互异之处，亦不在少。然其主要，则在以异族入据，忌讳太深，易代之际，曲笔不免。如辽东一隅，建州三卫之故事，讳莫如深。夫女真为清祖之所出，建州为清祖始封之卫名，奴芮即明人称太祖努尔哈赤者，凡其起源经过，均详载《明实录》及《朝鲜实录》。《明史》成于清代，讳先世事而不言。近人孟森著《清朝前记》，叙清入关以前事极详，而《明史》则全付阙如，此其缺点一也。

甲申之变，崇祯殉国，北都已亡，然南都之安宗、绍宗、昭宗及监国鲁王犹践统，历十有八年之久，若合台湾之郑成功继之，犹延长明祚至四十年之久。虽云偏安一隅，栖之皇皇，席不暇暖，究属正统之余绪。《明史》以事涉易代，多所忌讳，语言不详。其出生入死，为民族争生存，忠臣义士，重要者为史可法、高弘图、姜曰〔曰〕广、张煌言、瞿式耜、何腾蛟、朱大典、张国维、金声之徒，虽为之立传，所遗者甚多。而《明季野史》，记南明事者，多至不可胜数。其专记南明四主者，有黄宗羲撰《行朝录》，以记隆武、永历、鲁监国之事；而顾炎武则撰《圣安本纪》，李清则撰《南渡录》，古藏室史则有《弘光实录抄》，以记弘光一朝之事。又有《思文大纪》，记隆武一朝事；王夫之撰《永历实录》，记永历一朝事；查伊璜撰《鲁春秋》，瀹洲老民撰《海东逸史》，记鲁监国事——皆属甚备，足补《明史》之缺。其会四朝而通为一书者，前有温睿临之《南疆逸史》，后有徐鼒之《小腆纪年》及《小典纪传》等书，均南明史之重要参考材料，《明史》则含糊了之，此其缺点二也。

近人谈帝国主义祸华史者，每始于鸦片战争，窃以为非，直当远溯于有明中叶，西人之东来。欧洲之文艺复兴，适当有明中叶，其时航海事业，一日千里。明孝宗弘治十年（1497 年），葡人绕好望角而至印度，是为欧、亚海道交通之始。明武宗正德十一年，葡人来中国，更占广东澳门而有之。神宗万历九年（1581 年），利玛窦来华传教，一时来者为数颇多，除不忘其传教事业外，更注意学术之输入，以天文为主，数学次之，旁及舆地、物理及各种科学，朝臣徐光启、李之藻等尤深信仰，将各种书籍广为翻译，一时称盛，是为学术交流之始。欧洲文艺复兴之潮流，已波及于中国。返观国内，永乐、宣德间，郑和七次下西洋之殖民伟业，其势力已遍及南洋各岛，远达印度、东菲，时间且早于葡人之东航八九十年，终以不得政府之支持，日渐衰息；而一时称盛之文化交流，亦因其政治败坏，朝代兴亡，未能发扬光大，走上近代化之大道。故鸦片战争之爆发，近百年之屈辱，固已种因于此时也。凡此诸问题，当溯其原委，穷其因果，此则治近代史者最关重要之事。现今《明史》中于此，记载寥寥，或语言不详，或竟付阙如，虽云当时修史诸臣，为时代知识所限，然今之治《明史》者，不可不深切注意也。

　　总之，《明史》与近代官修各史较，号称完善，议者较少。究之易代之际，更当夷夏之交，记载曲讳，实所难免；又值明初庄廷鑨史狱之后，书尽焚毁，诸臣预修史之役者，多谨慎将事，惟恐获罪，若云信史，尚有待于后人之努力耳！

四　因《明史》而发之修史 "四要八事"

　　论述既竟，再录潘耒次耕氏在史馆时所作之《明史议》一篇，其言虽为当时修《明史》而发，然所举四要八事，实修史之正则，故以为殿焉。其言曰：

> 明有天下，几三百年，而未有成史。今欲为一书，前无所因，视昔之本《东观》以作《后汉》，改《旧书》以修《新唐》者，其难百倍。然国不可以无史，史不可以难而无为。诚深邃于史学，识著作之体者，经理其事，纵不敢希迁、固，若陈寿、欧阳修之史，尚可企而及也。请言其概，曰：搜采欲博，考证欲精；职任欲分，义例欲一；秉笔欲直，持论欲平；岁月欲宽，卷帙欲简，此其大要也。
>
> 前代有起居注、日历、会要诸书，明代独有实录，建

文、景泰两朝之事既略，熹宗以后遂缺焉，郑氏《今言》，王氏《史料》，朱氏《史概》，何氏《名山藏》诸书，皆详于隆、万以前。若珰祸之终始，金陵、闽、粤破亡之本末，皆茫无所考。非下求书之令，除忌讳之条，悉访民间记载，与奏议、志状之流，上之史馆不可也。实录既多舛错，钱史辨证，略见一斑。家乘爵里，年月可证，而多虚美。野史记事，言人人殊，影响傅会，十居七八。必也分割排纂，以类相从，覈其虚实，参互众说，归于一是。若温公之修《通鉴》，先作《丛目》、《长编》、《考异》诸书，乃可下笔。是故搜集欲博，考证欲精也。

　　史文备各体，作者无兼才。唐修《隋书》，魏徵等撰纪传，长孙无忌等撰志表，而《天文》、《律历》、《五行》三志则李淳风独作；宋修《新唐书》，本纪欧阳修主之，列传宋祁主之，而刘羲叟志《天文》、《五行》，王景彝志《兵志》、《礼乐》，梅尧臣表《百官》、《方镇》；温公《通鉴》分任官属，前后汉则刘贡父，三国至隋则刘道原，唐迄五代则范淳夫，皆妙及天下之选，各因其长而任之。今亦宜博求才彦，因能器使，表、志宜仿隋、唐书，以事类为断；纪、传宜仿《通鉴》，以年代为差。职有专司，则人之心思萃于一途，而易为精密。所虑者，畛域既分，彼此不相通贯。昔人讥《唐书》传有失而纪不知，表有讹而志不觉，而《元史》遂有一人立两传者。大凡作书，最重义例。唐修诸史，令狐德棻先为定例，敬播等又考正类例。今为史，亦宜先定规模，发凡起例，去取笔削，略见大旨，何志当增，何志当裁，何传当分，何传当合，先有定式，载笔者奉以从事。及其成功也，互相雠勘，总其事者，复通为钩考，俾无疏漏舛复之失，乃可无憾。是故职事欲分，而义例欲一也。

史家大端，在善善恶恶，所谓"诛奸谀于既死，发潜德之幽光"。其权至重，少有曲笔，便名秽史。孙盛书桓温枋头之败，吴兢载张说证魏元忠之事，当朝将相，尚直书无隐，况隔代乎？明之亡，亡于门户，不特真小人不容借贷，而伪君子亦不当包容。若忠臣烈士，抗节致命者，宜如文天祥、谢枋得之例，大书特书，以劝忠义；无或如《五代史》不为韩通立传，见讥通人也。至于议礼之得失，夺门之功罪，从亡之疑信，康斋、白沙、阳明之学术，茶陵、江陵、太仓之相业，论者互有异同，或激扬过当，或刻覈失中。惟虚心斟酌，勿主一说，而后是非可定。是故秉笔欲直，而持论欲平也。

司马迁、班固、李百药、姚思廉，皆父子世于其职，然后成书，其余亦竭一生之力为之。晋、隋、唐《书》，设官开局，久者二三十年，少者亦数年；辽、宋、金、元诸《史》，为期太速，故不称良史。明三百年事迹繁多，功绪棼错，其势不可以速就，若勒限太促，必至卤莽。至于史文贵有体要，以断制为重，不以繁富为工。班固叙二百年之事，为书百篇，论者尚嫌其繁，而《宋史》乃至五百卷，芜冗甚矣！今宜酌详略之中。明历年与唐相准，《新唐书》二百二十五卷，今史约略相当，过此则非体。是故岁月欲宽，而卷帙欲简也。

博则无疏漏之讥，精则无牴牾之病；分则众目之有条，一则大纲之不紊；直则万世之公道中，平则天下之人心服；宽则察之而无疵，简则传之而可久，于以备一代之制作，成不刊之大典，斯无愧矣！

《清史稿》（附）

一　《清史稿》之修撰及检校

《清史稿》五百三十六卷，近人赵尔巽、柯劭忞等撰。民国二年，政府设立清史馆，以赵尔巽为馆长，以柯劭忞、王树枏、吴廷燮等诸人为总纂，以襄其事。其中颇不乏知名之士，然大都自命为清室遗老。自始修至成书，中更袁氏帝制、张勋复辟，军阀弄权，扰攘不宁，经费支绌。延至民国十六年秋季，书初稿成。时鉴于南方革命势力，日见澎涨，北京政府动摇，为防散失，旋付雕板，匆匆付印。十六年底，先发行五十册；十七年中，续印八十一册，定名为《清史稿》。盖仿王鸿儒《明史稿》例，尚有待后人之删订也。

民国十七年，国民革命军北伐告成。时赵尔巽已作古，金梁等乃将已印成之《清史稿》运往关外，增入张勋、康有为等列传，名之谓"关外本"；其中存留史馆中者，则将张、康等列传抽出，谓之"关内本"，是"关外本"比"关内本"增多数传。迨故宫博物院成立，接收史馆，延聘史学专家审查史稿，发现"关内本"成稿中，颇多不合民国体制及谬误之处，乃禁止发行。

先是于付印之初，发售预约，分三期出书。逮命令禁止，于是购预约者，或得第一期书，或并得第二期书，迄未有得全书者。于是各大学、各行政机关，及留心清代文献者，纷纷以不能阅读全书为憾；各报章杂志，常有批评之文字，及兼论政府禁止发行之措举者。认为既不弛禁，又不派员重修，徒令清代史实无所取资之论，时政府亦以为然。

民国二十三年，行政院当局，聘吴宗慈将《清史稿》重加审阅，并议定办法：第一步，先检校该稿应行修正之点，与修改方法；第二步，则呈请国民政府拨款，设馆遴员，从事修正。第一步工作完成，历时将及一载，呈送行政院，经院议通过，复呈请中央政治会议，作最后决定。中政会二次开会，尚未及为最后决定，而"七七"事变起，事遂中止。此《清史稿》修撰及其后检校之经过也。

二　《清史稿》之卷帙、内容

《清史稿》"关内本"五百三十六卷，另有目录一册，计本纪十二，二十五卷，志一百四十二卷，表五十三卷，列传三百一十六卷，兹略论之：

（一）本纪十二：

《太祖本纪》	《太宗本纪》	《世祖本纪》
《圣祖本纪》	《世宗本纪》	《高宗本纪》
《仁宗本纪》	《宣宗本纪》	《文宗本纪》
《穆宗本纪》	《德宗本纪》	《宣统本纪》

本纪记太祖以来十二帝，而开国之肇、兴、景、显四祖之事，入于《太祖本纪》，体例上远不及《金史》于本纪之前，立有《世纪》之例为得。论者于本纪之前，应立《开国前纪》，将建州三卫事迹，满清之兴起，详叙原委。然清入关之初，即以关外事为讳，削先世曾受明封，及建州之名，将列祖列宗之事，讳

莫如深，不仅歪曲事实，抑亦数典忘祖。在清官书、实录，讳言尚有可说；今于民国修清史，正当详具事实，以明真相。又《太祖》、《太宗本纪》，涉明清间事独多，曲笔在所不免。

《世祖本纪》中，于明诸王、明臣、明义兵之起图恢复者，辄书"伪"，书"寇"，书"贼"。虽云名从主人，然于民国修清史，非清前清史不能援例。考甲申为崇祯殉国之年，亦即顺治元年，时明北都虽亡，而明后裔之继统称号于南都者，犹踪相接。及永历帝被执，在康熙元年，明始亡，此十九年中，明清固敌国也。

《德宗本纪》中，颇多为慈禧后讳。《宣统本纪》不载逊位优待条件，此关一代政体变迁，不当删节。

（二）志十六，计：

《天文志》（十四卷）	《灾异志》（五卷）
《时宪志》（十六卷）	《地理志》（廿八卷）
《礼志》（十二卷）	《乐志》（八卷）
《舆服志》（四卷）	《选举志》（八卷）
《职官志》（六卷）	《食货志》（六卷）
《河渠志》（四卷）	《兵志》（十二卷）
《刑法志》（五卷）	《交通志》（四卷）
《艺文志》（四卷）	《邦交志》（八卷）

例目新创者，有《时宪志》、《交通志》、《邦交志》，余同前史。

各志内容：《天文志》殊少新创。近代科学发达，天文学与测天器，均有极大之进步，应删汰陈词，撷举新义，方能前超古人，后神学者。《灾异志》即前史之《五行志》，仍本五行之说，傅会灾异，迂陋极矣；且材料芜杂，编纂无方。《时宪志》取材亦欠精审，尚可删汰。《地理志》舛误亦多，如拟筑之南宁铁路，而曰已成；已成之南浔铁路，而曰拟筑。而志中尚发现指洪秀全为"粤匪"，称郑成功为"海寇"。《食货志》条例分明，材料尚缺，应加增补。《河渠志》于决口、溢口间有舛误。《艺文志》错误最多，不可胜述。《交通志》略具大纲，《邦交志》漏略太甚，均有待于审订补充。

（三）**表十**，计：

《皇子世表》（五卷）　　　　《公主表》（一卷）

《外戚表》（一卷）　　　　　《诸臣封爵世表》（五卷）

《大学士年表》（二卷）　　　《军机大臣年表》（二卷）

《部院大臣年表》（十卷）　　《疆臣年表》（十二卷）

《藩部世表》（三卷）　　　　《交聘年表》（二卷）

例目无特殊者，如《大学士年表》、《军机大臣年表》、《部院大臣年表》、《疆臣年表》等，实《汉书·百官公卿表》之类。《史稿》近就政制人事，实际情形分别谱列，各表中舛误疏漏之处，亦所常见。其实《史稿》可谱之表甚多，如疆域道里，户口统计，农田水利，物产贸易，外交约章，大事年表等等，均可立表。表多而志传之文可省。

（四）**传**，大臣列传二百五十四卷；汇传五十八卷，其目为：

《后妃》　　《诸王》　　《循吏》　　《儒林》　　《文苑》

《忠义》　　《孝义》　　《遗逸》　　《艺术》　　《畴人》

《列女》　　《土司》　　《藩部》　　《属国》

例目新创者，有《畴人》、《藩部》、《属国》，余与前史同。《后妃、诸王传》均立大臣之首。

列传之可议者如：

郑成功，《史稿》编入列传。郑氏在台湾，历祚三世，至康熙二十二年，郑克塽始降。虽始终明号，然台湾乃其自辟之疆土，与明臣起义情形，微有不同，似可仿《晋史》例，别为载记。

列传中，如张煌言、李定国、黄宗羲、顾炎武、王夫之诸人，皆有明遗臣，而心乎明者；今概侪之清臣列传中，殊无以慰忠臣烈士之心。似可另辟有明遗臣一目，列之清代诸臣列传前，以录《明史》未备，而又不可缺者。

《史稿》于太平天国之史实，书"贼"，书"伪"，事实颇多抹杀；复将洪秀全仿《汉书·王莽传》例，厕于列传最后，亦属失当。夫既不为之臣，胡为入于列传？然以本纪、世家施之，亦嫌未称。揆之史例，假号不臣，归之载记，庶乎有当，可将太平天国十余年来人物政制，详为叙述。

断代为史，自有断限。《史稿》于民元后逝世之清遗臣，一律收入，已嫌不伦。然遗臣始终未仕于民国者，入《清史》列传，尤可强解；若既食周粟，又厕殷臣，则义例、事实，两失之矣。

康、雍、乾三朝之文字狱，至为惨酷，于民族思想有关甚巨。《史稿》所载，力从简略，为清帝讳。似应择其著者，分别入列传中。

清制，凡大臣在二品以上，例付国史馆立传；其特旨宣付，或臣僚奏请者，亦得立传。《史稿》于国史馆旧档中，删去计一千二百余人，取去标准，并无定则。其不应删而删者，如朱筠、谷应泰、翁方纲诸人；而立传者，亦不乏毫无建树之人。似应重加审订，或增或删，或类叙，或带叙，或附见，以达公允。

汇传无《宦官传》，以宦官附见于《职官志》，略述数语。清代宦官，同光以前，差能守法。如安德海、李莲英、小德张辈，窃权纳贿，罪恶昭彰，岂载笔者欲为慈禧、隆裕二后讳而不书？

似可仿《明史》例，增入《宦官传》。

三　《清史稿》不餍人望

《清史稿》发行未竟，骤遭禁止，学者专家，甚少睹其全书，故论其得失者亦少。惟故宫博物院，曾延聘专家审查，发现其中不合及简陋错误之处，计有十九端：（1）反革命，（2）藐视先烈，（3）不奉民国正朔，（4）例书伪谥，（5）反对汉族，（6）一人两传，（7）目录与书不合，（8）人名错误，（9）称扬诸遗老，（10）鼓励复辟，（11）为满清讳，（12）体例不合，（13）人名先后不一致，（14）纪志表传互相不合，（15）有日无月，（16）事迹之年月不详载，（17）泥古不化，（18）浅陋，（19）忽略等十九项。

总上各端，其错误有可恕者，有绝不可恕者，如（1）（2）（3）（4）（5）（6）（10）等项，其错误为绝不可恕，亟待根本改正者。其他各点之错误，考之前修各史，亦恒不能免，或须改撰文字，或须补葺事实；或须综核全稿，以事改削；或检考实录，以资参订；或须延聘硕学通才，以修正其泥古不化及浅陋忽略之处，此则亦待修正者。

《史稿》之失，揆其原因，端在修史诸人其精神所寄，纯以清遗臣身份，记述清事，眷恋前朝，怆怀故国，在在流露于字里行间，全忘其受昭代之明命，以修胜国之信史者。命意既差，义例遂非，书法亦失。兹略述根本应改正各点于后：

（一）《史稿》于民国起义及革命党人，故为种种书法以示贬；或对革命党事迹，略而不载，偶有记载，皆以"党人""有人"等书之，盖以《春秋》"书人贱之"之例以示贬。夫以民国修《清史》，而自侪于"贱之"书法，荒谬已极，应亟改正。

（二）《史稿》于民元后逝世之遗臣，一律收入，揆诸断代为史之例，已嫌不伦；而于其卒，则削去民国纪元，只书国变后若干年卒，不奉民国正朔，并以宣统逊位后之赐谥大书特书，均属谬误。应将清遗臣之未仕于民国者，入《清史列传》；其已仕者，概削而不书，伪谥削去，不奉正朔之处改正。

（三）《史稿》中颇多为满清讳之处。如建州三卫，与清之崛兴有关，《清实录》一再改削，事实全非，《史稿》从之。应从《明实录》、《明野史》及日本、高丽记载改正之。

清初康、雍、乾三朝之文字狱，史无前例，《史稿》概从简略。此有关民族思想甚巨，应分别撰述，以存其真。

再如世祖嗣立内幕，既曲笔为讳，逃禅之事，略而不书；世宗嗣统，有计夺之嫌，故兄弟阋墙，残杀至酷，《史稿》均从《实录》讳饰。

穆宗嗣立与慈安、慈禧后垂帘训政之内容与经过，及后穆宗微行，至夭死，种种内容，均深为讳。

德宗嗣立内幕，与戊戌政变、庚子拳乱等事，有关清室兴亡及帝国主义祸华事甚巨，均约略其辞，是有意为慈禧后讳。

（四）《史稿》于明清易代之际，书法对明诸王、明臣民及赴义者，书"寇"、书"贼"、书"伪"，均应改称诸王书爵，臣书官，民书义，书起兵并冠以"明"字。此因民国修《清史》，非清修《清史》，对明、清均属第三者之地位，书法不能不为改正。同一情形，可用之于太平天国。清代官书记载中，称洪氏为"发逆"或"粤匪"，为"贼"，为"伪"，理有可说。若民国修《清史》，何得贼之、伪之？应改称"太平"，并当详叙起义革命史实，及其制度。又称郑成功为"海寇"，亦应改正。

以上各点，仅就有关国体、政体及书法，提供意见。余若目录与内容不符，纪、表、志、传互有牴牾，人名、地名先后不一致，清帝讳字及疏略舛漏等，均亟须改正。

《清史稿》不餍人望，已如前述，然清史材料，则本无阙。清代初年，即设国史院，以大学士领之，纂修国史。清例每一帝崩殂，新君嗣立，即设实录院，纂修前帝《实录》，以为记注之总汇；更别纂《圣训》，以垂后世。故当清帝季年，已将太祖迄穆宗十一朝《本纪》修竣；后更续修《德宗本纪》、《宣统政纪》，是十三朝纪，已详备无缺。至若史馆列传，凡内外臣僚，在二品以上，清制即定为立传；而特旨宣付或臣僚奏请，例得立传，材料亦多；更有《满汉名臣传》，李元度《国朝先正事略》，以资参考。此外有蒋、王、宋三家之《东华录》，《皇朝三通》、《会典》，以及各种档案、条约、章程，均为清史之重要资料。余如官家记载，私人文集，山经地志，材料之多，不胜枚举，均可取资。有清中叶以后之史实，外人收集材料颇多，加以晚清政治，列强恒为其幕后主动人，欲明真相，尤当取资于欧美、东邻之公私记载焉！

总上所言，具体材料，可得述者，计有：

（1）清未入关前老档案。

（2）军机处未设立前，南书房文卷。

（3）军机处档案。

（4）内阁大库文件。

（5）内阁红本清宫秘存档案。

（6）方略馆、实录馆、一统志馆、会典馆等处所搜存之文籍。

（7）起居注等处材料。

（8）中央各机关官书、律例、约章。

（9）地方志书及文献。

（10）私家撰述。

（11）欧美、东邻有关清事撰述，及秘存材料。

四　重修清史之意见

　　近人论修清史者，议论纷纭，莫衷一是。咸主用通史体裁，而阙纪、表、志、传之旧体。盖因潮流所趋，不应再编一姓历史；又因清史范围广，材料多，若再用纪传表志经纬分述之体，则卷帙必多重见，牴牾之病难免，而事迹反不能备载。不如用通史体裁，达文省事增之目的，所见甚是。惟愚以为，中国历代继统，代有正史，有清一代结束中国二千年专制政治之局，正史何可独阙？是体例虽可仍旧，项目随时改易，即保留旧体，变其精神。其内容原则，可约言者：纪以记国家大事为主，仿《通鉴纲目》例，参用记事本末之体于编年体之中。传以记事为主，用分类相从之法，扩充汇传范围，分标专目，如魏源《元史新编》之例，删去专传，统纳入于类之中；大臣无显功显过及特殊言行作〔可？〕录者，概列入表，于表中见其姓名，如是则传可省。表当扩大范围，多立新目，不拘旧例。志则专为统系之叙述，删汰陈目，另创新格；又志中为便于叙述，可广用图表。如此，体例虽仍旧贯，内容面目全然一新，加以叙事取材高简有法，不难上迫〔追〕《史》、《汉》，下启来兹。谨略述其凡，详当俟诸异日。至通史之作，学者正可努力，并行不悖，可也。

　　最后，关于编纂次第方法，略述数语：

　　第一，先订定体例，斟酌因革兴废，编定目录；同时要有宗旨，有系统，并定具体办法。

　　第二，搜集有关各种史料，分类记注，以备采择。

　　第三，将汇集各种史料，仿旧例先做成长编，以年月日为纲，史料按时日编入。

　　第四，根据长编，分别剪裁，审慎贯穿，编成清史稿。纪宜简要，传宜减少，多立表志，重要事实入志，烦琐事实立表，并多立图。

　　第五，将《史稿》审慎取舍，斟酌润色，成为《清史》。其精义要旨，可得述者：（1）存真求备，摒弃旧日史家忌讳回护之例。（2）于典章文物制度之沿革、兴废、利病，尤当详述。（3）为盛衰治乱之因果，近代积弱之由来，革命之兴起，当三致意焉！

第三编　结　论

一　旧史之失与近人改造建议

中国史籍，卷帙浩繁，可汗牛而充栋，二十五史，尤洋洋大观。但史学则不甚发达，陈陈相因，殊少生气。太史公发凡起例，创为全史，卓识雄才，陵烁千古；后之学者，但知师其体例而为正史，不知法其精神，而为人类社会之历史，故论者辄以"帝王家谱"目之。至历史记载，在以微言大义垂训后世为目的，所谓"殷鉴不远"，"前事不忘，后事之师"。管子云："疑今者，察之古；不知来者，视之往。"《韩诗外传》亦云："明镜所以照形，往古所以知今。"以历史任务首在劝善惩恶，故有"一字之诛，严于斧钺；一字之褒，荣于华衮。"孔子修《春秋》而乱臣贼子惧，于是人以列名青史，留芳简策，以宣付国史馆立传为莫大荣幸。故极其弊，名则国史，实类家传。夫执简记事，直书其实，故为史者，患不得其实；如得其实而志之，则善恶后世自辨，讵可如《春秋》之约，旨在褒贬哉！

论旧史之失者，刘知几首致不满之词，在《史通·载文篇》谓：魏、晋以下之史籍，其失有五：一曰虚设，二曰厚颜，三曰假手，四曰自戾，五曰一概。结果行之于世，则上下相蒙；传之于后，则示人不信。可谓的论。

明、清史学浙东为甚，以黄黎洲开其端。黄氏尝著《明史案》二百四十四卷，其书存佚不可知；而论史之作亦多，综其史学思想，大端有四，一为注重修史体载，主编年、纪传并用，不可偏废；一为注重史表、史志，表志取材，当权其重轻，详略适中；一为注重历法、地理；一为推翻道统旧说。所论实开浙东史学之先河。其后万斯同、全祖望、章学诚继之，而史学称盛。章氏之《文史通义》，尤为空前之作，其于《章氏遗书·史编·别录议例》中亦论正史之失云："一朝大事，不过数端，纪传名编，动逾百十，不特传文互涉，抑且表志记载，无不牵连，逐篇散注，不过便人随事依检，至于大纲要领，观者茫然。盖史至纪传而义例愈精，文章愈当，而于史之宗要愈难追求，观者久已患之。"

梁任公对旧史抨击尤烈，于《新民丛报》《中国旧史学》一文中，有四蔽二病之论：一曰知有朝廷而不知有国家，二曰知有个人而不知有群体，三曰知有陈迹而不知有今务，四曰知有事实而不知有理想。缘此四蔽，复生二病：一曰能铺叙而不能别裁，二曰能因袭而不能创作。合此六弊，其所贻读书者之恶果，厥有三端；一曰难读，浩如烟海，穷年莫殚；二曰难别择，即遍读应读之书，苟非极敏之眼光，极高之学识，不能别择其某条有用，某条无用，徒枉费时日脑力；三曰无感触，虽读尽全史，而曾无有足以鼓励其爱国之心，团结其合群之力，以应今日之时势，而立于万国者。然则吾中国之史学，外貌虽极发达，而不能如欧美各国民之实受其益也，职此之由。

近人王易于《国学概论》中《史学篇》，详旧史之病有三，云："一病曰疏。夫事物至繁，周知不易，载籍綦博，考信为难。故探摭不限于策书，著述旁采乎私撰。然其失则虚益新事，好集寓言，聚博务多，见嗤君子。……

"二病曰滥。夫言以足志，鄙倍为惩；识以覈才，因习斯病。故辞固不嫌于刻画，鉴宜有取于通方，然其失则言无准的，惟务浮词，事涉芜秽，仅同稗记。……

"三病曰曲。夫褒贬衮钺，私乃无功；予夺讥词，曲因为弊。故是非不谬乎圣人，爱憎应折诸公论。然其失则末学多忌，小人放恣，用舍由乎臆说，威福行乎笔端。……

"综兹三病，乃有六宜，一曰史材宜覈，二曰体例宜纯，所

以捄其疏也；三曰立言宜雅，四曰鉴识宜通，所以捄其滥也；五
曰记叙宜直，六曰论断宜公，所以捄其曲也。"……

　　上列各家论旧史及正史之失者，均甚扼要。余谓中国旧史在
思想方面之失，第一在以帝王为中心，普天之下，莫非王土，率
土之滨，莫非王臣，视土地、人民为帝王一家之私产。史家亦以
帝王为中心，世事纷纭，错综不一，而纪事必以帝王为纲领；圆
颅方趾，品类不齐，顺逆必以帝王为从违。故正史首以帝王纪
年，次有正闰之论，三则为帝王而奖励臣节。凡效忠一姓一家
者，目为忠臣义士；周旋二姓者，斥为贰臣叛逆；反对帝王者，
目为寇贼；遁世遗老，号为清高。概不问其所侍者尧、舜抑桀、
纣，更不问其所行为祸国或福民也。

　　第二，详述阴阳五行迷信。阴阳五行之说，起源甚古，对中
国历史影响颇深，认阴阳五行为宇宙之大本，立身处世之常经，
治国齐民之要冲。故帝王之兴，必有祥瑞；朝代将亡，必有妖
孽。各史中之《天文志》、《五行志》、《符瑞志》，连篇累牍，尤
多记载。甚至风雨晦明，山崩地裂，星象演变，不从科学解释，
而从休咎占验。再由阴阳五行之理，演成历史观，认三皇五帝为
中国史之黄金时代，去古愈远，政治日坏，世风日下，如邵康节
《皇极经世》中之论云：

　　　三皇，春也；五帝，夏也；三王，秋也；五伯，冬也；
　　七国，冬之余冽也。汉王而不足，晋伯而有余。三国，伯之
　　雄者也；十六国，伯之丛者也；南五代，伯之借乘也；北五
　　朝，伯之传舍也。隋，晋之子也；唐，汉之弟也。隋季诸群
　　之伯，江汉之余波也；唐季诸镇之伯，日月之余光也；后五
　　代之伯，日未出之星也。自帝尧至于今，上下三千余年，前
　　后百有余世，书传可明纪者，四海之内，九州之间，其间或
　　合或离，或治或隳，或强或赢，或唱或随，未始有兼世而能

一其风俗者。

此等议论，无非崇古而抑今，昧于历史进化之论。历史之黄金时期，决不在遥远之洪荒，而在方兴之将来，此则中国史家之通病也。

第三，以人物政治为中心。自史公作《史记》，创本纪、列传之例，本纪、列传又以人物为主，后之正史，皆踵其例。然史公作纪记《项羽》，已不同于后之专以帝王为中心。其传人物，尤有深意，如传《孔子世家》、《孟荀》及《仲尼弟子列传》，则以其能代表当时之学术思想；《田单乐毅列传》，则以其为当时之有名将帅；《平原孟尝信陵春申列传》，以其代表当时之新兴贵族；《货殖列传》，代表经济变化；《游侠、刺客列传》，以其代表当时社会特殊风尚；甚至《日者》、《龟策》，有一技之长者，皆为立传。较之后之作史者，专为王公巨卿作家谱，未注意社会各阶层，实有本质之不同。甚至臧否人物，恒凭喜怒，亦无标准。且记载多偏于政治，对经济之演变，社会之隆替，文化之兴衰，或少所记载，或语言〔焉？〕不详，更不涉其来龙去脉，演变之理。各史虽有书志一门，上焉者为较有系统之叙述，其次者则为一堆杂乱之材料耳！

论正史之改造者，首推章实斋氏。观其《遗书》中《与邵晋涵书》云："近撰《书教》之篇，所见较前似有进境，与"方志二〔三〕书"之议，同出新著。……迁书所创纪传之法，本自圆神，后世袭用纪传成法，不知变通，而史才、史识、史学，转为史例拘牵，愈袭愈舛，……如宋元二《史》，……溃败决裂，不可挽救。实为史学之河淮洪泽，逆河入海之会，于此而不为回狂障堕之功，则滔滔者何所底止矣！……纪事本末，本无深意，而因事命题，不为成法，则引而伸之，扩而充之，遂觉体圆用神。《尚书》神圣制作，数千年来，可仰望而不可接，至此可以逼仰，岂非穷变通久，自有其会，纪传流弊，至于极尽，而天诱仆衷，为从此百年后史学开蚕丛乎？今仍纪传之体，而参本末之法，增图谱之例，而删书志之名，发凡起例，别具《圆通》之篇。"

　　此则章氏对于正史改造之论，其创见，一为仍纪传之体，参本末之法；二为增图谱之例，而删书志之名。继章氏而起者，为近人章太炎氏，其说最初见于《新民丛报》通信中，其言云：

　　　　窃以今日作史，若专为一代，非独难发新理，而事实亦无由详细调查。惟通史上下千古，不必以褒贬人物、胪叙事状为贵。所重专在典志，则心理、社会、宗教诸学，一切可以镕铸入之。……然所贵乎通史者，固有二方面：一方以发明社会政治进化衰微之原理为主，则于典志见之；一方以鼓舞民气、启导方来为主，则亦必于纪传见之。四千年中帝王数百，师相数千，即取其彰彰在人耳目者，已不可更仆数。通史自有体裁，岂容为人人开明履历？故于君相文儒之属，悉为作表。其纪传则但取利害关系有影响于今日社会者，为撰数篇；犹有历代社会各项要件，苦难贯穿，则取械仲《纪事本末》例为之作记。全书拟为百卷，志居其半，表记纪传亦居其半。盖欲分析事类，各详原理，则不能仅分时代，函胡综叙，而志为必要矣。

兹再将其史目列下：

（一）五表

　　帝王表　方舆表　职官表　师相表　文儒表

（二）十二志（后改名"典"）

　　种族典　民宅典　食货典　工艺典　方言典
　　宗教典　学术典　礼俗典　章服典　武备典

（三）十记

周服记　秦帝记　南胄记　唐藩记　党锢记
革命记　陆交记　海交记　胡寇记　光复记

（四）九考记

秦始皇考纪　汉武帝考纪　王莽考纪　　宋武帝考纪
唐太宗考纪　元太祖考纪　明太祖考纪　清三帝考纪
洪秀全考纪

（五）别录廿六

管、商、萧、诸葛别录

李斯别录

董（仲舒）公孙（弘）张（汤）别录

崔（浩）苏（绰）王（安石）别录

孔、老、墨、韩别录

刘歆别录

朱熹王守仁别录

许（衡）魏（象枢）汤（斌）李（光地）别录

顾、黄、王、颜别录

盖（宽饶）傅（幹）曾（静）别录

辛（弃疾）张（世杰）金（声桓）别录

郑成功、张煌言别录

多尔衮别录

张廷玉、鄂尔泰别录

曾（国藩）李（鸿章）别录

扬雄、庾信、钱谦益别录

孔融、李绂别录

　　康有为别录

　　游侠别录

　　货殖别录

　　刺客别录

　　会党别录

　　逸民别录

　　方技别录

　　畴人别录

　　序录

　　就上表论，其体例上异于旧史者，一为别立十记，专详历代大事，以弥马、班之缺；二为立五表以备典、考记、别录之不足，而总括遗漏。其他史目，更改之处亦多，发凡起例，体大思精。然果欲从事创作，亦至不易，故仅有议论，迄未成书。

　　（附注）章氏"中国通史"意见，最初见于《新民丛报》第十三号《章太炎来简》中，其后于所著《訄书》中，撰《中国通史略例》，所附目录与刊于《新民丛报》中者略有出入，迨后改署《訄书》为《检论》，则并删去此篇。

　　梁任公亦有志撰通史，在所著《饮冰室专集》中，有《中国通史目录》，表列如下：

　　（一）政治之部

朝代篇	民族篇	地理篇	阶级篇
政制组（上下）	政权运用篇	法律篇	财政篇
军政篇	藩属篇	国际篇	清议及政党篇

　　（二）文化之部

| 语言文字篇 | 宗教篇 |
| 学术思想篇（上中下） | 文学篇（上中下） |

美术篇（上中下）　　　音乐剧曲篇

图籍篇　　　　　　　　教育篇

（三）社会及生计之部

家族篇　　　　阶级篇　　　乡村都会篇　　　礼俗篇

城郭宫室篇　　田制篇　　　农事篇　　　　　物产篇

虞衡篇　　　　工业篇　　　商业篇　　　　　货币篇

通运篇

梁氏深于史学，涉览之广，冠绝一时。通史虽有目录，迄未见其著作，仅于《中国历史研究法》"史之改造"章中，述其创造新史之基本条件云：一曰史以生人为本位，二曰史应近于客观性，三曰史学范围应重新规定，以收缩为扩充。议论虽精，徒托空言。

近人益阳陈鼎忠、曾运乾，有志撰通史，先撰《通史叙例》一书，于《二家三体篇》中论之。其例稍变正史之体，为例目五：曰纪、曰传、曰志、曰录、曰谱。纪以纪年月，非以纪帝王，大事书之，小事削之，名仍《史》《汉》，实法《春秋》。传以序事，非以序人，限题名篇，详著颠末，取足与纪相发明，虽本"《春秋》内传"名称，实则"外传《国语》"体制，即近世所称"纪事本末"也。志以汇记朝廷法度官礼之遗制，班马之旧式也。录以综括士女行谊，名本何氏《晋书》，实法正史类传。谱以董理纠纷，记载委曲，补纪传之缺漏，作志录之助，华峤、郑樵之素志也。综斯五例，体取错综，词无重复，竖则综贯通古、断代二家，横则隐括编年、纪传、纪事三体。又分全书为十五篇：曰三皇、五帝，曰夏、商、周，曰东周、秦，曰汉，曰后汉，曰晋，曰宋、齐、梁、陈，曰隋，曰唐，曰五代，曰宋，曰元，曰明，曰清。一篇之中，自为经纬，本通史之规模，寓断代之义例，分之可考一代源委，合之则得千古合归。综上各义，体例亦有可称述者，而书亦无成，信乎论史易而作史之难也。

综上四家之论，章、章二氏与陈、曾二氏，则就正史体例详加损益，其间胜义非一。梁任公氏则全摆脱旧日体例束缚，另创新体，亦具卓见。惜均未成书，无由考订参验。然四家均黜断代而主通史，则又异中见同，潮流所趋，时势然也。

史公发凡起例，创为纪传之法，本是体圆用神，而其铺叙别裁，尤变化不可方物。故其成书，为史界杰作。后世袭用其例，陈陈相因，不仅体例无所变化，而作史才、学、识三者，转为体例所拘束，至每况愈下。故近人论史，恒讥二十五史为"家谱"，为一大"相斫书"。夷考其实，亦未免过当。夫二十五史，集中国史料之大成，纪传虽以纪人为主，然国家大事，政治隆替，文化兴衰，社会情况，亦可于此中求之；至各史书志一门，尤为研究中国文化社会史之绝好材料，何能一笔抹杀，称之为"家谱"、"相斫书"也。故章实斋分历史之学，为记注、撰述二类，以中国历代正史为记注之史，其言云："撰述欲其圆而神，记注欲其方以智。智以藏往，神以知来。记注欲前事之不忘，撰述欲来者之兴起。故记注藏往，似智；撰述知来，拟神。藏往欲其赅备无遗，故体有一定，而其德为方；知来欲其抉择去取，故例不拘常，而其德为圆。"（《文史通义•书教下》）

又《章氏遗书》中《报黄大俞书》云：

古人一事，必具数家之学，著述与比类二家，其大要也。班氏撰《汉书》，为一家著述矣；刘歆、贾护之《汉记》，其比类也。司马撰《通鉴》，为一家著述矣；二刘、范氏之《长编》，其比类也。两家本自相因，而不相妨害。拙刻《书教篇》中，所谓圆神方智，亦此意也。但为比类之业者，必知著述之意，而所次比之材，可使著述者得所凭藉，有以知其纵横变化。又必知己之比类与著述者，各有渊源，不可以比类之密，而笑著述者或有所疏；比类之整齐，而笑著述之有所敛轻敛重，则然矣。盖著述譬之韩信运兵，而比类譬之萧何转饷，二者固缺一而不可；而其人之才，固易地而不可为良者也。

又《文史通义·答客问上》亦云：

　　……唐人整齐晋、隋故事，亦名其书为一史，而学者误承流别，不复辨正其体焉。……史之大原，本乎《春秋》。《春秋》之义，昭乎笔削。笔削之义，不仅事具始末，文成规矩已也。以夫子"义则窃取"观之，固将纲纪天人，推明大道，所以通古今之变，而成一家之言者。必有详人之所略，异人之所同，重人之所轻，而忽人之所谨，绳墨之所不可得而拘，类例之所不可得而泥，而后微茫秒忽之际，有以独断于一心。及其书之成也，自然可以参天地而质鬼神，契前修而俟后圣，此家学之所以可贵也。……若夫君臣事迹，官司典章，王者易姓受命，综核前代，纂辑比类，以存一代之旧物，是则所谓整齐故事之业，……岂所语于专门著作之伦乎？

此段章氏所谓"整齐故事"，与专门著作之别，亦由记注与撰述之分也。

近人何炳松，更将章氏记注、撰述之义，引申而为正史、通史之论。其《历史研究法·序言》中云：

　　诚以正史者，乃守先待后之业，所谓记注者是也。（《三国志》、《新五代史》及《明史》，均不免以比次之功，而妄援著作之义，反致记注、撰述两无所似，为识者所讥。）通史者，乃钩玄提要之功，所谓撰述者是也。前者为史料，所以备后人之要删，故惟恐其不富；后者为著作，所以备常人之浏览，故惟恐其不精。若论其事业，绝不相同，然相须而成，其归一揆，此正史与通史之流别，所以不能相混者一也。夫良史之才，世称难得，则谨守绳墨，以待后人之论定，不特为势所必至，亦且于理有固然。若不务史料之整齐，而惟事通史之著述，万一世无良史，不且遂无史书乎？此正史与通史之流别，所以不能相混者二也。且著作必有所本，非可凭虚杜撰者也。故比次之功，实急于独断之学，若有史料，虽无著作无伤也，而著作则断不能不以史料作根据，此正史与通史之流别，所以不能相混者三也。况当今日科学昌明之世，学术之门类日繁，学者之兴趣各异，或潜心政治，或专攻教育，或研究科学，或从事艺术，欲取资料，均于正史中求之，予取予求，见仁见智，各能如其愿以偿。至于通史之为物，钩玄提要，语言不详，以备浏览或有余，以资约取必不足，此正史与通史之流别，所以不能相混者四也。总之，正史为史料之库，通史为便览之书。如徒求便览之书，而废史料之库，岂不舍本逐末乎？而况史才不世出，所谓通史者，不可必得也耶？故通史之作，固不容缓，然不得因此遂为正史之可废，则断断〔斳斳〕如也。

何氏之论，亦颇公允。近人之专主通史，而黜旧史、正史者，阅之可以自反矣。

二　吾国史学界之新曙光

夫人类之活动曰事，人事活动不必皆有保存或记载，必其事对当时有价值、后世有影响之历史事实，得保存或记载者，曰"史事"。被记载之文字，被保留之遗迹，曰"史料"。对事实之断定，史料之收集、鉴定，讹误之考证，义理之推求，曰"史法"。应用史法而成之著作，曰"史籍"，史籍是经过整理抉择完善之史料。辨别史事，网罗史料、史籍，作有系统之研究，求其因果，阐明人类活动变化之迹，而抽出史事发展之原理，昭示未来之趋向，曰"史学"。故孟子有言曰："鲁之《春秋》，其事则齐桓晋文，其文则史，孔子曰：'其义则丘窃取之矣。'"

夫事者，史事；文者，史料、史籍；义者，史学。而史所贵者义，所具者事，所凭者文。非识无以断其义，非学无以练其事，非才无以善其文。识、学、才三者具备，若无德，即心术不正，则善恶褒贬、爱憎抑扬之间，难免是非失实，黑白混淆，有失史家之鉴空衡平，纵有著作，亦难称为良史。曾巩于《南齐书》序云："古之所谓良史者，其明必作以周万事之理，其道必作以通天下之用，其知必作以通难知之意，其文必作以发难显之情，然后其任可得而称也。"故中国史籍虽浩如烟海，然得称为良史者，亦不多见。司马迁之《史记》成一家之学矣；司马光之《资治通鉴》、袁枢之《纪事本末》，成一代之著作矣；《通典》、《通志》、《通考》，政书之精英；《明儒》、《宋元学案》，学史之滥觞；《史通》、《文史通义》，史法、史学之权舆；《读史方舆纪要》，沟通史地之创作：数千年来，亦寥寥矣。后之作者，体例模仿前代，所作亦不能超越前人。盖创始者，殚精极思；继之者，徒知因袭，莫由增胜也。

近四五十年，吾国学术界受国际政治及外来学术之影响，史学界亦呈新曙光，迹其趋势，可得而言：一曰古史之研究与史料之搜集与整理，二曰史学之研究与新史之撰述。

上古荒渺无稽，文献不足，历来对古史之撰述，类多盲从"信古"。近儒以疑经之精神疑史，学者辈出，顾颉刚为后起健者。然矫枉过正，于是作风渐移，变"疑古"之精神而为"释古"，搜集史料，详加整理，无证不信。其前后成绩，颇有可称者，一曰殷墟甲骨文字，二曰西域各地之汉晋简牍，三曰敦煌石室六朝唐人所写之《书经》，四曰内阁之档案，五曰东方各民族之文字，六曰地下古物之发掘与吉金文字之研究。凡此诸端，有助于吾国古史之研究，及史料之整理者至巨。

史学之研究，远绍刘知几，近法章学诚，益以西方史学之新智。梁任公以纵横之才气，于攻击旧史学及新史学之建立，颇多建树，其说详《中国历史研究法》正、续编中。何炳松对新史学提倡亦不遗余力，然观其著作，则多偏于史料之研究，搜集、鉴别及整理。至新史之撰述，亦即通史、专史之撰述，作者虽多，瑕瑜互见，尚无公认之代表作，盖亦易破而难立者。近人更有以唯物史观之理论，研究史学，其说始于李守常之《史学要论》，继起翻译作品尤多。至本此观点而为中国史之研究者，仅注意中国古代史，周秦以下亦未见有较完善之初级著述。中国社会史论战，虽风靡一时，同一观点，同一阵形，解释互歧，迄无定说。而其通病，则在以万变纵错之史实，强纳于一定之公式，只注意历史发展之共同性，而忽略时间、地域之特殊性，最后归结明日社会革命之必然来到，殊有失科学客观精神，难免削足适履之讥。

故居今日而研究中国史，当不问其为记述派，推理派；不问其为记注之业，撰述之学，不问其兴趣在窄而深之考证，或侈言中国史之全盘改造；不问其观点为自由主义，抑唯物史观，必先有其共同之业在。其业维何？曰：一、发掘及搜集史料，深至地层，远至有关各国，及汉族外之东方各民族。二、将从来发掘搜集之史料，用旧日考证方法，根据近代科学精神，严格整理及鉴定之。三、以近代各种科学之已有成就，及进步观点来解释史事，整理旧籍，完成改造中国之全部历史。此项改造工作又必有基本观点：一曰发扬民族祖国之精神，适合新世界之民主潮流，进而谋国际和平与人类之幸福。二曰从世界观点来确定中国史事之发展，文化之贡献，予以新估价，而推测其趋向，从而发扬其精神，影响于明日之世界。

敬陈三义，聊供参考。

吾述《廿五史论纲》既竟，按卷而思，绕室而走，觉中华民族历史之长，人口之众，史籍之富，为世界各国冠。席丰履厚，决不可妄自菲薄，一笔抹杀，认为一无足取。然亦不能藉此以自豪自大，以为他人无可师法，故步自封。不观埃及往矣，巴比仑灭矣，印度亡矣，何一而非文明古国，今则仅为历史之陈迹。风雨如晦，鸡鸣不已，吾侪不当恋于过去之光荣，当努力创造未来之文明，而跻祖国于隆盛繁昌之域，进而谋世界大同之实现。此则作者之微意，愿共勉焉！

附　表

一　历代统系与史书关系表

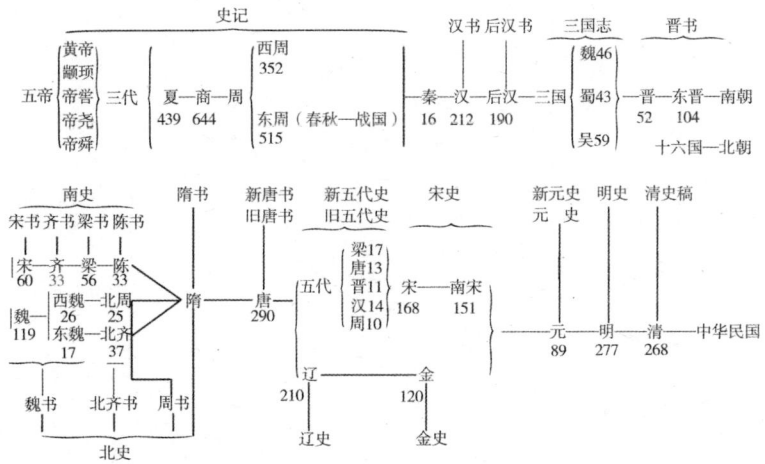

说明：

中国古史年代，传说各异。崔述《补上古考信录》云："夫《尚书》但始于唐、虞，及司马迁《史记》乃起于黄帝，谯周、皇甫谧又推之于伏羲，而徐整以后诸家，遂上溯于开辟之初。岂非其识愈下，而称引愈远，其世愈后，则其传闻愈繁乎？"《史记》虽托始于黄帝，但《五帝本纪》则云："学者多称五帝尚矣，而《尚书》独载尧以来，百家言黄帝，其言不雅驯，搢绅先生难言之。""言不雅驯"之论，可见马迁态度严谨，亦疑以传疑、信以传信之旨。故迁于三代，但作《世表》，而不详考其年。纪年则起于《十二诸侯年表》，第一年为西周之共和元年（公元前 842），下距今民国三十四年为二千七百八十七年；共和后一百二十年，为鲁隐公元年，亦即《春秋》托始之年，时为周平王四十九年（公元前 722），自后每年有日月可详，为二千六百六十七年。故就现在史籍，以考中国历史之年，自黄帝以来，有年可稽，约四千六七百年。周共和行政以下，按年明白可谱；《春秋》隐公元年以下，每年并有日月可详。但自共和以前，关于五帝纪年，聚讼极多；由五帝以上，更无定说。三代之年，则较为确实可考。闻近人由甲骨文研究殷商历，颇有成就，果尔，则中国古史之确实年代，又可上溯矣！

【注】各朝代下注之数字为享国之年。

二　廿五史修撰表

书名	修撰人	官修或私撰	成书时间	书中起讫年代	备注
史记	汉 司马迁	以史官职私撰	前后凡十八年，加以书成后修订刊削，约二十余年。	太古至汉武帝元狩二年，即太古至公元前 122 年。	
前汉书	后汉 班固	以史官职私撰	自永平中始受诏，至建中初为二十余年，八表及《天文志》尚未克成。	汉高祖即位，至更始二年（206B. C.—24A. D.）。	
后汉书	宋 范晔	私撰	成书年代无考。	汉光武建武元年，至献帝延康元年（25—220）。	
三国志	晋 陈寿	私撰	始于武帝太康中，迄惠帝元康七年病卒，凡二十。寿撰是书，至少当在十年以上。	魏黄初元年，至晋武帝太康元年（220—280）。	

书名	修撰人	官修或私撰	成书时间	书中起讫年代	备注
晋书	唐　房元龄等	官撰	贞观十八年奉敕撰《晋书》。	晋武帝太始元年，至恭帝元熙元年（265—419）。	
宋书	梁　沈约	奉敕私撰	始于齐武帝永明五年春，至六年二月，纪传毕功，仅及一年。	宋武帝永初元年，至顺帝昇平二年（420—479）。	
南齐书	梁　萧子显	私撰	成书年代无考。	齐高祖建元元年至和帝中兴元年（419—502）。	
梁书	唐　姚思廉	奉敕私撰	思廉承藉家学，贞观二年，先已编纂，及诏入秘书省论撰之后，又越七年。计历三世，传父子，前后凡三十余年。	梁武帝天监元年，至梁敬帝太平元年（502—557）。	
陈书	唐　姚思廉	奉敕私撰	武德五年，受诏为《陈书》，贞观三年，编撰于秘书内省，十年正月上之，前后凡历十五年。	陈武帝永定元年，至后主祯明三年（557—580）。	
魏书	北齐　魏收	奉敕私撰	文宣帝天保二年诏修，五年三月奏上之，十一月复奏十志。	魏道武建国元年，至东魏孝静帝止（386—550）。	
北齐书	唐　李百药	奉敕私撰	贞观元年受诏撰，阅十年成。	北齐文宣帝元年，至北齐之亡（550—577）。	
周书	唐　令狐德棻	奉敕私撰	唐初各正史之修撰，其议自德棻发之，独主领《周书》，十年史成。	周孝闵帝元年，至静帝大定元年（557—581）。	

书名	修撰人	官修或私撰	成书时间	书中起讫年代	备注
南史	唐 李延寿	私撰	延寿继父志，撰《南北史》，前后凡历十七年而后成。	宋武帝永初元年，至隋文帝开皇九年（420—589）。	
北史	唐 李延寿	私撰		魏道武元年，至隋恭帝义宁元年（386—618）。	
隋书	唐 魏徵等	官修	贞观三年魏徵等奉敕撰，贞观十年修成。	隋文帝开皇元年，至隋恭帝义宁元年（589—618）。	
旧唐书	后晋 刘昫	官修	高祖天福五年始修，至出帝开运二年成书，凡十一年。	唐高祖武德年，至梁太祖开平元年（618—906）。	
新唐书	宋 欧阳修、宋祁	官督私修	宋仁宗以《旧书》卑弱、浅漏，命欧、宋重修，曾公亮提举其事，十七年成书。		
旧五代史	宋 薛居正	官修	开宝六年四月诏修，七年闰十月书成。	梁太祖开平元年，至周恭帝显德六年（907—960）。	
新五代史	宋 欧阳修	私撰	此为欧私撰，集毕生精力为之，修没后，朝廷诏，表上之。		
宋史	元 托克托等	官修	起自至正三年三月，迄五年十月。	宋太祖建隆元年，至元世祖至元十六年（960—1279）。	
辽史	元 托克托等	官修	起自至正三年四月，迄四年一月。	辽太祖神册元年，至天祚帝保大五年（916—1125）。	
金史	元 托克托等	官修	起自至正三年三月，迄四年十一月。	金太祖收国元年，至哀宗天兴三年（1115—1234）。	

书名	修撰人	官修或私撰	成书时间	书中起讫年代	备注
元史	明 宋濂等	官修	二次设局修史，为时仅三百七十余日，古今成史之速，未有如《元史》者。	始元太祖立，至元顺帝十八年（1279—1368）。	
新元史	民国柯劭忞	私撰	修三十载始成书。		
明史	清 张廷玉等	官修	始自康熙十七年，迄乾隆初进呈，前后凡阅六十年。古来前史，未有如此日久功深。	明太祖洪武元年，到明庄烈十七年（1368—1644）。	

三　廿五史例目表

史名	例目					总卷数	备　注
	帝纪	年表	书志	世家	列传		
史记	12	10	8	30	70	130	
前汉书	12	8	10		70	100	
后汉书	10		30		80	130	内帝后纪分十二卷，刘传分为八十八卷，志卅卷，共为一百卅卷
三国志	4				61	65	
晋书	10		20	30	70	130	
宋书	10		30		60	100	
南齐书	8		11		40	59	
梁书	6				50	55	
陈书	6				30	36	
魏书	12		0		92	130	帝纪为卷十四，志廿卷，列传九十六卷，共一百三十卷。

史名	例　　目					总卷数	备　　注
	帝纪	年表	书志	世家	列传		
北齐书	8				42	50	
周书	8				42	50	
隋书	5		30		50	85	
南史	10				70	80	
北史	12				88	100	
旧唐书	20		0		150	200	
新唐书	10	15	50		150	225	
旧五代史	61		12		77	150	
新五代史	12		3	10	45	74	例目尚有《十国世家年谱》一卷,《四夷附录》三卷。
宋史	47	32	162		255	496	
辽史	30	8	32		45	116	例目尚有《国语解》一卷。
金史	19	4	39		73	135	
元史	47	8	58		97	210	
新元史	26	7	70		154	257	
明史	24	13	75		220	332	

四　廿五史帝纪表

史名	帝纪名	备　注
史记	(1) 五帝本纪　　(2) 夏本纪 (3) 殷本纪　　　(4) 周本纪 (5) 秦本纪　　　(6) 始皇本纪 (7) 项羽本纪　　(8) 高帝本纪 (9) 吕太后本纪　(10) 孝文本纪 (11) 孝景本纪　　(12) 今上本纪	因女主临朝而立《吕后本纪》,此例始于《史记》。

史名	帝纪名	备注
汉书	(1) 高祖纪　　(2) 惠帝纪 (3) 高后纪　　(4) 文帝纪 (5) 景帝纪　　(6) 武帝纪 (7) 昭帝纪　　(8) 宣帝纪 (9) 元帝纪　　(10) 成帝纪 (11) 哀帝纪　　(12) 平帝纪	《高后纪》记临朝八年大政，其日常行事，别见《外戚传》，与《史记》之同载一篇例微不同。
后汉书	(1) 光武帝纪　　(2) 明帝纪 (3) 章帝纪　　(4) 和帝　殇帝纪 (5) 安帝纪 (6) 顺帝纪（冲帝附　质帝附） (7) 桓帝纪　　(8) 灵帝纪 (9) 献帝纪　　(10) 皇后纪	皇后有纪，范氏因华峤《后汉书》之例而作。
三国志	(1) 武帝（操） (2) 文帝（丕） (3) 明帝（叡） (4) 齐王（芳）、高贵乡公（髦）、陈留王（奂）	篇目于曹魏诸帝下，虽不注"纪"字，而篇中则分别纪传甚明。
晋书	(1) 宣帝纪　　(2) 景帝文帝纪 (3) 武帝纪　　(4) 惠帝纪 (5) 怀帝愍帝纪 (6) 元帝明帝纪 (7) 成帝康帝纪 (8) 穆帝哀帝纪　废帝海西公 (9) 简文帝孝武帝纪 (10) 安帝恭帝纪	列司马懿及师、昭为《帝纪》第一、第二，实滥觞于《周本纪》之始自后稷，刘知几曾讥《史记》之失，谓位终北面，一概人臣追加大号，止入传限。
宋书	武帝纪上中下三卷　少帝纪一卷 文帝纪一卷　　　孝武帝纪一卷 前废帝纪一卷　　明帝纪一卷 后废帝纪一卷　　顺帝纪一卷	
南齐书	高帝纪上下二卷　武帝纪一卷 郁林王纪一卷　　海陵王纪一卷 明帝纪一卷　　　东昏侯纪一卷 和帝纪	
梁书	武帝纪上中下三卷 简文帝纪一卷 元帝纪一卷　　敬帝纪一卷	

史名	帝纪名	备注
陈书	高祖纪上下二卷　　世祖纪一卷 废帝纪一卷　　　　宣帝纪一卷 后主纪一卷	
魏书	（1）序纪　　　　　　（2）太祖道武帝 （3）太宗明元帝 （4）上世祖太武帝　下恭宗景皇帝 （5）高宗文成帝　　（6）显祖献文帝 （7）高祖孝文帝二卷　（8）世宗宣武帝 （9）肃宗孝明帝　　（10）敬宗孝庄帝 （11）前废帝长广王　后废帝（即节闵帝） 　　平阳王　孝武帝 （12）孝静帝	于帝纪之前，别立 《序纪》，纪成帝至昭 帝廿七君，盖以道武 帝以前，既不宜纪又 不宜传，故创此例。
北齐书	神武纪上下二卷　　文襄纪一卷 文宣纪一卷　　　　废帝纪一卷 孝昭纪一卷　　　　武成纪一卷 后主纪一卷	
周书	文帝纪上下二卷　　孝闵帝纪一卷 明帝纪一卷　　　　武帝纪上下二卷 宣帝纪一卷　　　　静帝纪一卷	
南史	宋本纪三卷　　　　齐本纪二卷 梁本纪三卷　　　　陈本纪二卷	
北史	魏本纪五卷　　　　齐本纪三卷 周本纪二卷　　　　隋本纪二卷	
隋书	文帝纪上下二卷　　炀帝纪上下二卷 恭帝纪一卷	
旧唐书	高祖纪一卷　　　　太宗纪上下二卷 高宗纪上下二卷　　则天皇后纪一卷 中宗、睿宗纪一卷　玄宗纪上下二卷 肃宗纪一卷　　　　代宗纪一卷 德宗纪上下二卷　　顺宗、宪宗上纪一卷 宪宗纪下一卷　　　穆宗纪一卷 敬宗、文宗上纪一卷　文宗下纪一卷 宪宗、宣宗上纪一卷　宣宗下纪一卷 懿宗上、僖宗下纪一卷 昭宗上、哀宗下纪一卷	《则天皇后纪》，法 《史记》例。

史名	帝纪名	备注
新唐书	（1）高祖皇帝　　（2）太宗 （3）高宗 （4）则天顺圣武皇后、中宗 （5）睿宗、玄宗　　（6）肃宗、代宗 （7）德宗、顺宗、宪宗 （8）穆宗、敬宗、文宗、武宗、宣宗 （9）懿宗、僖宗　　（10）昭宗、衰宗	《则天顺圣武皇后纪》与《汉书》同例，后妃传中别载则天武后事。
旧五史代	梁：太祖纪七卷　　末帝纪三卷 唐：武皇纪二卷　　庄宗纪八卷 明宗纪十卷　　愍帝纪一卷 晋：高祖纪六卷　　少帝纪五卷 汉：高祖纪二卷　　隐帝纪二卷 周：太祖纪四卷　　世宗纪六卷 末帝纪三卷　　恭帝纪一卷	
新五史代	梁本纪三卷　　唐本纪四卷 晋本纪二卷　　汉本纪一卷 周本纪二卷	
宋史	太祖纪三卷　　　太宗纪二卷 真宗纪三卷　　　仁宗纪四卷 英宗纪一卷　　　神宗纪三卷 哲宗纪二卷　　　徽宗纪四卷 钦宗纪一卷　（以上北宋） 高宗纪九卷　　　孝宗纪三卷 光宗纪一卷　　　宁宗纪四卷 理宗纪五卷　　　度宗纪一卷 瀛国公二王附一卷　（以上南宋）	《宋史》后附瀛国公及二王，不曰"帝"，而曰"公"曰"王"，固以著其不成君。然已登号建极，正统余绪，亦不能没其实，此例之得者。
辽史	太祖纪二卷　　　太宗纪二卷 世宗纪一卷　　　穆宗纪二卷 景宗纪二卷　　　圣宗纪八卷 兴宗纪三卷　　　道宗纪六卷 天祚纪四卷	《辽史》无《序纪》，但《世表》序辽之先世，与《魏书·序纪》同例。故名虽为表，而不用旁行斜上之体。
金史	世纪一卷　　　　太祖纪一卷 太宗纪一卷　　　熙宗纪一卷 海陵纪一卷　　　世宗纪三卷 章宗纪四卷　　　卫绍王纪一卷 宣宗纪三卷　　　哀宗纪二卷 世纪补	《世纪》序金之先世，至世祖止，亦《魏书·序纪》例也。按此从《史记·三代世表》之例而变为纪。《世纪补》记追尊诸帝。

史名	帝纪名	备注
元史	太祖纪一卷　　　太宗、定宗纪一卷 宪宗纪一卷　　　世祖纪十四卷 成宗纪四卷　　　武宗纪二卷 仁宗纪三卷　　　英宗纪二卷 泰定帝纪二卷　　明宗纪一卷 文宗纪五卷　　　宁宗纪一卷 顺帝纪十卷	
新元史	序纪一卷　　　　太祖二卷 太宗一卷　　　　定宗一卷 宪宗一卷　　　　世祖六卷 成宗二卷　　　　武宗一卷 仁宗二卷　　　　英宗一卷 泰定帝一卷　　　明宗一卷 文宗二卷（下卷与宁宗合） 惠宗四卷（下卷与昭宗合卷）	
明史	太祖三卷　　　　惠帝一卷 成祖三卷　　　　仁宗一卷 宣宗一卷　　　　英宗前纪一卷 景帝一卷　　　　英宗后纪一卷 宪宗二卷　　　　孝宗一卷 武宗一卷　　　　世宗二卷 穆宗一卷　　　　神宗二卷（光宗附） 熹宗一卷　　　　庄烈帝一卷	英宗分前后纪，以景帝立其中，此例之得者。庄烈帝后不法《宋史》瀛国公例，而记南明诸王，是其失也。

五　廿五史各表表

史记	汉书	后汉书	三国志	晋书	宋书	齐书	梁书	陈书	魏书	北齐书	周书	南史	北史	隋书	旧唐书	新唐书	旧五代史	五代史记	宋史	辽史	金史	元史	新元史	明史
三代世表																			世表					

史记	汉书	后汉书	三国志	晋书	宋书	齐书	梁书	陈书	魏书	北齐书	周书	南史	北史	隋书	旧唐书	新唐书	旧五代史	五代史记	宋史	辽史	金史	元史	新元史	明史
十二诸侯年表																方镇表				属国表				
六国年表																		十国世家年谱						
秦楚之际月表																								
汉兴以来诸侯年表	异性诸侯王表																							
	诸侯王表																			皇子表		诸王表		诸王表
高祖功臣侯年表	高惠高后孝文功臣表																							功臣表

史书				
史记	惠景间侯者年表	建元以来侯者年表	建元以来王子侯者年表	汉兴以来将相名臣年表
汉书	景武昭宣元成哀功臣表		王子侯表	百官公卿表
后汉书				
三国志				
晋书				
宋书				
齐书				
梁书				
陈书				
魏书				
北齐书				
周书				
南史				
北史				
隋书				
旧唐书				
新唐书			宗室世系表	宰相表
旧五代史				
五代史记				
宋史			宗室世系表	宰辅表
辽史			皇族表	
金史			宗室表	三公表 宰相表
元史			宗室世系表	三公表·宰相表
新元史			宗室世系表	三公表 宰相表 省宰相表
明史				宰辅表 七卿表

史记	汉书	后汉书	三国志	晋书	宋书	齐书	梁书	陈书	魏书	北齐书	周书	南史	北史	隋书	旧唐书	新唐书	旧五代史	五代史记	宋史	辽史	金史	元史	新元史	明史
外戚恩泽侯表																				外戚表				外戚表
	古今人表																							
																宰相世系表				部族表			氏族表	
																				公主表				
																				游幸表				
																					交聘表			
																						后妃表		

六　廿五史各志表

史记	礼书、乐书		律书	天官书	封禅书	河渠书	平准书								
汉书	礼乐志		律历志	天文志	郊祀志	沟洫志	食货志	刑法志	五行志	地理志	艺文志				
后汉书	礼仪志		律历志	天文志	祭祀志				五行志	郡国志		百官志	舆服志		
三国志															
晋书	礼志	乐志	律历志	天文志			食货志	刑法志	五行志	地理志		职官志	舆服志		
宋书	礼志	乐志	历志	天文志					五行志	州郡志		百官志		符瑞志	
齐书	礼志	乐志		天文志					五行志	州郡志		百官志	舆服志	祥瑞志	
梁书															
陈书			律历志												
魏书	礼志	乐志	律历志	天象志			食货志	刑罚志		地形志		官氏志		灵征志	释老志
北齐书															

周书																	
南史																	
北史																	
隋书	礼仪志	音乐志	律历志	天文志			食货志	刑法志	五行志	地理志	经籍志	百官志						
旧唐书	礼仪志	音乐志	历志	天文志			食货志	刑法志	五行志	地理志	经籍志	职官志	舆服志					
新唐书	礼乐志		历志	天文志			食货志	刑法志	五行志	地理志	艺文志	百官志	车服志		仪卫志	选举志	兵志	
旧五代史	礼志	乐志	历志	天文志			食货志	刑法志	五行志	郡县志						选举志		
五代史记				司天考														
宋史	礼志	乐志	律历志	天文志		河渠志	食货志	刑法志	五行志	地理志	艺文志	职官志	舆服志		仪卫志	选举志	兵志	
辽史	礼志	乐志	历象志				食货志	刑法志		地理志		百官志			仪卫志		兵卫志	营卫志
金史	礼志	乐志	历志	天文志		河渠志	食货志	刑志	五行志	地理志		百官志	舆服志		仪卫志	选举志	兵志	
元史	礼乐志		历志	天文志	祭祀志	河渠志	食货志	刑法志	五行志	地理志		百官志	舆服志		仪卫志	选举志	兵志	

新元史	礼志	乐志	历志	天文志		河渠志	食货志	刑志	五行志	地理志		百官志	舆服志			选举志	兵志	
明史	礼志	乐志	历志	天文志		河渠志	食货志	刑法志	五行志	地理志	艺文志	职官志	舆服志		仪卫志	选举志	兵志	

七　廿五史类传表

史记	刺客	循吏	儒林	酷吏	游侠	佞倖	滑稽	日者龟策	货殖								
汉书		循吏	儒林	酷吏	游侠	佞倖			货殖	外戚							
后汉书		循吏	儒林	酷吏			方术		党锢	宦者	文苑	独行	隐逸	列女			
三国志							方伎	后妃									
晋书		良吏	儒林				艺术	后妃			文苑		隐逸	列女	孝友	忠义	外戚
宋书		良吏				恩倖		后妃					隐逸		孝义		
齐书		良政				倖臣		皇后			文学		高逸		孝义		
梁书		良吏	儒林					皇后			文学		处士		孝行	止足	
陈书			儒林					皇后			文学				孝行		
魏书		良吏		酷吏		恩倖	艺术	后妃		阉官	文苑		逸士	列女	孝感	节义	外戚
北齐书		循吏	儒林	酷吏		恩倖	方伎	后妃			文苑				外戚		

史书	循吏	儒林	酷吏	恩倖	艺术	后妃	宦官	文苑	卓行	隐逸	列女	孝义	忠义	外戚	公主	藩镇	奸臣	叛臣	逆臣	杂传	义儿	伶官	释老	其他
周书		儒林			艺术	皇后						孝义												
南史	良吏	儒林		恩倖		后妃		文学		隐逸		孝义												
北史	循吏	儒林	酷吏	恩倖	艺术	后妃		文苑		隐逸	列女	孝行	节义	外戚										
隋书	循吏	儒林	酷吏	恩倖	艺术	后妃		文学		隐逸	列女	孝义	诚节	外戚										
旧唐书	循吏	儒林	酷吏		方技	后妃	宦官	文苑		隐逸	列女	孝友	忠义	外戚										
新唐书	良吏	儒林	酷吏		方技	后妃	宦官	文艺	卓行	隐逸	列女	孝友	忠义	外戚	公主	藩镇	奸臣	叛臣	逆臣					
旧五代史						后妃																		
五代书记							宦官		一行				死节											
宋史	循吏	儒林		佞倖	方伎	后妃	宦官	文苑	卓行	隐逸	列女	孝义	忠义	外戚	公主		奸臣	叛臣		杂传	义儿	伶官		
辽史	能吏				方伎	后妃	宦官	文学	卓行		列女		忠义				奸臣		逆臣					
金史	循吏		酷吏	佞倖	方伎	后妃	宦者	文艺			列女	孝友	忠义	世戚				叛臣	逆臣			伶官		
元史	循吏	儒学			方伎	皇后	宦者				列女	孝友	忠义				奸臣	叛臣	逆臣				释老	
新元史	循吏	儒林			艺术	后妃	宦者	文苑	笃行	隐逸	列女		忠义										释老	
明史	循吏	儒林		佞倖	方伎	后妃	宦者	文苑		隐逸	列女	孝义	忠义	外戚			奸臣	叛臣						阉党 流贼 土司

附　　录

一　正史源流急就篇

李　详

余思最括群史源委，而漫无统纪，特用韵语综之，体放《蒙求》，而义同《急就》。友人陈君玉澍，谓其词义过深，然叹为佳书者再。复就质于刘君师苍，多所諟正。后来江宁，以是呈江阴缪先生，签正数则。今续有改定，去始撰时已九年矣。人事不恒，学益荒落，持质于世，不免短书之诮，然犹欲詅之，适彰余之无才思耳。　　　光绪戊申十二月　李详。

六经皆史，著惟《春秋》，降及《史》《汉》，二家是求。

注曰：六经皆史，章学诚《文史通义》语。刘知几《史通》首标"六家"，有《史记》、《汉书》二家。

纪传列体，实司马迁，《史记》百卅，少孙补焉。

注曰：司马迁《史记》百三十篇，其十篇有录无书，褚少孙补。张晏言迁殁之后，亡《景帝纪》、《武帝纪》、《礼书》、《乐书》、《兵书》、《汉兴以来将相年表》、《日者列传》、《三王世家》、《龟策列传》、《傅靳列传》。（《说文》：卉，三十并也，隶省作卅。）

上起黄帝，下终汉武，《通史》之基，权舆规矩。

注曰：迁综古今为书，至梁武帝敕群臣撰《通史》六百二十卷，上自太初，下终齐室；元魏济阴王晖业，著《科录》二百七十卷，其断限亦起自上古，终于宋年，惟《科录》取其行事尤相似者，共为一科，其体小异，二书俱不传；郑樵《通志》，又准梁武《通史》而为之，皆《史记》之支派也。

注者三家，河东裴氏，马贞、守节，同时并轨。

注曰：《史记》注，今存者三家，宋裴骃《集解》一百三十卷，唐司马贞《索隐》三十卷（《索隐》有至元刊本，有汲古阁单行本），张守节《正义》一百三十卷（守节自序称三十卷，明人并入《集解》、《索隐》之后，原篇不可复识，钱唐何梦华元锡有《正义》精钞本，未见）。守节《正义》，成于开元廿四年；《索隐》前后序，不著撰述之年，《新唐书·艺文志》注"贞，开元润州别驾"，是两人生于同时，而其书不相称引（见钱大昕《史记考异》）。

扶风班生，断代为书，西都首末，包举无余。永平膺诏，建初乃成，表志未竟，大家续赓。一朝之史，发凡起例，攘父受金，见雪贤智。

注曰：班固《汉书》一百二十卷，西汉一朝之本末备焉。后世断代为书，实自固始。惟八表及《天文志》未竟而卒，和帝诏其妹昭（昭赐号"大家"），就东观藏书踵成之。固攘父受金，刘勰、颜之推、柳虬、刘知几，并有此说（《北史·柳虬传》：班固致受金之名而知几述之）。然固《汉书》韦贤、翟方进、元后三传，俱称"司徒掾班彪曰"云云，是攘父之谤不实，而征贿鬻笔之怨，仲长公理辨之能详（见《文心雕龙·史传篇》，纪文达谓是《昌言》佚文）。二者皆可于固无憾矣。

唐代师古，注号功臣，时匡众说，亦窃游秦。

　　注曰：唐颜师古注《汉书》，徇太子承乾之命，解释详明，当世号为"班固忠臣"。然字义音训，重复叠见，核以《史记》、《水经》、《文选》诸注所引，有明为众人之说，而师古冒之者。又《旧唐书·师古传》云：叔父游秦，撰《汉书决疑》十二卷，为学者所称，师古注《汉书》，多取其义。宋高似孙《史略》谓，师古即因游秦之旧。考《史记索隐》，载游秦说十余条，以较师古之注，或小变其词，或直袭为己说，而于《汉书叙例》，所采诸家姓氏，略不一及游秦。师古门庭攘善之罪，非巧喙所能辨矣。

　　蔚宗左迁，撰集《后汉》，体大思精，论后有赞。皇后立纪，托始华峤，文苑列女，独炳先照。十志未就，覆车遭厄，爰稽其目，得半可覼。

　　注曰：宋范蔚宗左迁宣城太守，撰《后汉书》百篇。（十志未成，今存九十篇，本纪十，列传八十。）与其甥书，自诩体大思精。其为皇后立纪，本于华峤。（《晋书·华峤传》：撰《汉书》，有《皇后纪》二卷。）《文苑》、《列女》两目，遂为后世所祖。蔚宗十志皆托谢俨搜撰，蔚宗败，悉蜡以覆车。（见《后汉书》卷十《公主传》注引《沈约、谢俨传》。）今考其目，有《百官志》，见《后纪》；有《礼乐》、《舆服志》，见《东平王苍传》；有《五行》、《天文志》，见《蔡邕传》；又《百官志》合州郡，见《南齐书·檀超传》。昔司马迁《史记》自序，历写诸篇，各综数语，云"作某某"，班固改"作"为"述"，借以示谦，与马无异。至蔚宗，乃各著四言之赞，附于纪传之后，虽师马、班，而体实独创。后萧子显《南齐》、刘昫《旧唐》，皆效之。

　　剡令刘昭，取《续汉志》，合入《范书》，作注具备。

　　注曰：蔚宗之志既不传，梁剡令刘昭，取司马彪《续汉书》八志，注为三十卷，并于范书。昭《序略》云："司马续书，综为八志，注以补之，以合范史"云云，是此书久附范史以行。陈振孙《书录解题》谓：昭所著志与范史纪传别为一书，其后纪传孤行，而志不显。本朝乾兴初，判国子监孙奭，始建议校勘。洪迈《容斋四笔》云：刘昭注补志三十卷，至本朝乾兴元年，判国子监孙奭始奏以备前史之阙。洪、陈两君，盖皆未究其原者也。

章怀一注，借资群手，持比颜籀，错落星斗。

注曰：唐章怀太子贤，集诸儒张大安、刘纳言、格希元等七人，共注范蔚宗《后汉书》，奏上，至蒙优赐。两汉惟贤与师古注，见传于世。师古辑存荀悦、服虔以下二十三家之说，固自可贵；章怀兼能引刘珍、谢承、司马彪、华峤等书，考其异同，皆方今研班、范书者所取涉也。（籀，颜师古字）

陈寿《国志》，雅精史裁，文体峻伟，净无纤埃。正统与魏，承汉开晋，礼尊本朝，非祖偏闰。书佐被挞，蜀老妄言，委诚葛侯，集表斯存。

注曰：晋陈寿《三国志》六十五卷，文章简要，叙事婉直。后人疑寿，容有删润，然观裴松之注所引诸书，体皆相近，可见当时文格如此。晋承魏祚，寿为晋臣，自宜以正统与魏。（习凿齿《汉晋春秋》意斥桓温，不在此例。）南宋诸人，诋寿过甚，似未知其意。寿评武侯"应变将略，非其所长"，或言寿父为亮所髡（《晋书》本传），或言寿为亮书佐被挞，故其论武侯云云。（见《魏书·毛修之传》述蜀长老之言。《史通·曲笔篇》"蜀老犹存，知诸葛之多枉"，指此。）不知寿于武侯，倾倒甚至，如传后既载诸葛氏集目录，复附以进书之表，为史家变例。曰"应变非其所长"者，但指其不徇魏延之请，假以精兵，直从褒中径袭长安，致坐失事会。寿之此言，有余恫焉。况表中所称，虽王者之佐无以过之。世之轻议寿者，皆妄人也。（"葛侯"二字，见《诸葛瞻传》，此借用。）

　　松之注此，其例特绝，百四十种，史家玉屑。大致六端，馆臣甄微，字义训释，存者几希。山深渊邃，渔猎纵往，王皞彭刘，源流益广。

　　　　注曰：宋西乡侯裴松之受诏注《三国志》，引史部之书计百四十余种，为例甚新，其书至今为学者之山渊。后人以意渔猎，探之多有未尽。四库馆臣言松之此注大旨，约有六端：一曰引诸家之论以辨是非；一曰参诸书之说以核讹异；一曰传所有之事，详其委曲；一曰传所无之事，补其阙佚；一曰传所有之人，详其生平；一曰传所无之人，附以同类。而于字义训诂甚简，意所重者，不在此也。案：裴注皆录整文，不同翦截。世推与刘孝标《世说注》，郦道元《水经注》，李善《文选注》并美，而裴为胜。陈振孙《书录解题》，言益都王皞撰《唐余录史》三十卷，有纪、有志、有传，又博采诸家小说，仿裴松之《三国志》注，附其下方。又本朝朱竹垞、钟渊映亦用此例，注欧公《五代史》未成。至乾隆末年，南昌彭氏元瑞，萍乡刘氏凤诰，复凭竹垞之稿，广稽四部成书七十四卷，皆原本裴氏，王皞之书既不传，此为伟观矣。

　　《晋书》奉敕，始著官本，萃十八家，斟益沾损。广罗小说，坐长繁芜，词家徐庾，如涂附涂，陆王两传，立论俳制，文皇御赏，特在文艺。弃旧从新，何臧遂沦，喜其载记，东汉聿遵。

　　　　注曰：《晋书》一百三十卷，唐房乔等奉敕撰。刘知几《史通》言，皇家贞观中诏以前后《晋书》十有八家，制作虽多，未能尽善，乃敕史官更加纂录（以上刘语），实为官撰之始。惟其好搜小说，如《幽明录》、《语林》、《世说》、《异苑》，近于诡诞。加以秉笔词臣，皆承南朝文体，动矜骈俪。而于

《宣武纪》、《陆机、王羲之传》，皆偶"制曰"，故此书统名
"文皇御撰"也。知几又言，自是言《晋史》者，皆弃其旧本，
竞从新撰。案：知几所言旧本，指何法盛《中兴书》、臧荣绪
《晋书》而言。盖合东西两晋成书，首尾赅备，惟有何、臧两
书。而荣绪书，纪录志传，弥纶一代，尤为后世所偶。故李善
注《文选》，盛引臧书，不从新撰。乃卒不胜官本，遂致失传，
惜哉！又"载记"之名，乃东汉班固、陈宗诸人撰新市、平
林、公孙述事，别标此目（见《后汉书·班固传》及《史通·
正史篇》），今《晋书》于刘渊、石勒僭伪诸国，皆列之《载
记》，附于其后，亦为善也。（《说文》，沾：益也，即今"添"
字。）

休文《宋书》，成于补缀，奏上次第，其表有阙。侈陈符瑞，
滥推上古，州郡侨置，梦丝错午。不传桓卢，亦乖前例，谰诬宫
掖，语窜滋戾。

注曰：沈约《宋书》一百卷，继徐爰之后，补缀所遗，为
纪十，志三十，列传六十。《梁书·约传》，约表上其书，谓本
纪、列传缮写已毕，合志表七十卷，所撰诸志，须成续上。盖
约表上此书，时有先后，后进之书，或将前表刊除，亦未可
知。（刘知几《史通》论约此书，亦未言有表。）《符瑞》一志，
刱之自约，横列上古之事，徒为庞杂。若《州郡志》又不尽载
侨置割隶，此遗彼夺，难于寻核。至约表言桓元、卢循，身为
晋贼，非关后代，此论虽正，然于《汉书》、《国志》追录陈、
项、董卓、二袁，争功立业，志其缘起，此例似不如之。又言
孝武寝息路太后所，人有异议，致启魏收诬以烝母，言不可不
慎也。（《韩诗》：诘屈，避语窜。）

南齐列史，撰出萧贵，卷亡其一，序录已漏。陈思、元首，
兴怀葛藟，综引表论，歔歘徘徊。广陵、曲江，准望南兖，证以

州郡，可订乖舛。

　　注曰：萧子显《南齐书》五十九卷，本名《齐书》，以别李百药《北齐书》，故加"南"字，《梁书·子显传》作六十卷（《隋志》同）。《山堂考索》引《馆阁书目》：《南齐书》本六十卷，盖后亡其一篇。据《史通·序例篇》言萧齐之《叙录》，又《南史·子显传》载其自序，似原书本有《自序》一篇，而后失其传。四库馆臣言《高十二王传》，引陈思之表（《求通亲亲表》），曹冏之论（《六代论》），感怀宗国，有史家言外之意。广陵、曲江，争者聚讼。此书《州郡志》云：南兖州广陵郡，土甚平旷，刺史每以秋时，多出海陵观涛，与京口对岸，江之壮阔处也。可见表志之善，一义若珠船矣。（元首，曹冏字）

　　梁陈两史，思廉所编，受父先令，如彼谈、迁。揭橥立论，颇宗班固，或偶本书，偶病歧误。朱、贺合传，枭鸾共栖，例察于总，连蹇不齐。

　　注曰：《梁书》五十六卷，《陈书》三十六卷，并唐姚思廉撰。《唐书·思廉传》：思廉，陈吏部尚书察之子。初察在陈，尝修梁、陈二史未就，死以属思廉（以上《唐书》语）。思廉父子，继领史任，颇如汉司马迁。其撰此两书，于察之言，必标明"陈吏部尚书姚察"，亦如班固之称"司徒掾班彪"也。若《梁书·侯景传》，与《简文帝纪》、《朱异传》互有同异，显见出于两手。《陈书·世祖九王传》云"本书"、无名，应即指察所撰之本，而忽为此变例。至贺琛与朱异合传，直为清浊不分；其父察传，又与江总相次，特以伤其仕宦之连蹇耳。（察、总，皆入隋朝。）四库馆臣仅责其失断限，独未窥其用意之所在也。（先令：遗命也，见《汉书·原涉传》。《周礼》"职金"注，郑司农云：今时之书，有所表识，谓之揭橥。）

　　元魏诸史，仅存伯起，百家谱状，蝉嫣竟委。毛羽创瘠，当

世不平，李凌湔洗，是非乃明。僭晋私署，事同风马，词言质
俚，览者益寡。

　　注曰：北齐魏收奉敕撰《魏书》一百三十卷，今存刘恕、
范祖禹等所编一百十四卷。隋魏澹、唐张太素《后魏书》俱不
传，惟收书著录于后。收撰此书时，大征百家谱状。今观其列
传，凡诸无闻子孙，滥及数世，是均谱学之过。至当世与之有
怨者，莫不被以恶名，前后列诉，凡百有余人，虽絫次责其研
审治改，人犹号为"秽史"。后李延寿谓其婉而有别，繁而不
芜；本朝凌氏廷堪亦重其书，可谓憎而知其善矣。收之擅为标
目，如僭晋司马叡，私署凉州牧张实，校年论地，于魏何与？
取充篇幅，斯诚厚颜。宋臣校上此书，谓"言辞质俚，取舍失
衷，览之厌而遗忘，学者陋而不习"，亦缘收之体裁不善，并
其持论序言，皆不重之，此收之不幸也。（张衡《西京赋》：所
好生毛羽，所恶生创瘢。《汉书·扬雄传》应劭注：蝉嫣，连
也。）

　　北齐至宋，亡逸泰半，采延寿书，皆可覆案。缀纫不一，杂
厕失伦，《梁书》、《小史》，相羼乱真。紫凤天吴，颠倒短褐，雠
斠研究，论禀先达。

　　注曰：《北齐书》五十卷，唐李百药奉敕撰。百药承其父
德林所纂而成此书，至赵宋时，残挩已十之六（钱氏《考异》
审正百药原本存十八篇）。谪者取李延寿《北史》校补，而不
知断限，或以父及子（如《库狄干传》及其子士文），或以子
及父（如元晖业先于元弼），《文襄纪》则又杂取《梁书》，及
唐人高氏《小史》，以示与《北史》小异。后人若欲研究高齐
之书，当以《北史》为据，不得误谓延寿同于百药也。（杜甫
《北征》诗："天吴及紫凤，颠倒在短褐。"谓补缀无序，故有
取此语。羼：读若产。《说文》："羼，羊相厕也。"）

令狐《周书》，雅而无检，阙同北齐，罅隙难掩。论著文本，亦不尽传，剽窃弥缝，作伪多愆。《北史》既行，两书日佚，况非实录，俄空何恤。

《周书》五十卷，唐令狐德棻奉敕撰，刘知几《史通》，谓其文而不实，雅而无检，其残阙亦同《北齐书》，有取《北史》校补者，又有非尽出《北史》，难可寻检者。《旧唐书·岑文本传》，与令狐德棻撰《周史》，其史论多出于《文本》。今列传中第十六、十八、廿三、廿四、廿五皆无论，知其久佚，盖由《北史》盛行，此书与《北齐书》，人间不甚传习，易致讹挩。刘知几讥德棻此书，多非实录，则亦不甚可贵也。（《扬子法言·问神篇》，昔之说书者序以百，而酒诰之篇俄空焉，今亡夫。）

《隋书》本编，合五代志，卷盈八十，题署微异。先后第录，姓氏骈罗，史臣赞论，魏徵居多。广稽典籍，不囿俭绪，注其有亡，例善并举。

《隋书》八十五卷，唐魏徵等奉敕撰。原书本五十五卷，先时太宗敕撰五代纪传，唯有十志，断为三十卷，未有其文。至太宗崩后，刊勒始成，因编入《隋书》之后，合为八十五卷；其书俗呼为《五代史志》，亦自别行。据刘知几《史通》，撰纪传者为颜师古、孔颖达，撰志者为于志宁、李淳风、韦安仁、李延寿。至宋刊《隋书》，纪传题魏徵，志题长孙无忌，云从众本。知几又言凡有赞论，徵多预焉。其《经籍》一志，当王俭、阮孝绪之后，蒐罗既富，且注明何代有亡，此例甚精。明焦竑《国史经籍志》，存佚并收，不加考核，是直师其名耳。

南北二《史》，延寿特觕，祗承父业，钻味秘藏。跗萼衔接，通为一书，祖述马迁，说涉虞初。北详于南，见闻较亲，岛夷索虏，无事断断。

　　《南史》八十卷，《北史》一百卷，唐李延寿撰。延寿之父大师，少有撰述之志，以宋、齐、梁、陈、魏、周、隋，南北分隔，南谓北为"索虏"，北谓南为"岛夷"，其史皆详于本国，而略于他国。欲仿《吴越春秋》体，编年以备南北，客于侍中杨恭仁家，有宋、齐、梁、魏四代史，因仿次编辑，未毕而卒。延寿欲继先志，适佐修各史。时史局中，梁、陈、周、齐、隋五代史已就，延寿手自缮写，参考杂史一千余卷，成此两书。其君臣纪传，各以时代相接，体颇近通史，故刘知几《史通》列之"史记家"。惟载琐事过多，朱晦庵先生谓"《南北史》除《通鉴》所不取者，其余只是一部小说"，语极有意。四库馆臣谓延寿世居北土，见闻较近，参覈同异，于《北史》用力独深，抑以后成之故，理或当尔也。（《汉书·艺文志》"小说家"，有《虞初周说》九百四十三篇。）

　　刘昫《唐书》，开运时上，监修攘功，位尊独当。录旧回护，各张一军，宣懿而后，史笔纠纷。欧、宋既显，太阳夺曜，搴萧玩芳，攓拾精要。

　　《旧唐书》二百卷，晋开运二年，监修国史刘昫等表上。此书先经赵莹监修，纂修者复有张昭远、贾纬、赵熙等，经画裁削；昫为相时，适当奏进，特以宰相领衔，遂蒙厚赉，而昫实未有功。故薛、欧两史，于《昫传》略，不张皇其事，但云"监修国史"而已。然其书据唐实录、国史旧本，其回护之处，一仍旧贯。宣懿之后，又采杂家小说，凑集而成，诸秉笔者，多不相知会，彼此互异。迨《新唐书》行，而此书几祧。惟其不事雕饰，以《新书》证之，每见其善，虽与薛《五代史》同标"旧"目，要自不可废也。

　　《新唐》表进，金谓文省，事多二千，规模自整。永叔善让，景文方雅，两美必合，祥金跃至。绅跃〔绎？〕至夥，探珠九渊，发彼沉霾，生气凛然。

《新唐书》二百二十五卷，宋欧阳修、宋祁奉敕撰，曾公亮表进，谓"事增于前，文省于旧"。考其事迹，较多《旧书》二千余条（《陔馀丛考》所言）。此书宋景文从事甚久，韩魏公恶宋为人，令修独署名，修谓"宋公前辈，功不可没"，遂于纪传各署其名，故列传题祁，本纪、志、表题修。然观宋人所言，亦有不尽然者。景文修此书，采唐人文集最夥，如《书张中丞传后》，《段太尉逸事状》，取之韩、柳；谭忠说刘济，及何易于事，则又本于杜牧、孙樵所撰，至今读之，犹凛凛有生气也。

薛欧五代，书别官私，彼详此略，修工文词。旧史湮没，散著《大典》，南江邵君，编辑后显。《新史》藏家，奉诏开雕，耳食妄尊，扬升紫霄。《左氏》《公》《穀》，契勘极致，备储广内，骖靳翼骥。

《旧五代史》一百五十卷，目录二卷，宋薛居正奉敕撰。《新五代史》七十四卷，宋欧阳修撰。薛为宰相监修，书经奏进。修私家著述，稿藏于家，没后诏取其书，付国子监开雕。薛长于记事，欧以文章自任，其词最工，于薛书不免多所刊落。薛书久佚，乾隆中开四库时，馆臣从《永乐大典》、《册府元龟》诸书所引《薛史》，条举件系，排纂复还旧观，其实成于余姚邵学士晋涵一人之手。欧史至金章宗泰和七年，诏学官止用《欧阳修史》，于是《薛史》遂微。馆臣言"《薛史》如左氏之记事，本末赅具，而断制多疏；《欧史》如《公》《穀》之发例，褒贬分明，而传闻多谬。两家之并立，当如三传之俱存"，斯言最允。耳食者仅举欧公体仿《春秋》，欲以为则，不知此非史家正宗，故仅能与《薛书》并行，其记实则薛为胜也。欧史旧有徐无党注，唯在释例，至本朝遂有彭、刘之注出矣。

　　元修三史，曰宋辽金，阅时恩邃，群材弗任。检照隐讳，矛利踏眉，南渡尤猥，旨乖平允。传尊道学，徇名忘实，《新编》贡愤，尚愧鸿笔。晋涵配俪，夙积传稿，物色付镌，庶几兼考。《辽史》仍旧，曾无参互，饰胜掩败，年号比误。晒年纪事，宋倍以九，丘墟芜茀，只珍敝帚。《金史》宏赡，凭附往籍，《中州》、《归潜》，妙得宏益。金败元兵，国隐毕宣，禁网尚疏，君臣俱贤。

　　《宋史》四百九十六卷，《辽史》一百十六卷，《金史》一百三十五卷，俱元托克托等奉敕撰。以至正三年三月开局，至至正五年十月，相率告成。当时纂修诸人，各修一史，不汇三朝之书，参互考订，凡有隐讳不书，几若各为本朝，故涉曲笔者。《宋史》自相矛盾处甚多，南渡以后，尤病猥杂。于《儒林》之外，别立《道学》，自谓独剙，不知古有《道学传》，见于《太平御览》，乃清净栖逸之士（四库馆臣所考，见史部别史类存目《宋史新编》下），非谓理学也。明柯维骐至发愤著《宋史新编》二百卷，不为世所俪重。本朝邵晋涵氏，撰《南宋事略》，欲配王俪《东都事略》，闻尚有传稿（海宁唐端甫曾见活字本，见《谭复堂日记》），若悬金以购，必可得之，与俪书并刊以行，当不减欧、宋之《新唐书》矣。《辽史》多本耶律俨、陈大任旧文，稍为编次，不参考《宋史》，故于其胜败，多所掩饰。此则国史之例，本当如是。至元人重修，而亦循其旧文，殊有未解。四库馆臣责其于大契丹、寿昌、重和、国号年号，尚未能悉，钱氏大昕之辨寿昌尤详（见《辽史考异》）。又其记二百余年之事，卷帙不及《宋史》十分之一（语见《陔馀丛考》），托克托原进《宋史表》云："国既丘墟，史亦芜茀"，此语预为卸过，其意至黠，不值一哂。《金史》有张柔、王鹗之书，历经延祐、天历讨求，且有元好问《中州集》、《壬辰杂编》，刘祁《归潜志》等书，显可依据。馆臣俪其"首尾完密，条例整齐，约而不疏，赡而不芜"，赵翼亦谓其"叙事详核，文笔老洁"，盖在三史之中，独为最善。翼谓《完颜、陈和尚传》，叙太昌原之战，陈和尚以骑四百，破元兵八千；《杨沃衍传》野猪岭、德安寨之战，力破元兵；《禹显传》，扼龙猪谷攻元兵，获元帅韩光国等，皆直叙不讳（以上见《陔馀丛考》）。元之荒朝，不相致诘，虽禁网之疏，亦由君臣俱贤，不究讳内也。（《说文》："皕，二十百也，读若秘。"魏文帝《典论·论文》："里语云：'家有敝帚，享之千金'，斯不自见之患也。"）

《元史》两修，略馨一岁，揉觚率尔，重阴锢蔽。复传错见，译音易讹，氏族官阀，堕雾则那。诘屈龃龉，动阂荆棘，《西游》《秘史》，堪蹑踪迹。此书亦葳，谁胜理董，钱、汪、毛、魏，坚瓠钻空。洪卿使鄂，述成《证补》，据修本书，冀贡天府。

《元史》二百十卷，明宋濂、王祎等奉敕撰。始修于洪武二年二月丙寅，至八月癸酉告成；续修顺帝一朝于洪武三年二月乙丑，成于七月丁未。前后厪三百三十一日，"古今史成之速，未有如《元史》者"（钱氏大昕之言，见《十驾斋养新录》）。至其列传重复，氏族官阀，错乱失序，案牍志铭之文，刊削未尽，前人已具论之，不暇缕举。惟邱长春《西游记》、《元秘史》二书，至本朝始显，后来诸君，咸据以定《元史》，每析异同。昔钱詹事大昕于《元史》研之最深，尝欲修斯书，有补《元史艺文志氏族表》刊行。其曾孙庆曾言，记传志表已脱稿。今观《潜研堂全集》内，多有论及元事，若据此与汪辉祖《元史本证》，毛岳生《元史稿》（此书未见），魏源《元史新编》（此书邵阳魏氏新刻），及洪文卿侍郎使俄之《元史译文证补》，共定一书，表上秘阁，信儒生之鸿业；然非可卒成矣。（"那"字为"奈何"合声，义见《左传》。阁：同碑。韩非子《外储说》：齐有居士田仲者，宋人屈縠见之，曰："縠闻先生之义，不恃仰人而食。今縠有树瓠之道，坚如石，厚而无窍，献之。"仲曰："夫瓠所贵者，谓其可以盛也。今厚而无窍，则不可破以盛物；而任重如坚石，则不可剖而以斟。吾无以瓠为也。"许叔重《说文解字叙》："庶有达者，理而董之。"段注：理，治也。董，督也，正也。案：理董，犹云"归其条理，正其讹缺"。）

《明史》写定，周历甲子，三圣善继，仰成睿旨。四明季野，勾瀓横云，窜迹肆口，党邪骇闻。乾隆初元，新编葳事，平反裁并，慎惜名义。依类附书，调停景泰，前朝著作，罗缕悉汰。阉党流贼，遂屋明社，标兹巨猾，叹溢朝野。鸿儒接踵，文期共喻，识充才学，千载一遇。钻味深意，上窥用心，欲起瓯北，归昌振音。

《明史》三百三十六卷，国朝保和殿大学士张廷玉等奉敕撰。自圣仁皇帝康熙十八年诏修《明史》，历经世宗、宪皇，雍正二年，诏诸臣续葳其事，至高宗纯皇帝乾隆四年书成表上，先后近六十年。旧有王鸿绪横云山人《明史稿》，廷玉等以此为本。王书托鄞县万斯同季野撰，鸿绪复加改窜，是非舛庚，专以扶邪抑正为事（见魏源《古微堂外集·书明史稿二》）。迨廷玉等书出，平反刊正，洞覈心迹。其最善者，依类附书，如康郎山之死事，土木之难，正德中谏南巡，及嘉靖中议大礼，被杖之百余人、数百人，则类叙于最著之传后（隐括赵翼之说），而立《英宗前纪》、《英宗后纪》，位置景泰帝于其中，钱氏大昕称为斟酌最善。至《艺文志》但举有明一朝著述，尽扫前史之漏，虽本之黄虞稷（黄虞稷《千顷堂书目》仅载有明一代著述，

《明史》因之)，要为能遵刘知几《史通》之言，自为裁断。(《史通·书志篇》谓《艺文志》必不能去，当变其体而有取。宋孝王《关东风俗传》、《坟籍志》，惟取当时。《明史》盖近采黄书，远宗刘意也。)其既立《宦官传》，复立《阉党》；又流贼之亡明，其祸至烈，因剏斯两目，以著痛恨。此书递为鸿儒撰辑，阅时既久，发凡起例，首尚谨严，详略合分，文期共喻。廷玉进表所言，雅自不诬，盖统才学识而兼之，信为一代佳史。若夫深意所存，赖人钻味，贵有识其用心。往者阳湖赵瓯北先生《廿二史劄记》，内论《明史》凡六卷，揭其旨蕴，品别极当。凤集鸣曰归昌，故欲起瓯北而赏之耳。

右廿四史，肆陈源流，体放吾宗，綷咏《蒙求》。锡名《急就》，罗列部居，与深宁叟，襒我衣裾。

唐李翰撰《蒙求》，体为四言，余特放之。而定名为《急就》，其意已具自序，亦谓罗列诸史，不相杂厕也。宋王应麟有《姓氏急就篇》，《后汉书·赵岐传》章怀注引《三辅决录》注：马季长虽有名当世，而不持士节，三辅高士，未尝以衣裾襒其门也。

【注】见《国粹学报》五十二期、五十八期。

二　史家宗旨不同论

陆绍明

披览二十四史，初觉其体裁微异，而按卷深思，知史家宗旨各有所在也。今之读史者，往往强识史事，自诩便便，而于修史者之怀抱学术，概不寻思，未为得者也。

考司马迁著《史记》，其志欲继六艺，(太史公《自序》曰：

"先人有言，自周公卒五百岁而有孔子，孔子卒后至于今五百岁，有能绍明世，正《易传》，继《春秋》，本《诗》、《书》、《礼》、《乐》之际，意在斯乎，意在斯乎？小子何敢让焉。"）其学贯通九流，观其体例，可以知矣。

八书所以法六艺也：（按杨慎曰：《史记》十篇，有录无书，元、成之间，褚少孙补之。《索隐》、《正义》皆云《礼书》是褚先生取荀卿《礼论》补明，《索隐》于后"太史公曰"之下又云："太史公取《礼论》之意，何其自相矛盾。"今按：自"礼由人起，至儒墨之分"一段，《荀子·礼论》之文；中间"治辨之极也，至刑错而不用"一段，《荀子·议兵篇》答陈器之文后；自"天地者生之本也"，至终篇，亦皆《礼论》之文。乃断"至矣哉"之上，加"太史公曰"，此司马讥其率略芜陋，其为褚少孙补明矣。又曰：《汉书音义》云：《律书》缺，有录无书。有此二说，人以为《礼书》、《律书》不足劝矣。窃以为《礼》、《律》二《书》，恐非褚先生所补。《廿二史考异》曰：张晏谓：《礼书》、《乐书》，迁没之后亡。今二篇俱有"今上即位"之文，似尽褚先生所补。柯维骐曰：此《律书》也，何以兼言兵？按：《周官》执同律以听军声，诏吉凶，兵之资乎律，尚矣。史迁虽兼言兵，而所重在律。宋儒陈永嘉谓其知制律之意，盖指其言兵也。蔡西山谓自太史公之后，即无识其意。朱子亦谓太史之法可推，盖知其言律也。其非《兵书》与褚先生所补，明矣。按此二说，言《礼》、《律》二书，非褚先生所补。且文之出于迁手否，姑勿具论，即观其书名，亦可知史迁之宗旨。今恐目论之士，自负知《礼》、《律》二《书》为褚氏所补，而反讥予陋，故论及焉。）《礼书》采言秦、汉之礼，继《礼记》之学。《乐书》半祖《乐记》之言，申《乐记》之义。（王鏊曰：此篇多采《乐记》者。茅坤曰：汉时古乐亡，而高、惠、文、景、武帝时，已无可求矣。故太史公作《乐书》，时述《乐记》之言而成文。）《律书》言兵械，而音律之精蕴，固已尽言之矣，此出于《诗》《书》《礼》者也。《历书》明定岁月，俾存正朔，此出于《春秋》学者也。《天官书》叙言星官，兼论吉凶，是深于《易》学，而发明《易》之迹象。《封禅书》论古帝王封禅之事，淋漓有致，犹《尧典》《舜典》之意也；《河渠书》于水之利害，津津乐道，犹《禹贡》之意也；《平准书》详言食货，犹《洪范》之意也，是深于《尚书》学，而发挥《书》之精义。六艺之学，八书承之。

至于九流学术，史迁亦复知悉源流。其作《世家》，首列吴太伯，太伯为儒家；次列齐太公，太公为道家（《汉书·艺文志》列太公为道家）；次列鲁周公，周公为名家；又其次列燕召公，召公为法家。著《世家》而先列儒、道、名、法四家，史迁之识卓矣。其著列传，首传伯夷，伯夷为儒家。次合传管、晏，班固著《艺文志》，列管子于道家，列晏子于法家，则马迁合管、晏，盖知儒而尚约者，即流入于道也。又合老、庄道家，申、韩法家为一传，以法原于道也。第四传司马穰苴，第五传孙武、吴起。司马穰苴、孙武、吴起，兵家也。其学不列于九家，而史迁急为之立传者，何哉？以司马穰苴、孙武，兵而法者也（二人行兵最重法）；吴起，兵而儒者也（吴起，曾子之弟子，观其与魏武侯在舟中论形势不如德，可以见其近于儒者也），故为立传。伍子胥为杂家，故亦立传。张仪、陈轸、犀首为一传，樗里子、甘茂、甘罗为一传，此皆纵横家也。张苍知律历之学，《汉书·艺文志》列张苍于阴阳家，则张苍为阴阳家也，固为史迁所不忽者矣。曹沫、专诸、豫让、聂政、荆轲，侠士也，侠为墨家之派别，故迁特为之立传，不知者以为迁好侠也。范蠡、子贡、白圭、猗顿辈，为农家，农家出于农稷之官，播百谷、劝耕桑，以足衣食，《货殖》一传，其所书者皆范蠡辈，所以存农家也。观其列传，首列儒家，末列农家，按之班固《艺文志·九流考》，亦首列儒家而末列农家，是史迁于九流学派，固皆有所得矣。

史迁表章六艺，发明九流，体成一家，学开千古，此《史记》之宗旨也。

班固著《汉书》，其宗旨在善恶比较，所以列陈胜、项羽于传首。陈胜为揭竿之首，项羽为炎汉之敌，班固不为忌讳而不书，大可嘉也。《循吏》、《酷吏》，并列两传，盖导人以从善避恶者矣。其为《货殖》、《游侠》两传，宗旨不与迁史同。固尝谓迁史"序《游侠》则退处士而进奸雄，述《货殖》则崇势利而羞贫贱，此其所蔽也"。今读固所著《货殖》、《游侠》两传，皆首冠厚非《货殖》、《游侠》之辞，其旨亦可知矣。此《前汉书》之宗旨也。

若范晔所著之《后汉书》，其宗旨在以笔胜班固之文章，尝自负曰："《循吏》以下，及六夷诸序论，笔势纵放，实天下之奇作。"观其言，可以知宗旨所在矣。虽举《党锢》、《循吏》、《酷吏》、《宦者》、《儒林》、《文苑》、《独行》、《方术》、《逸民》、《列女》等名，广为列传，而其实非有意发明史事，意在炫耀其文辞耳。此《后汉书》之宗旨也。

陈寿著《三国志》，其宗旨在铨叙一时巨事，使后世得以观感，无本纪之称，并无列传之目，如《国语》、《国策》然。此《三国志》之宗旨也。

唐房玄龄、褚遂良修《晋书》，以讽谏太宗为宗旨，标《宗室》为传名，又标《孝友》为传名，盖讽太宗不能容兄弟也，此《晋书》之宗旨也。

梁沈约修《宋书》，自夸博学之士，其宗旨亦如是而已。尝谓《班书》十志中，礼乐疏简，所漏者多典章事数，百不记一；天文虽为该举而不言天形，致使三天之说，纷然莫辨。观其言，可以知其必自负也。其著志三十卷，贪多务得，未免不纯。此《宋书》之宗旨也。

梁萧子显之《南齐书》，其宗旨在自显其文而已，更改破析，刻雕藻绘，自以为能。其著列传四十，后列《文学》、《良政》、《高逸》、《孝义》四传，《孝义传》次于《文学传》后，而区区文学，居于三者之先，其旨可不问而知矣。此《南齐书》之宗旨也。

唐姚思廉之《梁书》，其宗旨在拒佛教。佛教为中国之患，于梁为尤甚，思廉诚思有以敌之也。其广著《孝行》、《儒林》、《文学》、《处士》、《止足》、《良吏》等传，殆欲重吾道以拒之乎？《梁书序》有曰："自先王之道不明，百家并起，佛最晚出，为中国之患，在梁为尤甚。盖佛之徒，自以谓吾之所得者内，而世之论佛者皆外也，故不可绌。虽然，彼恶睹圣人之内哉！"观《梁书序》言，拒佛之严有如此者。其序虽非思廉所撰，而为序者观其书以发是言，岂不得其宗旨哉？姚思廉又修《陈书》，夫陈之为陈，非有先王经纪、礼义风化之美，可章示后世，而下复有争夺诈伪之徒，其史诚不可修。而思廉积十年之功，旁采穷求，列《孝行》、《儒林》、《文学》三传于后，史识过人，砥柱中流，《风雨》之诗所为作也。《梁书》、《陈书》皆以矫时弊为旨，此《梁书》、《陈书》之宗旨也。

齐魏收修《魏书》，以党齐毁魏为宗旨，褒贬肆情，入地上天，于是众口喧然，号为"秽史"，此《魏书》之宗旨也。

李百药之《北齐书》，令狐德棻之《周书》，魏徵之《隋书》，其宗旨似皆好表扬艺术。《北齐书》列《方技》一传，《周书》列《艺术》一传，《隋书》列《艺术》一传，艺术之事，乐道不厌，此《北齐书》、《周书》、《隋书》之宗旨也。

唐李延寿修《南史》、《北史》，其宗旨在审慎。其修《南史》，删润四史，不遗余力；其修《北史》，于周则补《文苑传》，齐则补《列女传》，出郦道元于《酷吏》，附陆法和于《艺术》，积学深思，精密无遗憾。此南、北两《史》之宗旨也。

晋刘昫修《唐书》，以工于模写为宗旨，有唐事迹，悉载无遗，撰述详赡，固勿待论，此《旧唐书》之宗旨也。

宋欧阳修、宋祁著《新唐书》，以事增文省为宗旨。因《旧唐书》称目分曰《外戚》、《宦官》、《良吏》、《酷吏》、《忠义》、《孝友》、《儒学》、《文苑》、《方技》、《隐逸》、《列女》、《西戎》、《东夷》、《北狄》，乃更广立传目，曰《忠义》、《卓行》、《孝友》、《隐逸》、《循吏》、《儒学》、《文艺》、《方技》、《列女》、《外戚》、《宦者》、《酷吏》、《藩镇》、《北狄》、《东夷》、《西域》、《南蛮》、《奸臣》、《叛臣》、《逆臣》。观其传目，亦足以知其以事繁为旨，此《新唐书》之宗旨也。

宋薛居正修《五代史》，其宗旨在除授沿革之事，巨纤毕书。而欧阳修著《新五代史》，大旨以《春秋》书法为宗，长于褒贬，略于事迹。此新、旧五代两《史》之宗旨也。

元托克托修《宋史》，大旨在表章道学，其余皆姑以备数。又修《辽史》，以有助人君之鉴戒者书之，其旨如是而已。彼又修《金史》，其宗旨在详载典制。此《宋史》、《辽史》、《金史》之宗旨也。

明宋濂修《元史》，仓卒而成，碑志之语，案牍之文，往往不及修改，但以集大成为宗旨，此《元史》之宗旨也。

张廷玉修《明史》，以超轶诸史为宗旨，著志七十五卷，列传二百二十卷，但史裁不易，其中考究未详，此《明史》之宗旨也。

二十四史之宗旨，各有不同，要而论之：优于史学者，则长于叙列学术；优于史才者，则长于文笔；优于史识者，则长于褒贬；优于史法者，则长于体例；优于史德者，则长于议论；优于史裁者，则长于铨叙。史学宗旨，大半由是分焉。目论者以为史家宗旨无所异，岂其然哉！

【注】见《国粹学报》十七册。

三　论史学分二十家为诸子之流派

陆绍明

史家振翰成章，八弦驰骋于思绪，万象出没于毫端，博极古今，牢笼天地，固为笔补造化，口咄天文也。而研究其体例文辞，夫亦可知其区区学术之所在矣。石韫玉而山辉，水怀珠而川媚，王充所谓"学与文相副"也。尝研究诸史，知史家各窃诸子之糟粕，而成一伟著者焉。及今辨析其学术，可分二十家，请申言之。

司马迁贯穿经传，驰骋古今，学擅三长，称为良史，其学莫可名也，姑勿具论。马迁而后，班固修书，文辞和正，雍容揄扬，辞章家之史也。自是而后，时乏其才。降至有宋，欧阳修、宋祁作《新唐书》，半用骈体；吴育除直史馆，为文雅正，天下推之。辞章家之史，如是而已。

由辞章学派，而流为经学家、理学家。欧阳修又撰《五代史》，法严词约，人谓其取法《春秋》，得其旨也。欧著《新唐书》，为辞章家之史；其著《五代史》，近于经学家之史，此辞章家学派流为经学家学派之证也。朱子撰《纲目》，纲放《春秋》，而参取群史之长；目放左氏，而稽合诸儒之粹，经学家之史也。

朱子深于理学，但《纲目》一书，不可谓其为理学家之史。理学家之史，肇于隋王通之《元经》。（自晋太熙元年至隋开皇九年，称通原作；自开皇十年至唐武德元年，称薛收所续。）《元经》以事明道，盛于宋司马光之《通鉴》；《通鉴》以事铨理，终于元托克托之《宋史》。《宋史》大旨，在乎表章道学，皆为理学家之史者焉。

此辞章家、经学家、理学家三史，为儒家之流派也。

有所谓理想家之史，其学由于理学家。宋苏辙著古史，上起伏羲，下讫秦始皇，凡本纪七，世家十六，列传三十七。盖病《史记》浅陋疏略，为之改修。其持论以无为为宗，行文浑涵淡泊，时抒理论。

此理想家之史，为道家之流派也。

史有褒贬家、评论家学派，犹乎理想家学派，盖同为史家之尚虚者也。晋陈寿著《三国志》，宗马迁之实录，"实录"即褒贬之谓也。不褒而自褒，不贬而自贬，实录之史，最足尚矣。唐吴兢与刘知几撰《武后实录》，叙张昌宗诱张说诬魏元忠事，言张说已许之，赖宋璟等激劝，转佞为忠。说知兢所为，屡请改数字，兢辞曰："徇公之请，何名实录？"卒不改，世谓"今之董狐"（见《山堂肆考》）。自是而后，实录之学，为世所习，而褒贬之法，于是乎行焉。宋范晔上言曰："家世史官，愿得秉直笔，成朝廷之大典。"因以史馆修撰。后晔修辞尚实，不负所言。袁枢为编修官，分修列传，故相章子厚家以同里，求枢释其事，枢曰："吾为史官，书法不隐，宁可负乡人，不可负天下。"赵雄总史事，见《子厚传》，叹曰："无愧古之良史。"是所谓实录寓褒贬也。他若史以实录称者，名不副实者居其半。如唐许嵩所著《建康实录》，令狐峘所修《元宗实录》，路随、韦处厚所修《宪宗实录》，明钱习礼所修《两朝实录》，其褒贬之法，皆不及唐吴兢、刘知几所撰《武后实录》也，所谓名不副实者，非欤？明丘濬修《英宗实录》，或曰："于少保死以不轨，盍正其罪？"濬曰：

"己巳之变，可无谦哉？谦功大，过亦不可掩。"竟录其实，或褒或贬，皆随其事。则《武后实录》而后，《英宗实录》为独优焉。是为贬褒家之史。

至于评论家学派，杂而不醇，盖为史家所通习也。班书附"赞"，范氏《后汉书》附"论"而又系以"赞"，陈寿《三国志》附"评"；沈约《宋书》改称"史臣曰"，萧子显《南齐书》，姚思廉梁、陈二《书》，魏收《北魏书》，令狐德棻《北周书》，及《晋书》、《隋书》、《旧唐书》，皆称"史臣曰"；《五代史》"论"，不加标题，而辄以"呜呼"二字引其端。此名有所异，而实则尽为评论家学派也。《晋书》陆机、王羲之二传后，附唐太宗"御论"，改"论"曰"制"；《梁书》本纪末，史臣论后，赘列"侍中郑国公魏徵论"一章；昭明太子及王茂等传，杂用思廉之父所作论说，称为"陈吏部尚书姚察曰"云云，《陈书》亦然；李百药《北齐书》，本纪之末，于"论"外又附"郑文贞公魏徵总论"一篇，而其余纪传，有仅有论无赞者，有仅有赞无论者，有论赞俱无者，有论赞俱有者，其论或称"论曰"，或称"史臣曰"。评论家学派，至此下矣。

此褒贬家、评论家两学派，为法家之流派也。

由评论家学派，流为议论家学派。评论家之史，是非其事；议论家之史，辨驳其理，非可一列论也。五代周贾纬充史官修撰，文章未能过人，而议论高强，侪辈不平，目为"铁嘴"（见《山堂肆考》）。降至有宋，王韶之为著作佐郎，善叙事理，议论可观，时号为"后世佳史"（见《山堂肆考》）。罗泌撰《路史》四十七卷，内有《发挥》六卷，《余论》十卷，皆为辨驳之文，刘勰谓其"无益经术，有裨文章"，谓非取长于辨论乎？

此议论家之史，为纵横家之流派也。

又有所谓文字家、训诂家、考订家，其所宗之一家，与纵横家相近。文字家之史，始自荀悦。汉献帝以《班书》文繁，命荀悦依《左氏传》体，为《汉纪》三十卷，斟字酌句，辞约事详，为文字学派之正宗。宋杨侃著《两汉博闻》十二卷，摘录前、后《汉书》之文，不依篇第，不分门类，惟简释其字句故事，列为标目，而节取颜师古、章怀太子注，往往可订正注文之讹漏，为文字学派之旁支。

至于训诂家之史，则当独推唐张守节。守节著《史记正义》一百三十卷，其于音义独详，虽为史注之家，其实当列为史家。盖《史记正义》别自为书，非附于《史记》内。有明以来，《正义》一书，讹脱至一千余条，书贾取其残编，附入于《史记》内，以为博利之计。后世以为《正义》，藉《史记》而传，岂知彼有史家别裁之体哉？

他若考订家学派，则有宋吴缜、王禹偁，元胡三省，近世陈景云。吴缜著《新唐书纠谬》二十卷，内分二十门，所驳凡四百余事，虽未免有意吹求，然亦多中其失。王禹偁著《五代史阙文》一卷，摭拾五代轶事以补史缺，王士祯《香祖笔记》，称其"辨正精严，足正史官之谬"，洵不诬也。胡三省著《资治通鉴释文辨误》十二卷。南宋时《通鉴》文有数家，有海陵本者，有龙爪本者，此二家皆从史炤书剿袭成编，而炤书讹舛实甚。三省举炤书之误，一一辨之，海陵、龙爪本与之同者，亦附注于下。考订一家，推此数子。

此文字家、训诂家、考订家三学派，为名家之流派也。

自此而外，有所谓权谋一家，其学宗于兵家。数学、五行两家，其学宗于阴阳家。纂修、叙述、考据、文献四家，其学宗于杂家。地理一家，其学宗于农家。曲笔一家，其学宗于墨家。音律一家，其学宗于小说家。

权谋一家，其学术未有精者，惟宋郭允蹈、明宋濂二人，为完全权谋之家。郭允蹈著《蜀鉴》十卷，皆述战守胜败之迹，于用兵故道，尤拳拳示意。宋濂修《元史》，主重权谋，喜言兵事。此权谋家之史，为兵家之流派也。

数学家之史，当推《皇王大纪》。是书为宋胡宏所著，上起盘古，下讫周末，前二卷皆粗存名号事迹，帝尧以后，用《皇极经世》编年。胡宏精于历数之学，故是书足观。五行家之史，《春秋别典》足以称矣。是书为明薛虞畿所著，于"三传"之外，掇拾《春秋》时事迹，分十二公，编次洵为赅博，于灾祥之事，尤为乐道。此数学家、五行家之史，为阴阳家之流派也。

纂修家之优者，厥为宋司马光。光著《资治通鉴》、《资治通鉴考异》、《通鉴释例》、《资治通鉴目录》。光在著书时，书局自随，博采群书，纂修成史，淹通贯串，为史家绝作。叙述家之优者，厥惟宋范晔。晔著《后汉书》，自命一家之作，长于叙述，不为文累。其作《黄宪列传》，以言语模写，是叙述之神者也。考据家之史，当推唐李延寿所著《北史》，于周则补《文范传》，于齐则补《列女传》，出郦道元于《酷吏》，附陆法和于《艺术》，岂非深于考据乎？文献家之史，当推元托克托所著《金史》，一代典制修明，图籍亦备。此纂修家、叙述家、考据家、文献家四史，为杂家之流派也。

地理一家，则为宋王应麟为独优。应麟著《通鉴地理通释》十四卷，不以《通鉴》之文为次，但总括为四类，首州城，次都邑，次山川，次形势，而以唐河湟十一州，晋燕云十六州附于末。此地理家之史，为农家之流派也。

曲笔之学，能者甚夥，惟晋张辅知其学。辅尝谓"良史述事，善足以劝，恶足以戒，小眚微恶，为之曲笔宽之也"。此曲笔之学，为墨家之流派也。（墨家主重爱物，曲笔之道，亦爱物也。）

音律家之史，惟梁沈约所著之《宋书》而已。约精于音律，故《宋书》之文，咀徵含商，回宫转角，灿若披锦，炳如绘素。此音律家之史，为小说家之流派也。

综而论之，宗儒家、道家、法家、纵横家、名家、兵家、阴阳家、杂家、农家、墨家、小说家之学以为史者，虽不可谓儒、道、法、纵横、名、兵、阴阳、杂、农、墨、小说诸子之史，而要可谓为诸子之支史。呜呼！诸史淡雅沉郁，研精覃思，词顺理正，言典事该，笔力千钧，光芒万丈。不知者以为镂心鸟迹之中，文如扬、马；织辞鱼网之上，体类屈、宋，岂真如是哉？元主谓"史书所系甚重，非儒士泛作文字"，得其旨也。而所谓史学分二十家，为诸子流派，恐知之者无其人也，不可慨哉！

【注】文见《国粹学报》十八期。

四　本书主要参考书

一、下列各书，均为著者日常所用之重要参考书，其偶然引用者概不列入。廿五史及《清史稿》翻阅尤多，不列入参考书之内。

二、本书自始创至完成，前后历时将及十载，其间阅读各史以及杂志之文，随得随录，颇多不复忆其出处，无法将参考书名篇名一一列入，非敢掠美，特此声明。

刘知几　　《史通》

章实斋　　《文史通义》　　《章氏遗书》

梁任公　　《中国历史研究法正、续编》

何炳松　　《通史新义》　　《中国历史研究法》

姚永概　　《史学研究法》

张尔田　　《史微》

金毓黻　《中国史学史》

缪凤林　《中国通史纲要》

郑鹤声　《中国史部目录学》

陈鼎忠　《通史叙例》

晁公武　《郡斋读书志》

陈振孙　《书录题解》

《四库全书总目提要·史部》

邵晋涵　《南江书录》

杜　佑　《通典》

郑　樵　《通志》

马端麟　《文献通考》

崔　述　《考信录》

陈　澧　《东塾读书记》

钱基博　《后东塾读书记》

梁任公　《要籍题解及其读法》

赵　翼　《二十二史劄记》　　《陔馀丛考》

王鸣盛　《十七史商榷》

钱大昕　《二十二史考异》　　《十驾斋养新录》　　《潜研堂全集》

王应麟　《困学纪闻》

杭世骏　《诸史然疑》

顾亭林　《日知录》

王念孙　《读书杂志》

刘宋 裴骃　《史记集解》

唐 司马贞　《史记索隐》

唐 张守节　《史记正义》

清 梁玉绳　《史记志疑》

清 崔述 《史记探源》

梁任公 《读史记》

杨启高 《史记通论》

郑鹤声 《史汉研究》

唐 颜师古 《汉书注》

清 王先谦 《汉书补注》

明 凌稚陆 《汉书评林》

宋 倪思 《班马异同》

唐 章怀太子贤 《后汉书注》

清 王先谦 《后汉书集解》

刘宋 裴松之 《三国志注》

宋 司马光 《资治通鉴》

宋 朱熹 《通鉴纲目》

宋 张栻 《诸葛忠武集》

清 周济 《晋略》

宋 吴缜 《新唐书纠谬》

宋 范祖禹 《唐鉴》

宋 吴缜 《五代史纠谬〔纂误〕》 《五代会要》

徐梦莘 《三朝北盟会编》

苏天爵 《三史质疑》

厉鹗 《辽史拾遗》

刘祁 《归潜志》

李思纯 《元史学》

邵远平 《元史新编》

李文田 《元秘史校注》 《圣武亲征录》

魏源 《元史新编》

洪钧 《元史译文补证》

日本　箭内亘　　《蒙古史研究》

王鸿绪　　《明史稿》

刘承幹　　《明史例案》

朱彝尊　　《曝书亭集》

孟　森　　《清朝前记》

但　焘　　《清史概要》

萧一山　　《清代通史》

万斯同　　《历代史表》

《史目表》

《廿五史补编》

整理后记

　　"二十五史"，统称"正史"，是我国史部最重要的典籍，向来受到读书人的重视，为不能不读之书。然而，二十五部史著，卷帙浩繁，篇幅甚巨，殊非一时可以读竟；某种角度来说，也未必需要尽读。但作为国人，对之有些大概的了解，则似乎是理所应当的。学者们注意及此，也便有人撰著相关的概述性著作，介绍"二十五史"的撰修、体例、内容、得失、增补种种。民国时期学者徐浩的这部《廿五史论纲》，就是其中之一。

　　本书所介绍的史书，其实是传统"正史"的全部，共二十六部；其中《清史稿》是作为"附"缀安排的，故而书名仍称"廿五"。而所谓"二十五史"，所属有两说，都集中在民国时期成书的两部史书，一是《新元史》，一是《清史稿》，取舍或此或彼。在本书著者的时代，《新元史》业经大总统之令纳入"正史"，而《清史稿》却因与民国体制牴牾，訾议纷纭，甚如"叙例"所言摈入"禁书"之列。晚近以来，学界渐有"二十六史"之说，意味着纪传体正史全部囊括，且作一总束——预期后此不会出现同类体例的国史了。

　　这部《廿五史论纲》，是经过抗战初期书稿及藏书散失之后，作者在较短时间之内重新编写的（世界书局1947年出版），因而不无疏失。此次整理，针对相关问题，做了相应处理：

　　原书留有时代痕迹的地方，一般不做改动。如"叙例"中谓《清史稿》"又系禁书"；附录第一文中屡屡使用之"国朝"（清朝），等等。

原书体例、用语等有不尽一致之处。比如"廿""二十"混用，甚有目录与正文不同者。对于此类，整理时予以统一。至于相关的书名歧出，以及某书某篇加与不加"篇"字之类，则均一仍其旧。

原书序号使用比较随意，同一情形之下所用不同。此次整理，从全书整体出发，根据一般规则作了统一，以使条理分明；同时，对于过长的段落也做了适当分段，以方便阅读。至于目录与正文标题不一致者，则择善径予统一。此外，对原本只有序号的标题，新拟了文字题目，当可收显豁、丰富之效。

原书文字错讹较多，甚至可以说很多，其中多属排版误植。此次整理，特别明显的错别字，径予改正；有的则以〇注出正字，后文一并径改；其疑似者，并加"？"以作提示。个别之处疑有夺字，则以〔〕补出。

书中引用文献较多，其中也存在讹误。就中文意不通之处，整理时做了查改；其余则未及一一核对，当俟来日。——书中没有引文标记的论述，有许多也源自他人之论，逐一厘清，亦属不易。

书中与当下通行者不一的个别名词术语，尤其是音译者，均一仍其旧；特别之处，随文以括号注出，予以说明。

本书能够对读者了解我国传统"正史"有所助益，当是整理者所至盼；学力所限，整理中存在问题，还请读者、专家指正。

　　　　　　　　　　　　　　　　　　　整理者
　　　　　　　　　　　　　　　　　　　戊戌初冬